Christine Stecher

Die Weisheit der Schamanen

Christine Stecher (Hrsg.)

Die Weisheit der Schamanen

Ein Lesebuch

Lüchow

Originalausgabe

Der Lüchow Verlag ist ein Unternehmen der Verlagsgruppe Dornier

Umschlaggestaltung: Designagentur Peter Krafft
Gestaltung und Satz: AS Grafik & Typo, Berlin
Druck und Bindung: Clausen & Bosse, Leck
Printed in Germany

ISBN 3-363-03027-4

www.luechow-verlag.de

Inhalt

Mit Adlern sprechen – ein Vorwort 7

Was ist ein Schamane? Was ist Schamanismus?

Piers Vitebsky – Mitten unter uns 10
Mircea Eliade – Meister der Ekstase 11
Olga Kharitidi – Der innere Raum: die Lehren einer sibirischen Schamanin 13
Serge Kahili King – Maui, der erste Schamane Hawaiis 19
Claudia Müller-Ebeling, Christian Rätsch, Surendra Bahadur Shahi – Ganesha, Hüter der Schwelle 23
Marielu Lörler – Das Erbe der Druiden und Odins Baum 27
Holger Kalweit – Alle Dinge sind eins 34

Zum Heilen berufen

Klaus E. Müller – Die Geister treffen eine Wahl 38
Amélie Schenk – Ein mongolischer Schamane erzählt 43
Karen McCarthy Brown – Zwischen Haiti und New York 47
Lucy Hwang – Dem Gott gehören: koreanische Schamaninnen ... 51
Schwarzer Hirsch – Das Gesicht verwirklichen 53

Die Welten der Seelen und Geister

Ad Borsboom – Australische Traumzeit: die Innen- und Außenseite der Wirklichkeit 72
Bruce Chatwin – Die Welt erschaffen und heilen 74
Carlos Castaneda – Meere von Energie 80
Kenneth Meadows – Kosmischer Baum und Medizinrad 86

Rituale und Zeremonien

Florinda Donner – Der Kolibri, eine Heilung im Urwald Venezuelas 94
Georg Nioradze – Sibirische Schamanen 98

Arnold Mindell – Heiler in Mombasa 101
Black Elk – Unglaubliche Dinge passieren tatsächlich 105
Lama Anagarika Govinda – Tibetische Orakel 114
Tony Hillerman – Listening Woman 121

Seelenflug

Knud Rasmussen – Reise eines Eskimo-Schamanen zum Geist des Meeres 132
Paul Devereux – Seelenflug-Bahnen und -Symbole 139
Hans Findeisen – Eine jakutische Legende 143
Juri Rytchëu – Die Gespreizten Flügel 145
Wolf-Dieter Storl – Hexenritte 156
Nana Nauwald – Heilende Trance 158
Felicitas D. Goodman – Körperhaltungen: der Weg zum Heiligen 161
Alexandra Rosenbohm – Vom Mythos zur Science fiction 167

Schamanische Werkzeuge und Verbündete

Tatjana Sem – Die sibirische Schamanentracht 176
Malidoma Patrice Somé – Afrikanische Medizinobjekte 179
Reinhard Flatischler – Die Symbolik der Trommeln 184
Elena Avila, Joy Parker – Der Altar der Curandera 187
Alvaro Estrada – Maria Sabina und die heiligen Pilze 194
Wolf-Dieter Storl – Pflanzengeister 203
Alberto Villoldo – Krafttiere 209

Schamanisches im Alltag

Luisa Francia – Kraft schöpfen 218
Reinhard Bögle – Schamanismus und Yoga 222
Gabrielle Roth – Rhythmus und Tanz 228
Jeanne Achterberg – Biofeedback 232
Daan van Kampenhout – Ein Altar für die Familienseele 237
Michael Harner – Tabak-Fallen 240
Johanna Wagner – Die Rufe-Es-Methode 243

Quellennachweis 251

Mit Adlern sprechen – ein Vorwort

Als ich vor einigen Jahren in Arizona am Eingang des Walnut Canyon stand, wurde mir plötzlich völlig klar, dass es den Menschen, die hier vor langer Zeit gelebt hatten, nie an etwas gemangelt hatte. Sie waren reich gewesen; ihr Leben hatte sich durch eine gewisse Mühelosigkeit ausgezeichnet. Warum? Zum ersten Mal begriff ich wirklich, was es heißt, mit der Natur und all den uns umgebenden Wesen in Einklang zu leben – zu bitten und alles zu erhalten, was man zum Leben braucht. Ich verstand, dass man gelassen leben konnte, ohne sich in einer feindlichen Umwelt behaupten und schützen zu müssen, ohne in einer »primitiven« Natur mühselig nach Nahrung zu suchen.

Ich verstand: Alles ist belebt und antwortet. Wir sind von Reichtum umgeben; es herrscht Fülle. Mit der richtigen Haltung und in dem Wissen um die Gesetze der Harmonie mit all den anderen Reichen der Pflanzen, Tiere, Steine, Ahnen, Geister und Götter bräuchte ich nur die Hand auszustrecken, um das zu bekommen, was ich benötige. Diese Lebenskunst ist einerseits ganz einfach und selbstverständlich, andererseits verlangt sie ein gewisses Maß an Klarheit, Balance, Konzentration, Offenheit und nicht zuletzt Heiterkeit und Zuversicht. Es ist so einfach, oder nicht?

Es gab und gibt Spezialisten für die Kommunikation zwischen den Lebensreichen, Menschen, die eine besondere Gabe haben, etwas herbeizuholen oder geschehen zu lassen, Missverständnisse auszuräumen, Fehler zu korrigieren, Unordnung und Leid zu beseitigen und zu heilen. Es sind die Schamanen und Schamaninnen, die Reisenden zwischen den Welten und Vermittler zwischen Mensch und Natur, die Dolmetscher für die anderen Dimensionen des Seins. Es gab und gibt sie überall auf der Welt. In diesem Lesebuch werden einige von ihnen vorgestellt, um einen möglichst lebendigen Eindruck von ihrem vielgestaltigen Wirken zu geben.

Die hier gesammelten Texte machen deutlich, dass neben all den Unterschieden zwischen schamanischen Ritualen etwa bei den Eskimos oder bei den Regenwaldindianern, zwischen den altsteinzeitlichen Heilern und den modernen Stadtschamanen doch eine große Gemeinsamkeit besteht: Alle wissen um den Reichtum und die Buntheit des Lebens, das sich unaufhörlich um uns entfaltet, das aus der Vergangenheit und der Zukunft jederzeit Einfluss nimmt. Sie wissen um die Achtung, die allem, was ist, entgegenzubringen ist, um in Harmonie zu leben.

In unserer Gesellschaft hat das schamanische Wirken keinen Platz. Es passt nicht in unseren materiell geprägten Lebensstil; es wirkt befremdlich und für viele auch kindisch. Folgende Anekdote aus den 70er Jahren, die Richard Erdoes, der Biograph des Sioux-Medizinmannes Lame Deer, erzählt, illustriert diese Ignoranz: »In Detroit interviewte uns eine Dame: ›Lieber Herr Lame Deer, sie wollen uns doch nicht ernsthaft weismachen, daß Sie mit Tieren und Pflanzen sprechen.‹ Er antwortete ihr: ›Ja, liebe Frau, in Ihrer Bibel, da redet ein nacktes Weib mit einer Schlange. Ich unterhalte mich mit Adlern.‹«

Dieses Lesebuch mag also auch eine Anregung sein, sich auf das eigene Vermögen zu besinnen und selbst wieder mehr Kontakt aufzunehmen – mit allem, was ist, zu sprechen, sich in das große Gewebe des Lebens einzufügen, zu erbitten und zu geben, eigene Geschichten zu schreiben.

Christine Stecher

Was ist ein Schamane? Was ist Schamanismus?

Schamanismus ist die älteste Methode, mit der die Menschen versucht haben, mit der Schöpfung in Verbindung zu treten. Die Ursprünge des Schamanismus reichen mindestens 40 000 bis 50 000 Jahre in die Steinzeit zurück. Wir alle stammen aus schamanischen Kulturen; der Schamanismus wurde nämlich nicht »importiert«, sondern er ist unsere ureigenste Wurzel.

Leo Rutherford

Piers Vitebsky

Mitten unter uns

Auserwählt von Geistern, von ihnen gelehrt, in Trance zu fallen und mit ihrer Seele zu anderen Welten im Himmel zu fliegen oder durch gefährliche Spalten zu den Schrecken der Unterwelt zu klettern, bis auf die Knochen abgemagert (in Jagdgesellschaften sind Knochen der Kern des Lebens) und dann wieder zusammengefügt und wiedergeboren, ausgestattet mit der Macht, Geister zu bekämpfen und deren Opfer zu heilen, Feinde zu töten und die eigene Gemeinschaft vor Krankheit und Hunger zu schützen – das sind die Grundzüge schamanischer Religionen in vielen Gegenden der Welt. Gleichzeitig führen Schamanen ein ganz normales Leben, gehen auf die Jagd, kochen, bebauen Land und verrichten die Hausarbeit. Wenn Schamanen von anderen Welten sprechen, meinen sie nicht, daß diese von der Alltagswelt getrennt sind. Vielmehr repräsentieren jene anderen Welten die wahre Natur der Dinge und die wahren Ursachen der Ereignisse in dieser Welt. Dieses Verständnis wird von der Gemeinschaft weitgehend geteilt, und viele ihrer Mitglieder könnten auf Grund ihrer Einsicht in diese Dinge in größerem oder kleinem Maß ebenfalls Schamanen sein.

Mircea Eliade

Meister der Ekstase

Seit dem Anfang unseres Jahrhunderts verwenden die Ethnologen unterschiedslos die Termini Schamane, Medizinmann (*medicine-man*), Zauberer oder Magier zur Bezeichnung bestimmter mit magisch-religiösen Fähigkeiten begabter Individuen, wie sie in jeder »primitiven« Gesellschaft bezeugt sind. Man hat diese Terminologie auch bei der religionsgeschichtlichen Erforschung »zivilisierter« Völker angewendet und sprach zum Beispiel von einem indischen, iranischen, germanischen, chinesischen, sogar babylonischen Schamanismus, wobei man sich auf die »primitiven« Elemente in der betreffenden Religion berief. Diese Verwirrung schadet dem Verständnis des Phänomens Schamanismus und zwar aus mehr als einem Grund. Wenn man unter dem Wort »Schamane« einen jeden Magier, Zauberer, Medizinmann oder Ekstatiker begreift, der im Laufe der Religionsgeschichte und Völkerkunde aufgetreten ist, so landet man bei einem zugleich äußerst komplexen und äußerst ungenauen Begriff, dessen Nutzen nicht einzusehen ist; bieten sich doch schon die Termini »Zauberer« und »Magier« zur Bezeichnung so disparater und ungefährer Begriffe wie »Magie« oder »primitive Mystik«.

So ist es doch wohl von Vorteil, den Gebrauch der Wörter »Schamane« und »Schamanismus« einzugrenzen, um Doppelsinnigkeiten zu vermeiden und auch in der Geschichte der »Magie« und »Zauberei« klarer zu sehen. Denn der Schamane ist natürlich seinerseits auch ein Magier und Medizinmann; man glaubt, daß er heilen kann wie alle Ärzte und Fakirwunder wirken wie alle Zauberer, primitive und moderne. Aber er ist dazu noch Psychopomp, Seelengeleiter, und er kann Priester sein, Mystiker und Dichter. Unter der grauen und wirren Masse das [des] in seiner Gesamtheit betrachteten religiös-magischen Lebens der archaischen Gesellschaften weist der Schamanismus im strikten und exakten Sinne schon eine eigene Struktur auf, verrät er eine »Geschichte«, welche genauer zu bestimmen nur von Vorteil sein kann.

Der Schamanismus *stricto sensu* ist ein par excellence sibirisches und zentralasiatisches Phänomen. Das Wort stammt über das Russische vom tungusischen *shaman*. In den übrigen zentral- und nordasiatischen Sprachen entsprechen diesem Terminus jakutisch *ojun*, mongolisch *bü gä*, *bö gä* (*buge*, *bü*) und *udagan* (vgl. dazu buriätisch *udayan*, jakutisch *udoyan* »Schamanin«), turktatarisch *kam* (altaisch *kam*, *gam*, mongolisch *kami* usw.). Man hat den tungusischen Terminus aus pâli *samana* zu erklären versucht [...].

In diesem ganzen riesigen Bereich Zentral- und Nordasiens hat das magisch-religiöse Leben seinen Mittelpunkt im Schamanen. Das heißt natürlich nicht, daß einzig und allein er das Sakrale handhabt, daß vom Schamanen alle religiöse Aktivität in Beschlag genommen ist. In vielen Stämmen steht neben dem Schamanen der Opferpriester, abgesehen davon, daß jedes Familienoberhaupt auch das Oberhaupt des häuslichen Kultes ist. Nichtsdestoweniger bleibt der Schamane die beherrschende Gestalt, denn in dem ganzen Bereich, wo das ekstatische Erlebnis für das religiöse Erlebnis schlechthin gehalten wird, ist der Schamane, und nur er, der große Meister der Ekstase. Eine allererste Definition dieses komplexen Phänomens, und vielleicht die wenigst gewagte, wäre: Schamanismus = *Technik der Ekstase*.

Olga Kharitidi

Der innere Raum: die Lehren einer sibirischen Schamanin

Endlich kamen wir zu einem großen Haus, das zwei Türen hatte, auf jeder Seite eine. In der linken Haushälfte brannte Licht, und ich sah, daß sich drinnen Menschen bewegten. Umaj ging zu der Tür auf der rechten Seite und öffnete sie mühelos.

Der Raum dahinter war fast vollkommen rund und, abgesehen von einer einzigen Matratze, über die eine alte Decke gebreitet war, nicht möbliert. Es war dunkel, und irgend etwas, das ich erspürte, weckte bei mir eine deutliche Vorahnung von Gefahr. Wenn Umajs gelassenes Gesicht mich nicht beruhigt hätte, wäre mir noch unbehaglicher zumute gewesen. Irgendwie, ohne zu verstehen weshalb, hatte ich bereits das Gefühl, Umaj gut zu kennen. Vielleicht lag es daran, daß ihr Gesicht mich ein wenig an meine Großmutter erinnerte, deren Gesichtszüge das mongolische Erbe vieler Russen spiegelten. Ich ließ Umajs Gesicht nicht aus den Augen und versuchte, ständigen Blickkontakt zu ihr zu halten, ohne den, das sagte mir mein Gefühl, die Angst in mir aufsteigen würde und ich verloren wäre.

Umaj schaltete das Licht an und bedeutete mir, mich auf das Schlafpolster zu legen. Ich schlug die verblichene bunte Flickendecke zurück und begann, meinen Mantel auszuziehen. Umaj machte mir ein Zeichen, daß ich damit aufhören solle, und so legte ich mich in meiner vollen Winterbekleidung unter die Decke. Der Fußboden bestand aus Lehm und war nicht viel wärmer als der Erdboden draußen, und ich spürte sofort, wie die Kälte von unten heraufkroch. Ich fragte mich, wie lange ich wohl dort liegen sollte.

Von meiner Matratze aus beobachtete ich, wie Umaj mitten im Raum ein Feuer entzündete und dann das Licht wieder ausschaltete. Es gab weder eine Feuerstelle noch einen Kamin, das Feuer brannte auf dem Lehmboden mitten im leeren Zimmer. Die emporlodernden Flammen sahen geheimnisvoll aus. Obwohl ich noch nie etwas Vergleichbares gesehen hatte, war ich seltsamerweise mit dieser Situation vertraut und begann, mich nach einer alten, unbekannten, vergessenen Zeit zu sehnen. Leise sang Umaj Worte, die ich nicht verstand, die aber voll Liebe und Hingabe an das Feuer gerichtet schienen.

Obwohl ich mich erst kurze Zeit unter den Menschen im Altai befand, spürte ich intuitiv, daß sie hauptsächlich in der Gegenwart lebten. Sie hingen nicht der Vergangenheit nach. Sie träumten nicht von der Zukunft. Umaj war ganz auf das ›Jetzt‹ konzentriert, und in diesem Augenblick bedeutete das, ein Feuer zu entfachen.

Als die Flammen flackernd den Raum erhellten, verschwand meine mühsam bewahrte innere Ruhe, und wieder schienen überall um mich herum Gefahren zu lauern. Ich konnte Umajs Augen nicht mehr sehen, denn sie weigerte sich, mich anzuschauen. Sie nahm etwas aus der Tasche und streute es ins Feuer. Wie ein hungriges Tier verschlangen die Flammen ihr neues Futter, loderten auf und sanken dann wieder auf ihre ursprüngliche Höhe zurück.

Umajs Lied veränderte sich, und plötzlich war mir, als käme ich in diesem Lied vor. Etwas geschah in meinem Inneren. Meine Aufmerksamkeit wurde von dem Rauch gefesselt, der vom Feuer aufstieg. Ich konnte weder wegsehen noch an etwas anderes denken.

Gedankensplitter rasen mit unglaublicher Geschwindigkeit durch meinen Kopf. Nur zwei davon kann ich bewußt registrieren: ›Mir ist sehr kalt‹ und ›Das ist eine Psychose‹. Der zweite Gedanke löst Panik bei mir aus. Mich durchflutet das Gefühl, daß meine Welt mir verlorengeht. Mit aller Kraft versuche ich den Ort in mir zu finden, von dem aus ich sprechen kann. Ich weiß nicht, wie das geht: sprechen. Ich habe meine Stimme verloren. Was bedeutet es, wenn ich sage ›meine‹?

Plötzlich höre ich eine Stimme, von weither. Sie ruft etwas. Ich verliere mein Ichbewußtsein und gebe auf, ohne eine Ahnung zu haben, was oder wer hierbleibt. Ich werde zu der Stimme, zu dieser rufenden Stimme hoch oben, die mit dem Rauch eines Feuers mitten in einem Zimmer in einem vergessenen Dorf in Sibirien aufsteigt. Meine letzten Anstrengungen, meine Welt wieder zusammenzufügen, münden in eine Verwandlung, die den Rauch und die Stimme eins werden läßt. Und jetzt sind die Stimme und das Feuer ich, und ich bin eine Schlange, die aus großer Tiefe gegen den Widerstand des Wassers nach oben strebt.

Gleichzeitig befällt mich ein neues Angstgefühl. Ich befinde mich unter Wasser und schwimme so schnell ich kann nach oben. Nichts als Wasser umgibt mich, tiefes Wasser. Ich schwimme immer schneller und bemühe mich verzweifelt, die Oberfläche zu erreichen.

Endlich ist der Moment da, in dem ich aus dem Wasser hervorbreche und an der Oberfläche des Ozeans weiterschwimme. Augenblicklich wird das Wasser zu einem Ort des Friedens und der Ruhe. Ich liebe diesen Ozean und könnte ewig darin weitertreiben. Nichts stört mich. Es gibt keine anderen Gedanken als Dankbarkeit diesem Wasser gegenüber, das mich jetzt trägt. Ich beginne zu schwimmen. Ich schwimme und schwimme, bis ich die Küste sehe. Mir wird klar, daß dieses geheimnisvolle Gewässer auf allen Seiten von Land umgeben ist und daß ich in einem großen, runden See schwimme. Jetzt erkenne ich, was sich am Ufer befindet. Es sieht aus wie eine Stadt. Ich kann Gebäude, Autos und Menschen unterscheiden. Wieder werde ich von Panik ergriffen. Das ist meine Stadt, das sind meine Freunde und Verwandten. Ich will nicht zu ihnen zurück. Ich möchte nichts anderes empfinden als das sanfte, strömende Wasser.

Eine leise weibliche Stimme durchdringt meine panische Angst. »Sei ganz ruhig. Ich werde jetzt zu dir sprechen.« Es ist Umajs Stimme. Ich weiß nicht, welche Sprache sie spricht, aber ich weiß, daß es Umaj ist, und irgendwie verstehe ich ihre Worte.

»Du bist jetzt in deinem inneren Raum, dort wo sich dein See des reinen Geistes befindet. Du bist zum erstenmal bewußt hier. Jeder von uns

besitzt diesen inneren Raum, aber bei den meisten Menschen wird er im Laufe des Lebens immer kleiner. Während wir durch das Leben gehen, versucht die Welt um uns herum, diesen inneren Raum, unseren reinen Geist, zuzuschütten und abzutöten. Viele Menschen verlieren ihn ganz. Ihr innerer Raum wird von Legionen fremder Soldaten in Besitz genommen, und so verödet er.

Jetzt hast du diesen Raum in dir erfahren. Jetzt kennst du ihn. Du wirst keine Angst mehr vor der Welt um dich herum haben. Dein Raum wird niemals mit etwas anderem als mit dir selbst ausgefüllt sein, denn jetzt, da du ihn erfahren hast, erkennst du seine Atmosphäre und seinen Pulsschlag wieder. Du wirst ihn weiterhin erforschen. Später wirst du auch noch erfahren, daß es ein bedeutsames Inneres Wesen gibt, das dort wohnt. Du wirst dieses Geistwesen kennenlernen und verstehen wollen. Ich werde dir dabei helfen, wenn du dafür bereit bist.«

Umajs Stimme ist beruhigend, und ich horche auf jedes Wort, während sie weiterspricht. »Was ich dir jetzt sagen werde, ist das größte Geheimnis, das ich weitergeben kann. Wir haben in unserem physischen Leben zwei Aufgaben. Die erste Aufgabe besteht darin, die physische Realität, in der wir leben, aufzubauen. Die zweite Aufgabe ist, unser Selbst zu schaffen – jenes eigentliche Innere Wesen, das in der äußeren Realität lebt.

Beide Aufgaben erfordern gleich viel Zuwendung. Das Gleichgewicht zwischen beiden zu wahren ist eine heilige und anspruchsvolle Kunst. Sobald wir die eine Aufgabe vergessen, kann die andere uns gefangennehmen und auf ewig zu ihrem Sklaven machen. So kommt es dann dazu, daß der See des reinen Geistes, die Heimat des Inneren Wesens bei vielen Menschen am Ende leer und ausgestorben ist. Sie gelangen zu der Überzeugung, daß allein die äußere Welt ihre Aufmerksamkeit verdient. Früher oder später jedoch werden sie diese Haltung als Fehler erkennen.

Für dich allerdings besteht die Hauptgefahr darin, daß du ausschließlich dein inneres Selbst erkundest. Deshalb interessierst du dich schon seit langem für das Seelenleben anderer Menschen. Mit Hilfe des Wissens, das du bei deiner Arbeit gewonnen hast, hast du versucht, deine eigene Psyche zu verstehen. Du mußt lernen zu akzeptieren, daß es wichtig ist, sich auch seine äußere Realität zu erschaffen. Glaube mir, daß dein Arbeiten an der äußeren Realität dich absolut und in gleicher Weise befriedigen kann. Fürchte dich nicht mehr vor der Küste um dich herum. Alles, was du dort siehst, hast du selbst zum Leben erweckt, und es ist lächerlich, vor seiner eigenen Schöpfung Angst zu haben. Ich werde dir helfen.«

Alles was mich umgibt, beginnt sich aufzulösen. Nach und nach kehren Sehkraft und Bewußtsein in meinen Körper zurück, und ich erinnere mich, daß ich dieser Körper bin, der auf dem Boden liegt. Ich möchte schlafen und habe fast die Grenze zum Schlaf überschritten, als Umajs alte Hände mir eine Tasse dampfenden Kräutertee mit Milch reichen. Ich trinke die heiße Flüssigkeit schlückchenweise und schlafe, von der Wärme des Tees überwältigt, ein.

Das nächste, was ich bewußt wahrnahm, war das Morgenlicht. Als ich aufwachte, merkte ich, daß ich immer noch auf dem Fußboden lag, zugedeckt mit meinem Wintermantel und der alten Decke, allein in dem fremden Zimmer. Ich mußte meine ganze Kraft zusammennehmen, um mich zu erinnern, was am Vortag geschehen war. Alles hatte eine traumähnliche Qualität, und ich wußte, daß ich mich auf einem Grat zwischen zwei Welten bewegte. Ich mußte einen anderen Menschen sehen, um mir selbst zu beweisen, daß ich noch lebte und geistig gesund war.

Hinter der dünnen Wand, die mein Zimmer von der anderen Haushälfte trennte, konnte ich zwei Männerstimmen hören, aber sie waren so gedämpft, daß ich nicht verstand, was sie sagten. Aufzustehen war nicht ganz einfach, und während meine Beine sich wieder daran gewöhnten, daß sie meinen Körper tragen mußten, stand ich ein paar Momente auf wackligen Füßen. Es gab kein Wasser, mit dem ich mir das Gesicht hätte waschen können, keinen Spiegel, keine Haarbürste.

Ich dachte daran, wie ich wohl aussah und wie schlecht Anna und ich auf eine Reise wie diese vorbereitet waren. Der Käse und das Brot fielen mir ein, die Marija uns am vergangenen Tag in weiser Voraussicht mitgegeben hatte, und ich bekam Hunger. Ich beschloß, Anna zu suchen und so bald wie möglich mit ihr und Nikolaj zu frühstücken.

Mein wollenes Schultertuch war zerknittert, nachdem ich die Nacht darauf geschlafen hatte, aber ich war froh über die zusätzliche Wärme, die es mir spendete. Meine Stiefel standen neben der Matratze, und jemand hatte mir fürsorglich warme Wollsocken über die Füße gezogen.

Serge Kahili King

Maui, der erste Schamane Hawaiis

Die Entwicklung des hawaiianischen Schamanentums beginnt mit den Mythen von Maui. Als Magier, Schwindler, Halbgott, Wunderwirker, Glücksbringer war Maui vom einen Ende Polynesiens bis zum anderen bekannt, keine andere männliche Gestalt der polynesischen Mythenwelt war so berühmt. Die einzige, weithin bekannte weibliche Figur in der Mythologie Polynesiens war Hina, die Göttin des Mondes und Mutter von Maui.

Die Geschichten, die man sich über Maui erzählt [...] zeigen deutlich, daß er ein archetypischer Schamane jener uralten Tradition war, die man auch anderswo auf der Welt antreffen kann, auf den Hawaii-Inseln jedoch mit einer polynesischen Note. Maui zog nicht nur die Hawaii-Inseln aus der See (ein Entdeckungs-Mythos), sondern er verlangsamte auch die Sonne dergestalt, daß seine Mutter ihre Kleider trocknen konnte (ein weiterer Entdeckungs-Mythos: Lande in hochnordischen Breiten werden gefunden). Ferner besuchte er die Oberwelt und überlistete die Götter, das Geheimnis des Feuers preiszugeben (ein Mythos von der schöpferischen Intuition durch schamanische Trance), stieg in die Unterwelt, um verschiedene Ungeheuer zu überwinden (ein Mythos von der schamanischen Trance zum Heilen), beherrschte den Umgang mit Magie und magischen Gegenständen und sprach frei mit Vögeln, Tieren und den Naturelementen. Aufgrund seiner Hilfsbereitschaft, seiner Abenteuerlust, seiner Respektlosigkeit gegenüber der Obrigkeit und seiner Zugänglichkeit war Maui die populärste Gestalt in der Mythologie Polynesiens. Als Halbgott (genauer gesagt: als ein Mensch mit magischen Fähigkeiten) wurde er zwar nie verehrt, konnte aber als Glücksbringer angerufen werden. In Neuseeland, wo die Maori sein

Bild in Gestalt eines menschlichen Embryos in Holz oder Jade schnitzten und es oft als Talisman trugen, wurde er »Maui Tikitiki« genannt; in Hawaii, wo niemals ein Bild von ihm geschaffen wurde, nannte man ihn »Maui Kupua«. Beide Namen lassen sich übersetzen als »Maui, der Schamane«. [...]

Die Schamanen-Ausbildung in Polynesien kann formell oder recht formlos sein, das hängt von der Gegend ab. In Neuseeland besuchten Maori-Kandidaten früher die Whare Wananga oder »Psychische Schule« und unterzogen sich einem rigorosen Training und Prüfungen. Die hawaiianische Tradition war viel mehr von der Familie geprägt. Die Kandidaten wurden ausgewählt oder wurden in die Familie eines Meister-Schamanen adoptiert und von diesem Schamanen oder seinen fortgeschrittenen Schülern ausgebildet. Bei den Maoris erhielt man spezifische Aufgaben, die zu erfüllen waren, und wurde danach geprüft. Im hawaiianischen Schamanismus werden einem Erlebnisse, Vorführungen, Hinweise und Suggestionen gegeben, und dann kann man selbst entscheiden, die Initiative zu ergreifen und Selbstdisziplin zu entwickeln, um jene Dinge zu meistern – oder es bleiben zu lassen. Hat man das Gefühl, fertig zu sein, geht man zum Meister und bittet ihn, ihm seine neue Fertigkeit vorführen zu dürfen. Der Meister gibt einem dann entweder Ratschläge, seine Geschicklichkeit zu verbessern, oder er erkennt die erworbene Fachkenntnis an und stellt einen vor eine neue Herausforderung – wenn er darum gebeten wird. [...]

Ein – im Vergleich zum indianischen Schamanismus – neuartiger Aspekt des polynesischen Schamanismus ist das Fehlen von Masken, Trommeln und Tanz. Masken als Darstellungen von Göttern, Geistern oder Tieren wurden in Polynesien nirgendwo verwendet, obwohl manche Menschen meinen, die melanesischen Masken aus Neuguinea seien polynesisch. Wenn die Tänzer, Schamanen oder Priester Polynesiens die Anwesenheit oder Aktivitäten von Göttern,

Geistern oder Tieren vermitteln wollten, beschränkten sie sich auf Geräusche und Gesten. Selbst die kunstvolle Gesichtstätowierung der Polynesier war zur Unterstreichung der Schönheit gedacht, nicht als eine Maske. Das Trommeln als ein Mittel, um in Trance zu gelangen, wurde nicht gebraucht. Es galt der Kommunikation, zur Aufrechterhaltung des Rhythmus und zur Energetisierung. Beim heiligen Hula ging ein Darsteller vor dem eigentlichen Tanz durch Meditation über den Gott, Geist oder Zweck, den es darzustellen galt, in eine Art von Trance. Der Tanz selbst war sorgfältig inszenierte Choreographie; seine Macht erwuchs aus der Fertigkeit des Tänzers, sich mit dem darzustellenden Geist oder Zweck zu verbinden. Eine tiefere Trance oder Konzentration mag dabei als Nebenwirkung entstehen, der eigentliche Zweck des heiligen Hula besteht jedoch darin, die Zuschauer zu unterrichten oder zu bewegen. Ekstatischer oder tranceherbeiführender Tanz war nie Teil der polynesischen Kultur. [...]

Als ein Medium wurde der Schamane ausgebildet in: Telepathie und Hellsehen, aber auch im Reisen in andere Welten, innere wie äußere; Kommunikation mit Geistern; Channeling; Traumarbeit; Kommunikation mit Pflanzen, Tieren und den Naturelementen der Erde. Alle diese Tätigkeiten wurden als Formen der Telepathie verstanden, der vermutlich wichtigsten aller schamanischen Fertigkeiten. Techniken wie Steine-Werfen, Orakelsteine und Wünschelruten wurden oft gebraucht, um die mentalen Fertigkeiten zu üben und zu vervollkommnen.

Als ein Löser von Blockaden lernte der Schamane den Gebrauch von Energie zur Beruhigung körperlicher, emotioneller und mentaler Spannungen, sowie Methoden zur Umwandlung einengender Denkmuster und Überzeugungen. Die Freisetzung von Energie basierte zumeist auf *lomi-lomi*, einer hawaiianischen Form der Massage. [...] Die Auflösung einengender Denkmuster geschah mit Hilfe einer Reihe von Methoden, besonders verbreitet war jedoch eine Art von Gesprächstherapie, bei der häufig Affirmationen eine Rolle spielten. Man konnte sie selbst üben, für einen anderen oder in der Gruppe anwenden.

Als ein Bewirker von Ereignissen lernte der Schamane Dinge wie das Wetter zu verändern, den Wohlstand zu mehren (etwa durch Herbeiführen einer reicheren Ernte oder eines größeren Fanges der Fischer) und verschiedenartige Geschehnisse zu manifestieren (zum Beispiel eine Insel zu finden oder eine Zusammenkunft der Häuptlinge zu veranlassen). Neben mehreren anderen gebräuchlichen Methoden gibt es auch eine Form der Kontemplation oder passiven, konzentrierten Aufmerksamkeit. Sie ähnelt gewissen Yoga-Praktiken, bei denen ein Gedanke ruhig im Bewußtsein gehalten wird, bis er genügend Energie gesammelt hat, um sich im Äußeren zu manifestieren. Zu diesem Teil der Ausbildung gehören auch Astralreisen und Psychokinese. Als ein Formveränderer lernt der Schamane, durch Gesang, Schauspiel oder Tanz verschiedene Rollen oder die Charakteristika von Tieren oder Gegenständen anzunehmen, mit den Elementen der Natur zu verschmelzen und sie mittels Resonanz zu beeinflussen. Die geschicktesten Schamanen lernen schließlich, vor den Augen anderer zu verschwinden oder in einer anderen Gestalt zu erscheinen.

Als ein Friedensmacher lernt der Schamane, Harmonie zu erzeugen in sich selbst, in anderen, zwischen den Menschen, zwischen Mensch und Natur und in der Natur. [...] Diese zentrale Rolle des Friedens gehört zu den hervorragenden Merkmalen der polynesischen Schamanen. Während die meisten Schamanen heute dem Weg des Kriegers folgen, der Macht sucht und die Überwindung des Selbst, beschreiten die polynesischen Schamanen den Weg des Abenteurers, den Pfad der Liebe (*aloha*) und der Erweiterung des Selbst.

Claudia Müller-Ebeling, Christian Rätsch, Surendra Bahadur Shahi

Ganesha, Hüter der Schwelle

Es ist für jeden nepalesischen Schamanen, für jede nepalesische Schamanin obligatorisch, zuerst, egal ob im Gebet, im Ritual oder bei einer Feierlichkeit, den elefantenköpfigen Gott Ganesha anzurufen.* Denn Ganesha ist der erste Schamane der Weltgeschichte. Er ist das erste Wesen, das den Tod erlebt, aber dank seiner Wiedergeburt auch gemeistert und verstanden hat. Wer etwas vom Schamanismus verstehen möchte, muss zuallererst seinen Tod erfahren. Eine harte Forderung! Aber – wie Indra Gurung, ein nepalesischer Schamane vom Volke der Gurung sagt – ohne Todeserfahrung gibt es keinen Schamanismus. Wer nicht als Mensch schon mal gestorben ist, kann auch nichts vom Schamanenwesen verstehen. […]

Der folgende nepalesische Mythos erklärt, warum Ganesha der erste Schamane der Geschichte und Hüter der Schwelle ist.

Unendliche Äonen weilte Shiva auf dem heiligen Berg Kailash, versunken in sich selbst und in die Schöpfung. Als unendlicher Feuerlingam hatte er sich durch das Universum gebohrt und Vishnu und Brahma, seinen beiden Gestalt gewordenen göttlichen Kollegen seine Uranfänglichkeit und Größe bewiesen. Als ihm bewusst wurde, wie einsam dieses Leben in eisigen Höhen war, wurde er der unvergleichlich schönen Parvati gewahr, der Tochter des Himalaya. Ergriffen von ihrer Anmut und Würde, wandte er dieser weiblichen Göttin die gesamte Aufmerksamkeit zu, die ihm und seinem göttlichen Lingam zur Verfügung standen. Freudig gewährte Parvati ihm

---

* Ganesha wird von den Sherpa und anderen tibetischen Völkern *bombe lamoh*, sozusagen der »Herr der Kanne«, genannt und von Thanka-Malern mit dem Gott Jambala identifiziert.

ihre Gunst. Jahrtausende umschlangen sie sich in göttlicher Umarmung, in nichts anderes versunken als in ihre gemeinsame Lust.

Nach vielen Sonnenauf- und -untergängen, die Shiva entrückt in den Armen seiner Frau verbracht hatte, gelüstete es ihn danach, die Welten zu erkunden, die von den Strahlen der Sonne Surya und des Mondes Chandra berührt wurden. Von der Freude ergriffen, Unbekanntes zu entdecken und Neues mit all seinen göttlichen Sinnen zu durchdringen, verließ er Parvati und streunte durch die Welten.

Nach Jahrhunderten lenkte er seinen Weg dorthin zurück, wo er die größten Wonnen erlebt hatte – zum Heim seiner Göttingemahlin Parvati. Groß war Shivas Verwunderung, als er vor dem vertrauten Eingang einen wunderschönen jungen Mann vorfand. Seine Muskeln glänzten in der untergehenden Sonne und die Gliedmaßen ähnelten an Anmut seinen eigenen göttlichen Werkzeugen. Wütend trat er auf den Eindringling zu und fragte ihn, wer er sei. Der Unbekannte antwortete seinem allmächtigen Gegenüber. »Ich bin hier zu Hause. Ich bin der Hüter der Schwelle. Wer bist du, Unbekannter, mir so unfreundlich in den Weg zu treten?« Da erfasste Shiva Mahadev ein übermächtiger Zorn. Schäumend vor Wut schlug er dem Fremdling den Kopf ab und betrat sein lange vernachlässigtes Zuhause. »Wer war dieser Fremde vor meiner Tür?« fragte er seine Gemahlin, noch immer bebend von der Begegnung mit dem unerwarteten Rivalen. »Dein eigener Sohn«, antwortete Parvati mit einer Stimme, die ahnungsvoll zitterte. »Ich habe ihn gerade erschlagen«, antwortete Shiva tonlos. Entsetzt und ohnmächtig fiel sich das Schöpferpaar aus den Uranfängen von Zeit und Raum in die Arme. »Wie kann ich wissen, dass dies mein eigener Sohn war?« stammelte Shiva, und Parvati flüsterte: »Wie kann ich dir mitteilen, dass du einen Sohn hast, wenn du so lange in fernen Welten weilst?«

Fassungslos darüber, dass er sich von seinem Zorn zu solch einer schrecklichen Tat hinreißen ließ, fasst Shiva Pashupati, der Herr der Tiere, schließlich den Entschluss, in die Wildnis zu gehen, um das erste Tier, das seinen Weg kreuzt, für das zweite Leben seines Sohnes zu opfern.

Das erste wilde Tier, das ihm begegnet, ist ein Elefant. Mahadev verneigt sich vor dem König der Steppen und Wälder, schlägt ihm den Kopf ab, bedankt sich bei den vierbeinigen Wesen für dieses Opfer und trägt das mächtige Haupt des Elefanten nach Hause. Er setzt dem leblosen Rumpf des gemeinsamen Sohnes dieses tierische Haupt auf die Schultern und haucht ihm neues Leben ein. Als Ganesha, der Sohn Shivas und Parvatis, seine Augen zu neuem Dasein aufschlägt, huldigt Shiva, der Zerstörer und Schöpfer der Welten, seinem göttlichen Nachkommen mit den Worten: »Bitte verzeihe mir meine unbedachte Tat. Dafür, dass du nun zu neuem Leben erwacht bist, gebührt Dir der erste Dank und die erste Anrufung aller Lebewesen. Bevor die Menschen mir ihre Huldigung erweisen, sollen sie bis in alle Zeiten Dir ihre Ehre erbieten.«

Ganesha, der elefantenköpfige, dickbäuchige Gott für Glück, Fröhlichkeit und Reichtum (an Herz, nicht an Geld) kam als Frucht höchster Wonnen in die Welten. Er erfuhr größten Zorn, den Tod und reue – und liebevolle Wiederbelebung. Diesen gegensätzlichen emotionalen und existenziellen Energien verdankt er sein Leben. Damit wurde er zum Vorbild der Schamanen, die im hinduistischen Raum heimisch sind, auch wenn ihre Existenz in vorreligiöse Zeiten zurückreicht. Er wurde der erste initiierte Schamane. Ihn rufen alle Jhankris zuallererst an, noch vor Shiva und Agni. […]

Der *mula* (nep.) genannte Rettich (*Raphanus sativus L.*) ist die heilige Pflanze des Elefantengottes. Auf Masken und bildlichen Darstellungen ist sie zu sehen. Eigentlich handelt es sich gar nicht um den Rettich, sondern um eine Wildpflanze, die *ban mula* (nep. »wilder Rettich«), *daling, belu chare* oder *pangla bung* (kir.) heißt. Sie schmeckt ähnlich wie Rettich und wird von den Schamanen gerne gegessen, weil ihr Genuss die *shakti* stärkt.

Diese Pflanze ist ein Symbol des Ganesha: er ist halb Tier, halb Mensch. Der wilde Rettich ist halb Wurzel, halb Blätterkrone – ein Symbol wie die Alraune (*Mandragora*) in der europäischen Kunstgeschichte.

Shiva hat Ganesha für alle Zeiten als Hüter der Schwellen, Übergänge, Pforten und Tore in alle möglichen Welten bestimmt. Projiziert auf den menschlichen Körper ist Ganesha auch der Hüter der Chakren. Er bewacht den Eingang zum Sexualchakra, dem Quell der schamanischen Heilkraft. Dieses Wurzelchakra (*mooladhara chakra*) ist der Ursprung aller Energie (*shakti*), ohne die kein Mensch ins Leben findet.

Hier unterscheiden sich Menschen und Schamanen. Menschen, die kein Tantra und kein Kundalini-Yoga praktizieren, können diese Energien nicht willentlich kanalisieren. Schamanen aber verwandeln sie in heilsame, unkonditionierte Liebe und universale Erkenntnis.

Die Tamang-Schamanin Maile Lama diktierte uns: »Im Sexualchakra entsteht die Energie (*shakti*). Sie steigt in das Herzchakra auf, wo sich diese Energie in Liebe verwandelt. Sie ist die schamanische Heilkraft. Steigt die Energie höher, in das Stirnchakra, verwandelt sich die Liebesenergie in Erkenntnis. Nur wenn alle Chakren durch den Fluss der Energie miteinander verbunden sind, ist man als Mensch vollständig.« Der Ursprung der Welt ist die Psychoaktivität. Der Ursprung des Schamanismus ist Shiva. Der Ursprung der psychoaktiven Substanzen ist Amrita, das Lebenselixier. Shiva ist der Herr der berauschenden Pflanzen und der Gott der Psychoaktivität. Der Ursprung der Kreativität ist die Psychoaktivität. Nur ein bewegter Geist kann etwas bewegen.

Marielu Lörler

Das Erbe der Druiden und Odins Baum

Vielleicht mag aus den bisherigen Ausführungen der Eindruck entstanden sein, das Phänomen des Schamanismus sei eine exotische Erscheinung, die es innerhalb unserer Breiten nicht gab. Dieser Irrtum rührt daher, daß das Wissen unserer Vorväter ins Dunkel geraten ist und mit Beginn des Christentums verboten wurde. Als intellektuelle Spezies der Menschheitsgeschichte, die sich aus den natürlichen Kreisläufen ver-rückt hat, spürt heute so mancher die Notwendigkeit, wieder ins Gleichgewicht mit den natürlichen Formen des Lebens zu kommen. Dazu ist es aber unerläßlich, an das Erbe unserer Vorväter weiter anzuknüpfen.

Versuchen wir nun, das Leben der Kelten und Germanen aus dem Wenigen, das uns überliefert ist, zu verfolgen, und richten wir unsere Aufmerksamkeit insbesondere auf die Lebensäußerungen, die, wie wir sehen werden, belegen, daß Schamanismus auch hier lebendig war. [...]

Die Kelten hatten eine Naturreligion. Es gab keine Dogmen und Morallehren. Die Sippe und die Gemeinschaft galten als heilig; ihr fügte der einzelne sich freiwillig ein, denn das Leben in der Gemeinschaft war Ausdruck ihrer Religion. Dafür standen auch die Rituale und Zeremonien, die von den Druiden geleitet wurden.

Neben der Orientierung am Sonnenlauf galt bei den Kelten auch der Mondkalender. Die Druiden glaubten, daß der Mond einst mit der Erde vereint war. Nachdem die Gestirne getrennt worden waren, blieben bestimmte Kräfte, die sogenannten Mondimpulse, in der Erde zurück, die bis zu den Mittagsstunden und zur Zeit der Sommersonnenwende besonders stark wahrgenommen werden konnten. So entdeckten die Druiden, in welchem Maß der Mond das

Wachstum auf der Erde beeinflußt. Sie spürten, daß Mond und Erde Träger von gleichgepolten Strahlungskräften sind und Gegenkräfte zur Sonne darstellen. Daraus ergab sich für sie, daß Mond und Erde gleich einem Magneten die Sonnenkraft an sich ziehen, was sich besonders stark bei Vollmond und Neumond bemerkbar macht. Diese Zeitpunkte waren ihnen wichtig, um die Geheimnisse des Lebens zu studieren.

Daß die Druiden unter den Kelten wie Schamanen wirkten, belegen Beschreibungen der Römer. In diesen Berichten heißen die Druiden »Baumkundige«, die unter oder auf Bäumen sitzen und dort mit dem Heiligen sprechen. Hier sind wir wieder beim Weltenbaum des Schamanen, der auch dem Druiden als heilige Verbindung von Erde und Himmel diente. Weiter heißt es in den römischen Berichten, daß die Kelten keine Tempel für die Anbetung ihrer Götter errichteten, sondern diese in Heiligen Hainen oder bei Quellen und Bäumen verherrlichten. Das Leben der Kelten war lebendige Religion, die das Göttliche in der Schönheit der Natur erkannte.

Wie im Schamanismus wurde auch im Druidentum der Kontakt zu den Verstorbenen aufrechterhalten. Um ins Reich der Toten zu gelangen, setzte sich der Druide des Nachts auf die Kreuzungspunkte der »Urstraßen«, die besonders stark ausstrahlende, elektromagnetische Bahnen der Erde sind. (Untersuchungen keltischer Kultplätze ergaben, daß alle auf besonders stark geladenen Strahlungsfeldern liegen.) Diese Strahlungsenergie erleichterte den Druiden den Kontakt mit den Seelen der Verstorbenen, die sie oft um Rat fragten.

1000 v. u. Z. erreichte die keltische Kultur ihren Höhepunkt. Mit dem Absinken des Widdergestirns begann die Druidenverfolgung durch die Römer und mit dem Einzug der Sonne in das Zeichen der Fische ihre völlige Ausmerzung durch das Christentum.

Die geistige Weisheit der Kelten geriet für lange Zeit in Vergessenheit, da die Verkünder des Christentums nicht wahrhaben wollten, daß sie notwendigerweise auf dem von Kelten entwickelten Bewußtseinsstand aufbauten. Sie verstanden es nicht, das Alte in das Neue zu integrieren, sondern verurteilten die keltische Religion als Heiden- und Ketzertum, um damit ihre »Heiligen Kriege« (!) verantworten zu können. Erst heute erwacht das Interesse an den Kelten wieder. Vielleicht können ihre Leistungen erst im Zeichen des Wassermanns richtig gesehen werden.

Die Germanen kamen ebenfalls im Zuge der großen indoeuropäischen Völkerwanderung noch unter dem Tierkreiszeichen des Stiers nach Europa, wo sie sich in Nordgermanen (Schweden, Dänen, Norweger, Isländer), Ostgermanen (Wandalen, Goten, Burgunder, Langobarden) und Westgermanen (Franken, Alemannen, Bajuwaren, Sachsen, Chatten u.a.) gemäß ihren Ansiedlungsorten aufgliederten. Auch sie waren Widdermänner und ihr Schicksal zeigt ähnliche Merkmale wie das der Kelten. Beide, Kelten und Germanen, haben sich gegenseitig beeinflußt und haben in der Zeit des beginnenden Christentums sogar in gleichen Stämmen gelebt.

Da uns bis auf wenige Runenfunde von den Germanen auch keine schriftlichen Dokumente erhalten geblieben sind, müssen wir uns zu ihrer Enträtselung im wesentlichen auf die Sternenkunde berufen und auf Überreste, die eine eigene Sprache sprechen, wie Felsenzeichnungen, Hügelgräber, Grabfunde. Auch die altnordische Liedersammlung der Edda, die aus dem 8., 9. und 13. Jahrhundert stammt, gibt uns einige Aufschlüsse.

Auf den Felsenzeichnungen wiederholen sich die Symbole von Sonnenrädern, Swastikas, Schiffen, Speeren, Beilen, Mondsicheln, Spiralen, Labyrinthen. Unter den Grabbeigaben entdeckte man Dinge, die alle gut in das Medizinbündel eines Schamanen passen würden: Schädelfunde mit ausgeführten Bohrungen – all dies sind Hinweise, daß bei den Germanen Magie und Schamanismus eine Rolle spielten. Aber welche?

Nehmen wir die Edda zu Hilfe, so treffen wir da auf Odin, auch Wotan genannt. Er war einer der wichtigsten Gottheiten der Germanen; er gehörte zur großen Göttergruppe der Asen. In Odins Runenkunde 3 der Edda heißt es:

Ich weiß, daß ich hing
am windigen Baum neun Nächte lang,
mit dem Ger verwundet, geweiht dem Odin.
Ich mir selbst, an jenem Baum, da jedem fremd,
aus welcher Wurzel er wächst.
Sie spendeten mir nicht Speise noch Trank;
Nieder neigte ich mich,
nahm die Runen, nahm sie rufend auf;
nieder dann neigte ich mich,
neun Hauptlieder lernt ich
vom hehren Bruder der Bestla, dem Bölthornsohn;
vom Odrörir, dem edelsten Met,
tat ich einen Trunk.

Erinnert uns dies nicht an den schamanischen Einweihungsritus auf dem Weltenbaum? Auch Odin hängt am Baum, am Weltenbaum, an der Sonnenwendachse. Hier wird er in das Geheimnis des Ewigen Lebens eingeweiht: Mit seinem Kopf, der eins ist mit dem Hochstand der Sonne zur Sommersonnenwende und vereint mit der Baumkrone [, die] dem Licht zustrebt, versinnbildlicht er den Tod. Denn von ihrem höchsten Stand steigt die Sonne hinab ins Dunkel, wo die Füße Odins sich vereinen mit der Wurzel des Baumes und dem Erlebnis der Wiedergeburt zur Wintersonnenwende. Am Grunde des Baumes war ein Brunnen, der Quell des Weisheitstrankes, der dem Hängenden, welcher von oben in das Wasser blickte, die Erkenntnis seines ewigen Seins schenkte: Denn der Stand der Sommersonnenwende (der Kopf), das beginnende Sterben, spiegelt sich dort in der Wintersonnenwende (den Füßen), dem Beginn des neuen Lebens. So verwandelt sich der Baum des Todes zum Baum des Lebens und Odin erfährt, daß beides das gleiche ist. Hängend am Baum empfängt er die Runen, auf denen der Plan der Weltenordnung geschrieben steht, der sich ihm hier offenbart. Die Runen (das Wort kommt in unserem »raunen« noch vor und bedeutet »geheim«) spielten bei den Germanen eine bedeutende Rolle in der Magie. Es gab welche zum Wahrsagen und zum Heilen. In den Runen vermittelte sich den Germanen der Wille der Götter. Dazu brauchten sie Männer und Frauen, die diese Sprache verstanden und den Nichteingeweihten übersetzen konnten, denn auch hier war der Wille der Götter oberstes Gesetz. Ebenfalls erwähnt werden die Runen an einer anderen Stelle der Edda, Völuspa genannt*:

Auf dem Idafeld die Asen sich finden
und reden dort vom riesigen Wurm
und denken da der großen Dinge
und alter Runen der Raterfürsten
Wieder werden die wundersamen
goldnen Tafeln im Gras sich finden,
die vor Urtagen ihr eigen waren …

Das Idafeld war bei den Germanen das Feld um den Polarstern, der, wie wir wissen, vom Weltenbaum der Schamanen die Öffnung zum Himmel ist. In der germanischen Mythologie halten hier die Götter ihre Ratsversammlungen ab, Thing genannt. Odin demonstriert in seiner Einweihung den Germanen, wie auch der Mensch Einblick

---

* Zu deutsch: Der Seherin Gesicht – Gesicht im Sinne von Offenbarung. Darin berichtet die Seherin Wala oder Völva von der Urzeit, dem Entstehen der Welt, dem Kampf der Riesen und Götter, der Götterdämmerung, dem Weltuntergang und dem Entstehen einer neuen Welt.

zum Thing der Götter bekommen kann: durch Hängen am Baum, wo der Mensch seine Getrenntheit überwindet und geistige Freiheit in der Einheit allen Lebens erlangt. Deshalb stellten die Germanen für ihre überirdischen Rechtsprechungen und Beratungen immer in der Mitte des Kreises, um den sie saßen, einen Pfahl auf, dessen Spitze zum Idafeld, zum Polarstern gerichtet war, damit der Mensch nicht in seiner Begrenztheit richte oder beratschlage, sondern die Götter durch ihn sprechen. – Der andere Name Odins, Wotan, was Wut oder Erregung heißt, definiert Odin als Gott der Ekstase. Er beherrscht den magischen Flug mit Hilfe seines achtbeinigen Pferdes Sleipnir. Er besitzt die Fähigkeit, sich in die Tiere zu verwandeln, zum Beispiel in einen Adler, Raben oder eine Schlange. Seine Hilfsgeister sind die zwei Raben Munin (das Gedächtnis) und Hugin (der Gedanke) und seine Schutzgeister die Wölfe Freki und Geri. Sein Speer ist eine Zauberwaffe. Mit Runen gespickt trifft er damit über gigantische Entfernungen hinweg sein Ziel, kann damit aber auch heilen. Odin, oder Wotan, hat Zugang zum Reich der Toten, zum Hel. Er war der Gott des Schlachtfeldes und brachte die gefallenen Krieger ins Haus der Gefallenen, nach Walhalla, wo ihnen von den Walküren der Göttertrank kredenzt wurde. Odin war Gott und Mensch und wie alle germanischen Gottheiten nicht unsterblich. Er war wie ein Mensch seinem Schicksal unterworfen, hatte aber Kontakt zur Anderen Welt.

All das ergibt das Urbild eines Schamanen par excellence. Odin führte den Germanen als erster Mensch seine Einweihung vor, er war »Thrott«, der Mutige, und zeigte ihnen, zu welch magischen Fähigkeiten ein Mensch gelangen kann, wenn er die irdische Welt mit der außerirdischen verbindet. Daß die Odinsinitiation bei den Germanen tatsächlich durch Eingeweihte beibehalten wurde, belegen die sogenannten Thrott-Mysterien, die vor allem in Skandinavien und Rußland, aber auch in Deutschland praktiziert wurden. Davon zeugen noch die germanischen Kultstätten, die uns zum Teil erhalten geblieben sind, wie zum Beispiel die Externsteine im Teutoburger Wald. Dieses Einweihungszentrum war von 7000 v. u. Z. bis zur Zeit der Karolinger im 7. Jahrhundert wirksam, wo es dann laut der fränkischen Annalen völlig zerstört wurde. Trotzdem sieht man heute noch die große Felszeichnung von Odin, am Baum hängend, und eine Gruft mit einem Schlafstein, der auf das Einweihungsritual von Tod und Wiedergeburt hindeutet.

Wir dürfen also mit Sicherheit annehmen, daß unter unseren germanischen Vorfahren Eingeweihte wirkten, die wir als Schamanen betrachten können, wie es ein 8000 Jahre alter Runenspruch bezeugt:

Uruz – Ihwaz – Ingwaz

Alles Leben ist kosmischen Ursprungs!

Holger Kalweit

Alle Dinge sind eins

Wir gleichen Gefangenen in einer Höhle, die verbissen auf die nackten Felswände starren, wo wir sich bewegende Schatten wahrnehmen. Es sind die Schatten von Gegenständen, die – für uns unsichtbar – hinter unserem Rücken vorbeigetragen und von einem großen Feuer außerhalb unseres Gesichtskreises beleuchtet werden. Wir wenden uns nicht um und ergründen die Ursache der Schatten, weshalb wir überzeugt sind, hier eine wirkliche Welt vor uns zu haben – die Welt der Sinneswahrnehmungen. Doch brächte einer der Gefangenen Kraft und Mut auf, sich umzudrehen und stiege aus der Höhle hinaus, würde er die Gegenstände, die Ursache der vagen Schattenrisse erkennen. Verließe er schließlich die Höhle ganz, würde er – nachdem er sich die schmerzenden Augen gerieben hat – die Sonne schauen. Kehrte er nach dieser überwältigenden Erkenntnis der Natur seiner Schattenwelt in die Höhle zurück, würde wohl niemand der dort Lebenden seinen phantastischen Geschichten Glauben schenken; er wäre fortan ein Einsamer, der sich beauftragt fühlt, seine Mitmenschen aus der Verblendung zu führen und der ihnen das Schattenhafte ihrer Schattenwelt begreiflich machen will. Aber, fragen wir, kann nicht nur der, der selbst aus der Höhle hinausgekrochen ist, begreifen?

Diese berühmt gewordene erkenntnistheoretische Parabel stammt aus Platons *Politeia*. Sie enthält eine Handlungsanweisung für die wissenschaftliche Welt, die zwar viel zitiert, aber deshalb noch lange nicht befolgt wurde. In dieser Untersuchung wollen wir jedoch den erkenntnistheoretischen Prinzipien des »Höhlengleichnisses« folgen, zumal sie auch die Grundlagen des schamanischen Lehrweges sind.

Wer ist jener Mensch, der aufsteht, sich umdreht und geradewegs hinausläuft, um sich den »Schattengestalten« zu stellen? Ist es etwa der Schamane, der seine Geister herbeiruft, der Medizinmann, der im geistigen Sehen durch die Menschen hindurchschaut, der Magier, der die Lüfte durchfliegt und seinen Körper halbtot unter sich zurückläßt?

Das schamanische Weltbild überspringt Zeit und Kausalität, verkürzt Räume telepathisch und huldigt der Kommunikation mit allem Sein. Es sieht den Einzelmenschen eingespannt in ein universelles magisches Kraftfeld, in dem schon der leiseste Gedanke das gesamte Universum erschüttert, das gesprochene Wort den Nachbarn tötet und der normale Verstand durch ekstatische Kommunion mit der Umwelt zunichte gemacht wird. Jene Weltschau, durch die der Mensch fähig ist, mit unsichtbaren Energiemanifestationen oder mittels jenseitiger Entitäten die irdische Sphäre des Leiblichen zu beeinflussen, ist, so glauben viele, zu weit von der Logik unseres abendländischen Alltags entfernt, um im 20. Jahrhundert noch der Beachtung wert zu sein. Der Anthropologie ist in unserer wissenschaftsgläubigen Zeit die Aufgabe zugefallen, diese »abartigen« menschlichen Denkfiguren rational abzutun. Die »perverse«, auf den Kopf gestellte Physik des schamanischen Universums – in der die Zeit dehnbar, der Raum plastisch, die Materie durchlässig ist und die bekannten Energiemanifestationen von weiteren unsichtbaren, feinstofflichen Kräften überboten werden – fällt durch die Maschen unseres Erkenntnissystems hindurch. Mit diesem Universum in Einklang leben jedoch alle Stammesgesellschaften, und auch unsere Vorfahren sowie alle Kulturen der alten und neuen Welt huldigten einst einem solchen Universum. Nur unsere moderne abendländische Kultur bildet eine Ausnahme. Als Einzelgänger unter den Kulturen hat sie sich in gezügelter Experimentierfreude ganz auf das im Dreidimensionalen Beobachtbare, auf eine rein sensorische, nur durch Logik erschließbare Wirklichkeit zurückgezogen. Die Erfahrungen des Schamanen sind jedoch reale transpsychische Erfahrungen – und sie sind für jeden Menschen wiederholbar, bringt er nur genügend Mut und Selbstdisziplin auf, unseren begrenzten Intellekt und unser eingeengtes Normalbewußtsein zu überwinden. Jenseits dieses »normierten« Bewußtseins gibt es nämlich ein ganzes Spektrum von Wahrnehmungsformen. Die Stufenleiter der Erfahrung, die jeweils neue Daseinsweisen enthüllt, ist eine ewige Metapher des Erkenntnisfortschritts.

Zwei Besonderheiten unserer westlichen Zivilisation haben uns stark geprägt: zum einen der Gedanke, dem auch Friedrich Nietzsche anhing, allein in einem feindlichen Universum zu sein; zum anderen die Vorstellung, daß das Leben in letzter Instanz sinnlos ist. Im Gegensatz dazu verweist der Schamane auf die Lebendigkeit allen Seins, auf die globale, auf allen Ebenen gegebene Beziehung zu sämtlichen Wesen und Dingen – und auf das Erfülltsein des Universums mit einer schöpferischen Essenz, die die normale Existenz transzendiert und ihr inneren Zusammenhalt gibt.

Der Schamane steht in der jahrtausendealten Tradition der *Philosophia perennis*, der mystischen Tradition der Einheit aller Dinge, allen Seins. Für die Magie ist alles mit allem verbunden, eins ersetzt das andere, das Gesetz des *pars pro toto* regiert, und das Bewußtsein besitzt, einer gigantischen Telefonzentrale gleich, Zutritt zu allen anderen Bewußtseinsebenen.

Zum Heilen berufen

Und der Große Geist sandte ein heiliges Lied aus,
das in allen vier Himmelsrichtungen
vernommen werden konnte,
und er rief seine Schamanen –
aus dem Norden, dem Süden, dem Osten und dem Westen.

Und die Schamanen machten sich auf den Weg
zum Zentrum der Welt,
um der Heilung der Erde beizuwohnen.

Nevill Drury

Klaus E. Müller

Die Geister treffen eine Wahl

Ein Schamane mußte über mehr als gewöhnliche Fähigkeiten verfügen. Vor allem verlangten seine Aufgaben von ihm, daß er einen guten, jederzeit aktivierbaren Kontakt zu den Jenseitsmächten besaß. Das setzte auch *deren* Bereitschaft dazu voraus. Von ihr konnte man ohne weiteres beim – sei es unmittelbar oder mittelbar – erblichen Schamanismus ausgehen, wenn also ein verstorbener Schamane jemanden unter den Lebenden seiner Sippe, den er für geeignet hielt, zu seinem Nachfolger bestimmte, das heißt sein Schutz- oder führender Hilfsgeist wurde und so seine eigenen, altüberkommenen Gaben nunmehr auf ihn übertrug.

In allen anderen Fällen ging die Wahl von einer *bestimmten* Geistmacht oder auch mehreren Geistern, seltener einer Gottheit aus. Bei Schamanen, die zu Besonderem ausersehen waren, geschah das [...] bereits *vorgeburtlich* durch die »Tiermutter«, eine höhere, übergeordnete Geistmacht, gewöhnlich eine »Herrin der Tiere«. Manchmal ließ sie ein bereits lebendes, schon mehrere Jahre altes Kind dazu sterben, dessen Verhalten gezeigt hatte, daß es eine besondere, entsprechend geeignete Seele besaß. Elch-, hirsch- oder rengestaltige »Tiermütter« verschluckten die für den künftigen, großen Schamanen bestimmte Seele dann zunächst, wurden »trächtig« und »gebaren« sie als »Junges«, das sie aufzogen und schließlich, wieder in Seelengestalt, aber als Wesen von *tiermenschlicher Doppelnatur*, zu seiner Mission auf die Erde entsandten. »Vogelmütter« legten entsprechend ein Ei in einem Nest auf dem Weltbaum – in Sibirien überwiegend einer Tanne oder Lärche – ab und brüteten es aus. Die Zeit bis zum »Schlüpfen« betrug dabei bis zu drei Jahren. Nach Vorstellungen der Jakuten (im mittleren Lena-Gebiet) entschied die Lage des Nestes über Charakter und Wirkweise des künftigen Schamanen: Befand es sich auf der östlichen Seite des Baumes, wuchs der Schamane zu einem ebenso hilfsbereiten wie erfolgreichen Heiler heran; Nester auf der westlichen Seite trugen die Seelen hochbefähigter, aber übelsinniger Schamanen; wer in nördlich gelegenen aufwuchs, besaß gute wie böse Charakterzüge gleichermaßen, während Schamanen südlicher Nester eine besondere Verwandlungsgabe erlangten (und analog konnten gute Schamanen, wenn sie »Säugetiermütter« hatten, von einer weißen Stute aus dem Osten der Welt, unheilvolle von einer blutroten aus dem Westen »vorgeboren« werden). Immer jedoch galt, daß ein Schamane um so mehr Wirkmacht besaß, je höher sein Nest gelegen hatte. War schließlich die Zeit zur Verkörperung auf Erden gekommen, trug ein Vogel – etwa ein Specht – die Seele ins Diesseits hinab und legte sie der zur irdischen Mutter des Schamanen bestimmten Frau auf den *Scheitel* – die Nahtstelle also der Hauptfontanelle, durch die sie hinab in den Leib gelangte und zur Empfängnis führte, bzw. den dort bereits heranreifenden Fetus beseelte.

Bei der Geburt zeigte sich dann ebenfalls häufig, daß es mit dem Kind eine besondere Bewandtnis hatte. Künftige große Schamanen wurden zum Beispiel bereits mit Zähnen geboren, kamen mit einer »Glückshaube«, die mitunter den ganzen Leib bedeckte, und überzähligen Fingern (bzw. Zehen) zur Welt oder besaßen ein auffälliges Muttermal. Sie wirkten von frühauf unausgeglichen und nervös, als stünden sie unter einer steten psychischen Spannung, neigten zu Ohnmachtsanfällen und waren verschlossenen, ernsten Wesens, nachdenklich bis vergrübelt, nicht verspielt und heiter wie andere Kinder.

Jahre später erfolgte dann die *»Berufung«* – frühestens nach Abschluß des zweiten Zahnens, wenn das Kind sein erstes wichtiges Entwicklungsstadium abgeschlossen, sprechen und selbständig denken gelernt hatte, überwiegend jedoch während der *Pubertät*. Das geschah auf eine weltweit in den Hauptzügen übereinstimmende, gelegentlich nur geringfügig divergierende Weise. Eines Nachts im Traum, seltener in Visionen bei Tag, zeigten sich dem zum Schamanen Bestimmten entweder die Seelen Verstorbener (vor allem ehemaliger Schamanen) oder, häufiger, gewisse Geister, diese gewöhnlich in Tiergestalt (als Adler, Eule, Hirsch, Bär, Schlange, Kröte usf.), und forderten ihn eindringlich auf, Schamane zu werden. Manchmal handelte es sich anfangs zunächst um Auditionen. Der Kandidat vernahm nur die Stimmen der Geister, ein Wispern, Pfeifen, Singen und Sprechen, dann immer deutlicher die Worte, die sich unmittelbar an ihn richteten. Erst Nächte später erschienen sie ihm dann in voller Gestalt. Willkommen waren ihm diese Gesichte nicht. Die meisten Kandidaten wehrten sich ganz im Gegenteil fast verzweifelt gegen das Begehren der Geister, da sie wußten, was an Entbehrung, Mühsal und Qual auf sie zukam. Die russische Ethnologin Anna Vasil'evna Smoljak erlebte derartige Fälle noch in jüngerer Zeit bei amurtungusischen Gruppen. In einem davon, der sich in den sechziger Jahren zutrug, handelte es sich um eine junge, gebildete und belesene Frau von etwa dreißig Jahren, Mutter mehrerer kleiner Kinder. Wie viele andere ihrer Generation, die ebenfalls noch Berufungserlebnisse hatten, schenkte sie längst den alten Vorstellungen keinerlei Glauben mehr und ließ sich daher, als die Geister sie, ebenso unerwartet wie schockierend für sie, »beriefen«, im nächstgelegenen Bezirkskrankenhaus behandeln. Ihr Zustand besserte sich jedoch nicht. Schließlich, nachdem mehrere Jahre so hingegangen waren, rieten ihr ältere Verwandte, sich nicht länger zu quälen, dem Ruf zu folgen, die Schamanentrommel zu nehmen und zunächst wenigstens für sich zu schamanisieren – sie tat das, wie andere auch schon in den Jahren zuvor, und genas.

Die Geister gaben, hatten sie einmal ihre Wahl getroffen, in der Tat nicht auf. Kandidaten, die sich widersetzten, bedrängten sie zunehmend mehr, drohten ihnen schreckliche Strafen an, ja schlugen und folterten sie, wenn nichts anderes helfen wollte. Manche verließen die Ihren, flohen fort in die Wildnis, um den Kampf in der Einsamkeit auszufechten; andere, zumal in neuerer Zeit, suchten zu verbergen, was mit ihnen geschah, da sie selbst nicht so recht daran glauben mochten oder fürchteten, für geistesgestört gehalten zu werden. Doch auf die Dauer konnte das ihrer Umgebung nicht entgehen. Die Betroffenen litten nicht nur unverkennbar, sondern auch auf eine spezifische Weise – man sah sehr rasch, daß sie Opfer der »*Schamanenkrankheit*« geworden waren. Magenbeschwerden, stechender Kopfschmerz und Atemnot machten ihnen zu schaffen, ihre Gliedmaßen, besonders die Beine, versteiften sich, viele wurden von Hautkrankheiten befallen. Vor allem aber quälten sie ihre schrecklichen Träume, die sich teils tagsüber noch in entsprechenden Visionen fortsetzten. Sie begannen, stöhnend, im Schlaf zu wandeln, irrten umher, warfen sich auf den Boden, schrien und phantasierten, sangen zwischendurch auf Schamanenart, verfielen dann wieder in Apathie, wirkten wie weithin entrückt oder versanken in Schwermut. Das konnte sich, wie in dem genannten Fall, über Jahre hinziehen. Ihr Zustand besserte sich erst, wenn sie aufgaben und den Ruf akzeptierten. Taten sie es nicht, wurden sie lebenslang mit Wahnsinn geschlagen oder starben, gewöhnlich auf qualvolle Weise.

Nahmen sie aber an, wie letzten Endes doch die meisten, schwanden ihre Leiden binnen Tagen dahin. Die Geister traten ihnen nunmehr freundlich, ja besorgt und hilfreich entgegen und begannen, sie auf ihren künftigen Beruf vorzubereiten. Sie rieten ihnen, wie sie sich ernähren, verhalten und leben sollten, und unterwiesen sie Schritt für Schritt in allem, was an Kenntnissen, Techniken, Praktiken und Ritualen samt Gesang, Musik und Tanz zur Ausübung ihrer Tätigkeit erforderlich war. Ebendiese Geistwesen, die sie auserwählt hatten und belehrten, wurden dann auch ihre persönlichen Hilfsgeister.

Bei vielen Völkern (Nord- und Südamerikas, Südostasiens und Indonesiens) indes suchten manche Menschen, die sich dem eigenen Empfinden nach zu Schamanen berufen fühlten, auch von sich aus den Kontakt zu den Geistmächten. Sie begaben sich dazu in die Wildnis – in den Wald oder einsame Bergregionen, oft eigens in eine *Höhle* (in Nord- wie Südamerika und Japan zum Beispiel), fasteten dort und unterzogen sich noch weiteren asketischen Übungen und Kasteiungen, bis ihnen eines Tages (oder Nachts) die Geister erschienen, sie ihrerseits akzeptierten und zu belehren begannen. Unter Umständen konnten auch darüber mehrere Jahre vergehen. Wieder in anderen Fällen (mehrheitlich für den Hindukuschraum, Südostasien, Indonesien und Australien belegt) erlebten die Kandidaten, daß sie von den Geistern irgendwohin in die Wildnis, auch in eine Höhle, entführt und dort dann entsprechend belehrt und ausgebildet wurden. Beide Male handelte es sich wiederum um die späteren Hilfsgeister.

Die Berufungen erfolgten, wie gesagt, zumeist während der Pubertät. Aber nicht nur. Sie waren durchaus möglich auch in späteren Jahren, den belegten Fällen nach bis gegen Ende des sechsten Lebensjahrzehnts. Gehäuft traten sie jedoch im Alter zwischen fünfzehn und dreißig auf. Danach wurden Menschen besonders in *kritischen* Situationen berufen, etwa während der Trauer um den Verlust eines Kindes oder des Ehegatten, wenn der Schmerz den Betreffenden von der Diesseitigkeit ab- und mehr dem Jenseits zugewandt, ihn gleichsam durchlässiger und sensibler für Signale von dort gemacht hatte.

Amélie Schenk

Ein mongolischer Schamane erzählt

Tschimed Udgan, die große Schamanin der östlichen Steppe, eine vom Stamm Dolood Scharaid, ist zur Legende geworden. An ihr sind die Verfolgungen, Verhaftungswellen, die Erschießungen, die in den dreißiger Jahren des 20. Jahrhunderts das Land ausbluteten, abgeprallt. Sie ist todlos und lebt mit ihren Geistern längst für die Nachgeborenen, ein zuverlässiger Hilfsgeist Zeren Baawais: sein *ongon*. Die sie erlebt haben, nennen sie eine, die beherzt gewesen ist. Hat sie das vielleicht unbesiegbar gemacht? Sie bewahrte sich wohl ein glattes Gesicht, blieb wohlweislich farb- und geruchlos und hielt mit allem, was sie wusste und konnte, zurück. Sie war keine Vorzeigerin. Das Foto aus den fünfziger Jahren, womöglich das einzige, das es von ihr gibt, zeigt eine Frau von Gewicht, mit Festigkeit, eine, die unverrückbar wirkt. […]

Meine Lehrerin ist nie ins Gefängnis gekommen. Die hat die Leute einfach bestochen. Jeder, der etwas von ihr bekommen hatte, sagte nur leise: Bitte, bitte schamanen Sie nicht! Sie wusste, was sie tat: Tschimed Awagais Mann war als Konterrevolutionär erschossen worden!

Sie starb achtundachtzigjährig im Jahre 1973. Das war, als ich gerade zum ersten Mal im Gefängnis saß. Sie muss an die fünfzig gewesen sein, als sie mich anleitete. Manchmal kam sie zu uns, in der Regel aber ging ich zu ihr. In einer Jurte zusammen gewohnt haben wir nie. Sie lebte etwas abseits, einsam und fern des Volkes. Ihre Jurte stand meistens in Dawtgai Bulag oder in Daamchai. Verhaftet und verhört wurde sie etliche Male, aber nachweisen konnte man ihr nie etwas. Sie muss immer gute Antworten auf die Fragen gegeben haben.

Über ein Jahr lang war ich verrückt. Das war in der Zeit, als es nur noch wenige Lamas gab, Anfang der vierziger Jahre. Meine erste Weihe, den Tschanar, bekam ich gegen meinen Willen. Ich wollte nie und nimmer Böö [Schamane] werden. Aber ich war so hoffnungslos krank, dass dies als der einzige Ausweg erschien. Sonderbarerweise wurde ich danach gesünder. Man hatte mich gefesselt auf einem Pferdewagen zu Tschimed Udgan verfrachtet. Dort angekommen, befreite ich mich und verschanzte mich unter dem Wagen. Aber man zerrte mich hervor. Alles war zunächst wie immer gewesen. Wir trafen mit unserer Jurte ein, und es sah wie nach einem ganz gewöhnlichen Umzug aus. Kinder freuen sich ja immer, wenn die Jurte umzieht. Wald? So etwas hatte ich noch nie gesehen. Eine einzelne Jurte stand da am Waldesrand. Plötzlich öffnete sich die Tür, und eine gelbe Alte mit schmalen Augen kam heraus. Da wusste ich: Es galt mir. Sofort flüchtete ich durch den Wald, aber ich wurde wieder eingefangen. Ich war durch den Nachttau gerannt. Man muss meine Spur entdeckt haben und ihr gefolgt sein.

Mein Bagsch [Lehrer, Meister], der Lama, soll ihr haben ausrichten lassen, dass aus mir ein Böö werden müsse. Er hatte befunden, dass ich zu ihr gehen sollte. Tschimed war eine Udgan [Schamanin], die sehr gut singen konnte. Ich bin längst nicht so gut wie sie. Man nannte sie auch Genen Tschimed, einfältige Tschimed. So wurde ich Schüler bei Tschimed. Damals machte ich den ersten Tschanar und mit 57 Jahren den letzten. Dann bekam ich den Titel Dsairang. Das ist mein Leben in Kürze.

Du fragst immer: Wie war dies? Wie war das? Wann war das? So viel habe ich vergessen, auch, wie mein erster Tschanar war. Wir lagerten im Tümen-Chaan-Wald. Waren nur zwei Jurten, sie und wir. Von den Menschen, die dabei waren, lebt heute keiner mehr: Vater, Großmutter, die alte Machrands und eine, die hieß Jondsowyn Zagaanchüü. Mutter fehlte. Es war in der Mitte des ersten Sommermonats. Kuckucke riefen von allen Seiten. Ich weiß noch, man schleppte mich in den Wald. Und: Die Neun, die *jösöntschin* oder Himmelskinder, mussten mitwirken – zwei Frauen und ein Mann, die sechs übrigen hat sie aus Birkenrinde geschnitzt und dort, wo der Kopf mit Hut sein sollte, mit langen *dsalaa*-Fäden versehen. So kommt es mir jetzt vor, aber ich war ja damals ziemlich verwirrt.

Ein Tschanar dauert drei Nächte. Tags lag und schlief Tschimed Udgan in der Jurte, die von außen abgeschlossen war. Einmal brachte man sie schon am Tage zu dem Wald, in dem sie nachts schamante. Und aus Angst, Fremde könnten sie sehen, hat man sie als Ladung verpackt auf einen Wagen gelegt und noch zusätzlich gut abgedeckt. Zwischendurch, wenn sie nicht schamanen wollte, pausierten wir, warteten, ruhten uns aus. So war das auch später, als ich ihr anerkannter Schüler war. Da habe ich sie in den Wald gebracht, wo sie sich versteckt und ein wenig geschlafen hat, und ich selber habe mich da und dort herumgetrieben und dies und das ausgekundschaftet.

Dass ich nicht wirklich verrückt war, das hat mein Bagsch, der Chüü Badsar, erkannt. Er als Lama konnte mir nicht helfen; es hieß nur: Ich solle Böö werden, nichts sonst würde mir helfen. Auf Burjatisch nennt man diesen Zustand *nyad charaad guich*, was so viel heißt wie: Irgendeine schlechte Sache gelangt durchs Herz in den Menschen hinein. Das kommt von den ongod [Hilfsgeistern]. Also fängt der Mensch an wegzurennen und wird bewusstlos. Ich hatte nicht unbedingt das Gefühl, als komme es durchs Herz, nur hat mir die alte Tschimed etliche Male gesagt, es sei so, und zusätzlich kämen auch die *albin* [Teufel, Dämonen] und *tiireng* [Krankheit bringende Geister] auf diese Weise. In meinem Fall, so stellte sich dann heraus, gab es einen sehr berühmten Dsairang [Schamane der höchsten Weihen] namens Galsuudain Ich Dsairang Tachir Tüwei. Seinen *ug*, die Befähigung zum Böö, habe ich von ihm vererbt bekommen, genauer, die Seele des Alten.

Und dann waren da Träume, viele Träume. Einer ging so: Ich klettere auf die Spitze eines Berges, überquere einen riesengroßen See, sehe sehr große Häuser, Tempelanlagen ja ganze Städte, dann aber auch Jurten und Baumrindenhütten und Zelte. Und unheimlich viele andere Sachen. Verstanden habe ich nicht, was ich da gesehen habe. Ich bin auch ins Wasser gefallen. Das war allerdings ein schönes Gefühl.

Schlagartig wird keiner gesund, wenn er damit beginnt, zu schamanen. Wer so krank ist, braucht Zeit, viel Zeit. Die anfängliche Verrücktheit hat nach dem ersten Tschanar nur allmählich abgenommen, dann aber von Jahr zu Jahr mehr. Nie war ich beim Arzt oder im Krankenhaus zur Behandlung. Es ging von selbst, denn mit jedem Mal, das ich schamante, wurde die Krankheit weniger.

Karen McCarthy Brown

Zwischen Haiti und New York

»Als ich aus dem jüdischen Krankenhaus rauskam, gings mir gut. Ich aß, bis ich wieder aufm Damm war. Danach ging ich zur Arbeit. Aber drei Monate später werd ich wieder krank. Ich werd *wieder* krank! Und alles noch mal von vorn! Jetzt bringen sie mich ins Wycoff-Krankenhaus. Holen wieder den Priester. Der gibt mir wieder die letzte Ölung. Die hab ich jetzt also zweimal gehabt. Zweimal! Diesmal erzählen sie mir, ich hätts mitm Herzen und wär auch sonst furchtbar krank. Aber das stimmte nicht.

Als ich ausm Wycoff-Krankenhaus entlassen wurde, hatte ich keine Wohnung, kein Zimmer, nichts. Ich hatte kein Geld, konnt keine Miete zahlen. Da treff ich jemand auf der Straße, den ich kenne. Yvonne Constant. Sie kennt meine Familie von Haiti her.

Sie sagt: ›Warum bist du so dürre? Armes Mädchen! Komm mit zu mir.‹

Wir gingen zu ihr nach Hause, und sie tischt ordentlich auf. *Woy!* Reis und Bohnen, ne Riesenportion Fisch, gekochte Bananen – und ich hab reingehauen, meine Liebe! Sie gab mir zu essen, bei ihr konnt ich wohnen. Ich hab bei ihr geschlafen, und sie gab mir zu essen. Aber ich weiß nicht, was mit mir los war, ich war dauernd müde und konnte nicht arbeiten. Eines Tags sagt jemand zu mir: ›Beatrice will dich sehen.‹ Beatrice ist meine Schwägerin.

Sonntag nachmittag zieh ich mich 'n bißchen nett an und fahr dahin, wo sie wohnt. Als ich zuerst nach New York kam, hab ich bei ihr gewohnt. Aber wir kamen nicht gut mitnander aus, und ich hab sie dann lange nicht gesehn. Ziemlich lange. Du kennst mich, ich geh nicht einfach zu Leuten, die ich kenne, wegen nichts und wieder nichts! Als ich ankomm, sag ich auch nur: ›(…) du wolltest mich sehen. Ist was passiert … meine Mutter? … Irgendwas mit meiner Familie?‹

Sie sagt: ›Nein, da ist nichts passiert. Ich wollte dich sehen, weil ich von dir geträumt hab.‹ Ich darauf: ›Ach ja? Was Ernstes?‹ Und sie: ›Ich weiß nicht, obs ernst ist oder nicht.‹

Weiter sagt sie: ›Ich hab geträumt, ich seh einen Bauern aus den Bergen auf der Zweiundvierzigsten Straße.‹ Sie sagte, im Traum hätte sie über die Straße gewollt, aber die anderen standen noch und warteten auf grün. Sie schaute den Mann an und meinte: ›Haben sie jetzt auch Bergbauern in New York?‹ Dann kam grün, und sie ging einfach los. Und 'ne Frau hinter ihr meinte: ›Hallo, hören Sie? So hören Sie doch! Der Mann ruft nach Ihnen!‹ Bebe sagte: ›Welcher Mann?‹ Dann dreht sie sich um und sieht den Bergbauern. Sie ging zu dem Bergbauern hin und sagte zum Bergbauern: ›Hallo‹, und er sagte ›Hallo, Cousine.‹ Und Bebe sagt: ›Du willst mit mir reden?‹ Und er: ›Ja, Cousine.‹ Und dann sagt er zu ihr: ›Kennst du Philo?‹ Bebe sagt: ›Philo? Na klar.‹ ›Kennst du Alourdes?‹ Bebe sagt: ›Ja, ich kenn Alourdes. Sie ist meine Schwägerin.‹

Und dann sagt der Mann: ›Als sie nach New York kam, warum hat sie sich nicht angezogen wie ich, Jeanshosen und Jeanshemd? Wenn sie sich anzieht wie ich, ist sie doch gut angezogen, oder?‹ Und Bebe sagt: ›Ich weiß nicht.‹ Und der Bergbauer: ›Sag Alourdes, wenn sie sich so anzieht wie ich, kommt alles auf die Reihe.‹ Bebe sagt: ›Tatsächlich?‹, und dann geht der Mann noch drei, vier Schritte weiter, und Bebe sieht ihn nicht mehr, und Rums! geht der Wecker – rrrrrrrrrrrrr –, und sie fragt: ›Wie spät ist es?‹

Es war morgens halb sieben, und als sie richtig wach war, meinte Bebe: ›Aha! Ich weiß, was der Traum will. Ich weiß es. Ich muß Alourdes treffen, um ihr das zu erklären.‹ Sie wußte ja, daß meine Mutter mit den Geistern umging, weißt du, so sagte sie sich, vielleicht ist der Geist, der Alourdes' Mutter besucht hat, jetzt zu mir gekommen, um mit mir zu reden. Vielleicht war der Mann … vielleicht war es Kouzen Zaka.« [Kouzen Zaka = Azaka, Voodoo-Geist, der die Menschen an ihre Wurzeln, ihre Herkunft erinnert.]

Als die Schwägerin ihr diesen Traum erzählte, begriff Alourdes was zu tun war. Sie mußte nach Haiti zurückkehren, um eine Behandlung zu bekommen, die kein Krankenhaus in den Vereinigten Staaten ihr zu geben vermochte. Aber selbst eine kurzzeitige Rückkehr nach Haiti kostete Geld, das Alourdes nicht besaß. Allmählich – Alourdes war sehr stolz! – zog sie Yvonne Constant, bei der sie weiterhin wohnte, ins Vertrauen. Sie sagte ihr, sie könne einfach nicht arbeiten, selbst wenn sie einen Job fände. Sie sei der Überzeugung, die Geister machten ihr zu schaffen. Sie müsse unbedingt zurück und grüble Tag und Nacht, wie sie das Geld dafür auftreiben könne.

Yvonne hörte geduldig zu, bis sie die ganze Geschichte erfahren hatte. Dann versprach sie zu helfen. Sie würde, sagte sie Alourdes, ihr mit einer Kreditkarte ein Flugzeugticket kaufen und ihr auch das notwendige Taschengeld leihen. [...]

Alourdes kehrte nach Haiti zurück, ohne ihrer Mutter vorher Bescheid gesagt zu haben. Tatsächlich hatte sie seit Monaten nicht mehr geschrieben. »Weißt du, ich hatt ja nichts groß zu schreiben; ich hatte nicht mal Geld! Und ich wollte nicht, daß sich meine Mutter die ganze Zeit wegen mir Sorgen macht.« Als Alourdes die Pforte zum kleinen Vorgarten an der Avenue Oswald Durand in Port-au-Prince aufstieß, fiel Philo in Ohnmacht.

Alourdes erzählte ihrer Mutter von der Botschaft Kouzen Zakas, und Philo meinte, auch wenn sie von ihrer Tochter so lange nichts gehört hätte, wäre ihr klar gewesen, daß da etwas nicht in Ordnung war. Auch sie hatte einen bedeutsamen Traum gehabt, in dem Alourdes mit einem eingegipsten Arm nach Hause kam, so als wäre er gebrochen. Sie betrat das Haus und ging, ohne ein Wort mit ihrer Mutter zu wechseln, direkt zum Altar, um zu beten. Nach einiger Zeit erhob sie sich, wandte ihrer Mutter den Rücken und verließ, immer noch schweigend, das Haus. Philo träumte dies etwa einen Monat vor Alourdes' Rückkehr nach Haiti, und es beschäftigte sie so stark, daß sie sogar mit den Nachbarn darüber sprach.

Wenige Tage nach Alourdes' Ankunft ergriff der Kriegergeist Ogou von ihrer Mutter Besitz und schickte ihr eine Botschaft, die sie gar nicht gerne hörte. »Papa Ogou kam in den Kopf meiner Mutter, und er sagt mir, ich soll Karten lesen ... mit den Geistern arbeiten ... Menschen helfen. Das gefiel mir gar nicht!« Obwohl Alourdes' Mutter sehr arm war, hatte sie in Port-au-Prince einen guten Ruf als *manbo* [Voodoo-Priesterin]. Für kurze Zeit war sie sogar Beraterin von François Duvalier, bevor er Präsident wurde und die häßlichen Seiten seines Charakters zutage traten. Alourdes glaubte jedoch nicht, daß sie von dem Wissen und der Begabung ihrer Mutter viel mitbekommen hatte. »Ich sagte: ›Oh, Mann, wie soll ich das bloß machen?‹ Denn wenn man Menschen helfen will, muß man von 'ner Menge Sachen Ahnung haben. Ich sagte: ›Wie soll ich das bloß alles behalten?‹ Meine Mutter meinte nur: ›Du schaffst das schon, mach dir keine Sorgen!‹«

Die Initiation zur Voodoo-Priesterschaft umfaßt eine Reihe von sehr komplexen Ritualen, deren Herzstück eine lange Periode absoluter Zurückgezogenheit bildet, während derer der Novize »sich niederlegt« *(kouche)*. Diese Rituale werden gewöhnlich als »den *ason* nehmen« bezeichnet, die perlenbesetzte Rassel, die den Priestern und Priesterinnen bei ihrer Arbeit eine gewisse Macht über die Geister verleiht.

»Papa Ogou im Kopf meiner Mutter sagte, ich muß den *ason* nehmen. Meine Mutter hatte keinen *ason*, weißt du. Aber Papa Ogou sagte, ich muß es tun, weil die Familie meines Vaters mit dem *ason* gearbeitet hat, also muß ich den *ason* nehmen, um einen Schutz zu haben. Ich diene zwei Arten von Geistern, aus der Familie meines Vaters und aus der Familie meiner Mutter.«

Lucy Hwang

Dem Gott gehören: koreanische Schamaninnen

Koreanische Mudang [Schamaninnen] können in zwei Gruppen eingeteilt werden: Mudang mit Besessenheit, die von einem Geist besessen sind, und erbliche Mudang, die durch Familientradition, welche von einer Generation zur nächsten weitergegeben wird, Mudang werden. [...] Mudang mit Besessenheit haben die feste Überzeugung, nur dann Mudang werden zu können, wenn sie von den Göttern erwählt werden. Die Wahl des Geistes zeigt sich im allgemeinen durch eine Krankheit, die die von ihm als Mudang erwählte Person befällt. Häufige Symptome dieser Krankheit sind psychische Störungen, Appetitlosigkeit, Schlaflosigkeit und Wahnvorstellungen ebenso wie die Wahrnehmung ungewöhnlicher Geräusche ohne erkennbare Ursache. In Extremfällen können sogar Erblindung oder Verkrüppelung auftreten. Diese Formen körperlicher Erkrankung können die direkte Folge des schweren psychischen Leidens der Person sein. Allerdings haben diese Erkrankungen unabhängig von den Symptomen die Gemeinsamkeit, dass sie mit keinerlei Methoden der modernen Medizin behandelt werden können. Als letzten Ausweg wird der Kranke einen Wahrsager aufsuchen, der die Durchführung eines Naelim-kut* veranlasst, sofern er die Krankheit als durch die Götter verursacht diagnostiziert. Wenn die Erkrankung durch solch einen Naelim-kut geheilt wird, ist dies der Beweis, dass sie tatsächlich durch die Götter verursacht war. Wenn Menschen, bei denen die Verursachung der Krankheit durch die Götter diagnostiziert wurde, einen Naelim-kut verweigerten, hat

---

* Ritual zur Einladung eines Gottes, um den menschlichen Körper aufzusuchen (durch einen Geist besessen werden).

es Fälle gegeben, in denen ihre Familie von Unglück heimgesucht wurde (zum Beispiel wirtschaftliche Schwierigkeiten oder in Extremfällen tragische Unfälle von Familienmitgliedern). Mit anderen Worten, dieser Mensch wurde von den Göttern bestraft.

Chun-ok Lee aus der nordkoreanischen Provinz Pyoungan ist seit den 80er Jahren eine anerkannte Mudang. Sie wurde im frühen Alter von 15 Jahren durch einen Gott besessen. Aufgrund des starken Widerstands ihrer Familie gab es für sie aber keinen Naelim-kut. Nur zwei Monate später starben jedoch ihre drei Brüder, die allem Anschein nach bei bester Gesundheit gewesen waren, was die Familie schließlich doch zu einem Naelim-kut veranlasste. Solche ungewöhnlichen Fälle werden mitunter als »hereinbrechende Indari« bezeichnet. Anders ausgedrückt ist dies eine Gelegenheit zu erkennen, dass Menschen unfähig sind, den Göttern den Zutritt zu ihren Körpern zu verweigern. Jeder, unabhängig von Alter, Geschlecht und wirtschaftlichen Verhältnissen, kann als Mudang durch Besessenheit erwählt werden. Es gibt Berichte über Frauen aus Adelsfamilien, die Mudang wurden, und es gibt Fälle, in denen Männer Mudang wurden. Sie werden mit einem besonderen Namen, Paksu, bezeichnet. In der Mehrzahl der Fälle jedoch sind es Frauen aus armen Familien, die von den Göttern besessen werden. Die Gründe dafür, dass mehr koreanische Frauen als Männer Mudang werden, liegen wahrscheinlich in verschiedenen Umständen wie geschlechtsspezifische Diskriminierung, Benachteiligung bei den sozialen Rechten, Armut usw. Mudang durch Besessenheit können Leiden anderer heilen, indem sie ihnen helfen, Mudang zu werden und dadurch mit einer neuen Identität wiedergeboren zu werden.

Das Gesicht verwirklichen

Da war ein Mann mit Namen Bär singt (Bear Sings); der war sehr alt und weise. Darum bat ihn Schwarzer Weg, ihm zu helfen; und er half.

Zunächst schickte er am Morgen einen Ausrufer herum, der die Leute anwies, sich an einem bestimmten Platz, ein kleines Stück oberhalb des Tongue-River, wo die Soldaten waren, im Kreise zu lagern. Das taten sie, und in der Mitte des Kreises stellten Bär singt und Schwarzer Weg ein heiliges Tipi aus Büffelleder auf. Darauf malten sie Bilder aus meinem Gesicht [meiner Vision]. Auf der Westseite malten sie einen Bogen und eine Schale mit Wasser; auf der Nordseite weiße Gänse und Gras; auf der Ostseite den Morgenstern und die Pfeife; auf der Südseite den blühenden Stock und den Ring des Volkes. Sie malten dazu auch Pferde, Hirsch und Büffel. Dann malten sie über dem Eingang des heiligen Tipis den flammenden Regenbogen. Sie hatten den ganzen Tag damit zu tun; und es war schön.

Sie sagten mir, ich dürfe nicht essen, bis der Pferdetanz vorüber sei, und ich müsse mich reinigen in einem Schwitzzelt, dessen Boden mit Salbei* bestreut sei; doch nachher müsse ich mich mit Salbei trockenreiben. Diese Vorschriften sollten ganz genau beachtet werden.

Am selben Abend hatte ich gemäß der Anweisung von Schwarzem Weg und von Bär singt in das bemalte Tipi zu kommen. Wir waren dort allein und niemand wagte sich als Lauscher in unsere Nähe. Sie

---

* Bei den Indianern eine heilige Pflanze.

fragten mich, ob ich in meinem Gesicht Lieder gehört habe; habe ich solche gehört, dann solle ich ihnen diese beibringen. Während wir singend dort innen saßen, hörten wir draußen leisen Donner über das Dorf hin rollen, und wir wußten, die Donnerwesen freuten sich und kamen uns zu Hilfe.

Mein Vater und meine Mutter hatten uns gleichfalls geholfen, indem sie alles auftrieben, was wir für den Tanz benötigten. Am Morgen hatten sie die Dinge beisammen. Vier schwarze Pferde, um den Westen darzustellen; vier weiße Pferde für den Norden; vier Rotfüchse für den Osten; vier Rehbraune für den Süden. Für diese alle waren junge Reiter ausgewählt worden. Auch stand da ein rehbraunes Pferd, das ich reiten sollte wie in meinem Gesicht. Vier der schönsten Mädchen des Dorfes waren ihrer Rollen gewärtig und sechs sehr alte Männer hatten die Großväter zu vertreten.

Jetzt war es Zeit, sich zu bemalen und für den Tanz herzurichten. Die vier Mädchen und die sechzehn Pferde stellten sich alle dem heiligen Tipi gegenüber auf. Schwarzer Weg und Bär begannen darauf, ein Lied zu singen, und alle andern sangen mit:

»Vater, male mir Erde an!
Vater, male mir Erde an!
Ein Volk will ich übergeben.
Ein zweibeinig Volk will ich heilig machen.
Vater, male mir Erde an!«

Danach wurde die Bemalung vorgenommen.

Die vier Schwarzpferd-Reiter wurden ganz schwarz angemalt, mit blauen Blitzstreifen auf ihren Armen und Beinen, mit weißen Hageltupfen auf den Hüften; und blaue blitzartige Streifen waren auf den Beinen ihrer Pferde.

Die Weißpferd-Reiter wurden ganz weiß angemalt, mit roten Blitzstreifen auf ihren Armen und Beinen; und auf den Beinen ihrer

Pferde waren Streifen von rotem Blitz, und alle die weißen Reiter trugen Büschel aus weißem Roßhaar auf dem Kopf, damit sie aussähen wie Gänse.

Die Reiter auf den Rotfüchsen aus dem Osten waren ganz rot angemalt mit geraden schwarzen Blitzlinien auf ihren Gliedern und über ihrer Brust; und ein gerader schwarzer Blitz war auch auf den Gliedern und der Brust ihrer Pferde. Die Reiter auf den Rehbraunen aus dem Süden wurden ganz gelb angemalt und mit schwarzen Blitzen gestreift. Die Pferde waren von den Knien abwärts schwarz, und schwarze Blitzstreifen waren auf dem obern Teil ihrer Beine und auf ihrer Brust.

Mein rehbraunes Pferd hatte rote Blitzstreifen auf seinen Gliedern. Auf seinem Rücken aber, wo ich saß, war ein gefleckter Adler mit ausgespannten Flügeln gemalt. Ich war ganz rot bemalt, mit schwarzen Blitzen auf meinen Gliedern, und trug eine schwarze Maske. Über meiner Stirn hing eine einzige Adler-Feder. Die Pferde und die Männer sahen in ihrer Bemalung schön aus, aber auch schrecklich.

Die Männer waren nackt bis auf das Gürteltuch, aber die vier Mädchen trugen scharlachgefärbte Wildlederkleider, und auch ihre Gesichter waren scharlachrot bemalt. Ihr Haar war geflochten, und sie trugen um ihre Stirnen Zweige des süßen und reinigenden Salbei. Vom Zweig über der Stirn hing vorn eine Adlerfeder herab; sie waren sehr schön anzuschauen.

Während dieser ganzen Zeit saß ich mit den sechs Großvätern in dem heiligen Tipi, und auch die vier geheiligten Jungfrauen blieben darin. Draußen war niemand, der mich zu sehen begehrte, bis der Tanz begann.

In der Mitte des Tipis zogen die Großväter einen Kreis auf der Erde, und durch diesen hindurch malten sie zwei Wege: einen roten, nordsüdlich verlaufend, und einen schwarzen von Ost nach Westen. Westlich davon stellten sie eine Schale mit Wasser auf, darüber ein kleiner Bogen mit Pfeil gelegt wurde; auf der Ostseite malten sie den Morgenstern. Hierauf gaben sie dem Mädchen, das den Norden darstellte, das heilende Kraut zu tragen und einen weißen Gänseflügel, den reinigenden Wind. Dem vom Osten gaben sie die heilige Pfeife, dem vom Süden den blühenden Stab; und dasjenige, das den Westen vertrat, erhielt den Reifen des Volkes. Also hielten die vier guten und schönen Mädchen das Leben des Volkes in ihren Händen.

Alles, was ich trug, war ein roter Stock, der den heiligen Bogen darstellte, die Macht der Donnerwesen des Westens. Wir waren zum Tanze bereit. Die sechs Großväter begannen zu singen und kündigten die Reiter der verschiedenen Weltgegenden an. Zuerst sangen sie von den Schwarzpferd-Reitern:

»Sie werden erscheinen – magst du sie schauen!
Sie werden erscheinen – magst du sie schauen!
Ein Pferdevolk erscheint.
Ein Donnerwesen-Volk erscheint.
Sie werden erscheinen, schau!
Sie werden erscheinen, schau!«

Dann bestiegen die schwarzen Reiter ihre Pferde und standen, vier nebeneinander, das Gesicht dem Ort zugekehrt, wo die Sonne niedergeht. Und weiter sangen die sechs Großväter:

»Sie werden erscheinen – magst du sie schauen!
Ein Pferdevolk wird erscheinen, schau!
Ein Gänsevolk wird erscheinen, schau!«

Dann stiegen die vier weißen Reiter auf und standen nebeneinander, mit dem Gesicht gegen den Ort, wo der Riese wohnt*.

---

* Der Norden.

Und weiter sangen die sechs Großväter:

»Wo die Sonne ständig strahlt, werden sie erscheinen!
Ein Büffelvolk, werden sie erscheinen, schau!
Ein Pferdevolk, werden sie erscheinen, mögest du schauen!«

Dann stiegen die roten Reiter auf und standen, vier nebeneinander, mit dem Gesicht nach Osten.

Und weiter sangen die Großväter:

»Da wo ihr alle hinblickt, wird ein Hirschvolk erscheinen!
Mögt ihr schauen!
Ein Pferdevolk erscheint;
Schaut!«

Die vier gelben Reiter bestiegen ihre Rehbraunen und standen, vier nebeneinander, das Gesicht gegen Süden.

Nun war es für mich an der Zeit, aus dem heiligen Tipi herauszutreten; doch ehe ich dies tat, sang ich zum Trommelschlag der Großväter dieses Lied:

»Er wird erscheinen, magst du ihn schauen!
Ein Adler wird für das Adlervolk erscheinen;
Mögest du schauen!«

Während ich in dem heiligen Tipi dieses sang, hörte ich draußen mein Pferd sich bäumen und schnauben. Die Jungfrauen gingen hinaus, vier nebeneinander, und ich folgte ihnen, stieg auf mein Pferd und stellte mich hinter sie, das Gesicht gegen Westen.

Jetzt kamen auch die sechs Großväter heraus und standen, Seite an Seite, hinter meinem Rehbraunen, auch sie begannen ein rasches lebhaftes Lied zur Trommel zu singen, das klang so:

»Sie tanzen.
Sie kommen, dich zu schauen.
Das Pferdevolk des Westens tanzt!
Sie kommen um zu schauen!«

Darauf sangen sie das gleiche von den Pferden des Nordens und des Ostens und des Südens. Und wie sie der Reihe nach für jede Gruppe sangen, da gab es eine Schwenkung und die Reiter nahten und stellten sich hinter die Großväter; die Schwarzen, die Weißen, die Rotfüchse und die Rehbraunen standen zu vieren nebeneinander und schauten nach Westen. Sie kamen sich bäumend, stolzierend, zum lebhaften Klang des Großväter-Liedes, und sie bäumten sich noch, als sie in der Reihe standen. Und während dieser ganzen Zeit erhob sich und tänzelte auch mein Rehbrauner zum heiligen Liede.

Jetzt, als wir alle in der Reihe standen und nach Westen blickten, sah ich zu einer dunklen Wolke, die dort heraufzog. Die Menschen wurden alle schweigsam, und die Pferde wurden ruhig. Als dann nichts mehr zu hören war – nur ein leises Donnern dort drüben –, schickte ich eine Stimme zu den Geistern der Wolke; ich streckte dabei meine rechte Hand aus, das Innere nach oben, und rief viermal:

»Hey-a-a-hey! hey-a-a-hey! hey-a-a-hey! hey-a-a-hey!«

Dann sangen die Großväter hinter mir ein anderes heiliges Lied aus meinem Gesicht, jenes, das so lautet:

»In der Mitte der Erde, schau einen Vierbeiner!
Dies haben sie mir gesagt!«

Als sie sangen, geschah etwas Merkwürdiges. Mein Rehbrauner spitzte die Ohren, hob seinen Schweif, stampfte auf die Erde und wieherte lange und laut in der Richtung, wo die Sonne untergeht.

Und die vier schwarzen Pferde erhoben ihre Stimmen, wieherten lange und laut, und die weißen und die fuchsroten und die rehbraunen taten dasselbe; und alle andern Pferde im Dorf wieherten, und sogar diejenigen, welche im Tale und auf den Hügelrücken grasten, reckten die Köpfe und wieherten zusammen. Und dann plötzlich, als ich so auf die Wolke schaute, erblickte ich dort wieder mein Gesicht: das aus einer Wolke gebaute, mit Blitz genähte Tipi, den Eingang aus flammenden Regenbogen. Alle Pferde standen gedrängt in ihren Himmelsgegenden; und da war auch ich selbst auf meinem Rehbraunen vor dem Tipi. Ich konnte erkennen: was wir da taten, das war wie ein Schatten von jenem Gesicht im Himmel auf die Erde geworfen. Ich wußte, die Wirklichkeit war dort und der trübe Traum davon spielte hier.

Wie ich schaute, hielten die sechs Großväter dort oben in der Wolke, auch alle die Reiter, die Rosse und ich selbst dort auf dem Rehbraunen, ihr Handinneres mir zugestreckt, und als sie dies taten, mußte ich beten, und so rief ich:

»Großväter, ihr seht mich!
Geister der Welt, ihr seht!
Was ihr mir gesagt habt, das führe ich nun aus!
Hört mich und helft mir!«

Dann verschwand das Gesicht, und die Donnerwolke kam mit Blitzschein vor sich her mit vielen Stimmen, und die spaltschwänzigen Schwalben schossen in einem Schwarm um uns herum.

Die Leute im Dorf rannten, um ihre Tipis festzubinden, indessen die Schwarzpferd-Reiter zu den Trommeln sangen, die wie Donner rollten; und das ist es, was sie sangen:

»Ich selber machte sie fürchten,
Ich selbst, ich trug ein Adler-Sinnbild,

Ich selber machte sie fürchten,
Ich selbst, eine Blitzgewalt trug ich.
Ich selber machte sie fürchten,
Machte sie fürchten.
Des Hagels Macht trug ich.
Ich selber machte sie fürchten,
Machte sie fürchten.
Seht mich!«

Und als sie sangen, da fielen Hagel und Regen, gerade in einiger Entfernung von uns, und wir konnten es sehen; doch die Wolke stand und leuchtete und donnerte, und uns traf nur ein gelinder Schauer. Die Donnerwesen freuten sich und waren in großer Schar gekommen, um den Tanz zu sehen.

Jetzt hielten die vier Jungfrauen die heiligen Gegenstände hoch, die sie mit sich führten: das Kraut und die weiße Schwinge, die heilige Pfeife, den blühenden Stab, den Reifen des Volkes; und sie boten diese den Geistern des Westens dar. Darauf kamen kranke oder betrübte Menschen zu den Jungfrauen mit einer Opfergabe: kleinen scharlachroten Beuteln mit Tschanschascha, der Rinde der roten Weide*. Und nachdem sie dies vollbracht, fühlten sich alle besser, einige waren sogar von ihrer Krankheit geheilt; und sie begannen, vor Freude zu tanzen. Jetzt schlugen die Großväter aufs neue ihre Trommeln; und das war des Tanzes Anfang. Die vier schwarzen Reiter, die hinter den Großvätern gestanden, rückten an die Spitze der Jungfrauen, ritten nach der Westseite des umzingelnden Dorfes, und alle die andern folgten in der ihnen gemäßen Ordnung, während die Pferde stolzierten und sich hochbäumten.

Als der schwarze Reitertrupp die Westseite erreicht hatte, machte er eine Schwenkung und ging zurück bis hinter die Rehbraunen,

---

* Der heilige Tabak, auch Kinnikinnik genannt.

so daß die weißen Pferde führten; als der Zug die Nordseite des Dorfes erreicht hatte, ging der weiße Reitertrupp zurück ans Ende, hinter die Schwarzen, und die Fuchsroten führten, bis sie den Osten erreicht hatten; dann kehrten sie um und bildeten den Nachtrab hinter den Weißen, so daß die Rehbraunen vorne waren, bis diese den Süden erreichten und hinter den Fuchsroten zurücktraten; und so führten die Schwarzen wieder, wie zuvor bis zum westlichen Weltteil, welcher der ihrige war. Jedesmal erreichte die führende Pferdegruppe ihren Weltteil, und die sechs Großväter besangen die Kräfte dieses Weltteils*. Diesem aber kehrte mein Rehbrauner sich zu, mit gespitzten Ohren und laut wiehernd, bis alle andern Pferde ihre Stimmen wiehernd erhoben.

Als ich so dem Norden zugewandt war, schickte ich eine Stimme und sagte: »Großvater, sieh mich! Was du mir gabst, das habe ich dem Volke gegeben: die Kraft des heilenden Krautes und des reinigenden Windes. So ist mein Volk geweiht. Höre mich und hilf mir!« Und als wir den Osten erreicht hatten, nachdem die Großväter gesungen, schickte ich diese Stimme: »Großvater, sieh mich! Mein Volk, in Mühsal zieht es dahin. Gib ihm Weisheit und führe es. Höre mich und hilf mir!« Zwischen jedem Weltteil, während wir schritten und tanzten, sangen wir alle zusammen:

»Ein Pferdevolk hin über die ganze Welt,
Wiehernd, sie kommen!
Sich bäumend, sie kommen!
Mögest du sie sehen!«

---

* Die Bewegung ging also von der Mitte aus und ging dann, als die Westseite erreicht war, im Kreise nach Norden, Osten, Süden, Westen – eine Umkreisung, die in fast allen indianischen Riten wiederkehrt. Man darf bei der vorliegenden Beschreibung nie aus den Augen verlieren, daß schwarz, weiß, rot und rehbraun (oder gelb) je dem Westen, Norden, Osten und Süden entspricht; hat das Pferd seinen Weltteil erreicht, so »verschwindet« es in ihm, daher das jeweilige Zurücktreten.

Als wir den Süden erreicht hatten und die Großväter die Gewalt des Wachstums besangen, blickte mein Pferd nach jener Richtung und wieherte wiederum, und alle Pferde erhoben ihre Stimmen, wie zuvor. Und dann betete ich mit erhobener Hand: »Großvater, du gabst mir den blühenden Stab, und des Volkes heiligen Ring gab ich meinen Leuten. Höre mich, der du die Macht hast, wachsen zu lassen! Führe das Volk, möge es gleich Blüten sein an deinem heiligen Baume, und laß es gedeihen tief in Mutter Erde, und mach es voller Blätter und singender Vögel!«

Dann einmal mehr führten die Schwarzen, und als wir gegen den westlichen Weltteil schritten und sangen und tanzten, füllte sich die schwarze Hagelwolke, die noch immer betrachtend dort stand, mit Stimmen, die riefen: »Hey-hey; Hey-hey!« Sie jubelten und freuten sich darüber, daß das Werk getan ward. Und alle Leute waren froh und freudig und schickten Stimmen zurück: »Hey-hey!«. Auch alle Pferde wieherten und freuten sich mit den Geistern und den Leuten.

Viermal schritten und tanzten wir um den Kreis des Dorfes, singend während des Gehens; die Führung wechselte bei den verschiedenen Weltteilen, die sechs Großväter besangen die Macht eines jeden, und zu jedem schickte ich eine Stimme. Und bei einem jeden, wenn wir anhielten, kam jemand, der krank oder traurig war, zu den Jungfrauen mit der Opfergabe, den scharlachroten Beuteln mit Tschanschascha. Und wenn das Opfer dargebracht war, dann fühlte der Spender sich wohler und fing an, vor Freude zu tanzen. Und bei der zweiten Runde schlossen sich viele Leute mit ihren Pferden dem Tanze an, kreisend und kreisend um die sechs Großväter und die Jungfrauen, während wir den Tanz ausführten.

Und immer mehr Leute stiegen auf ihre Pferde und umringten uns, bis wir schließlich von einem Wirbel sich bäumender Pferde umzogen waren, und alle andern tanzten hinter uns zu Fuß, und jedermann sang uns nach, was wir sangen.

Als wir zum viertenmal den Weltteil des Westens erreichten, hielten wir an, um uns in neuer Ordnung aufzustellen, das Gesicht dem heiligen Tipi in der Mitte des Dorfes zugekehrt. Zuvorderst standen die Jungfrauen, dann ich auf dem Rehbraunen; hierauf kamen die sechs Großväter mit acht Reitern auf jeder Seite: die Rotfüchse und die Rehbraunen auf ihrer Rechten, die Schwarzen und die Weißen auf ihrer Linken. Und als wir so aufgestellt waren, rief der älteste von den Großvätern, er, welcher der Geist des Himmels war: »Alles Volk soll bereit sein! Er wird viermal eine Stimme schicken, und bei der letzten Stimme werdet ihr vorrücken und das heilige Tipi berühren, und wer es mit dem ersten Schlag trifft, wird neue Kraft gewinnen!*«

Alle Reiter waren auf den Vorstoß begierig, und sogar die Pferde schienen zu begreifen und hoben die Beine und versuchten loszukommen. Da erhob ich meine Hand, rief »hey-hey« viermal, und beim vierten Mal schrien alle Reiter »hoka-hey«, und stürmten auf das Tipi los. Mein Pferd war mitten unter all den andern, doch viele stürmten mir voraus, und viele führten vor mir den Schlag auf das Tipi. Darauf wurden alle Pferde mit der heiligen Salbei [-Pflanze] abgerieben und weggeführt. Dann betraten wir das Tipi, um zu sehen, was sich dort während des Tanzes ereignet haben mochte. Die Großväter hatten den Ring des Volkes, den sie mit roten und schwarzen Wegen durchzogen hatten, mit frischer Erde bestreut, und überall um diesen kleinen Kreis herum sahen wir die Eindrücke von kleinen Pony-Hufen, als hätten hier die Geisterpferde getanzt, während wir tanzten.

Jetzt nahm Schwarzer Weg, der mir bei der Ausführung des Tan-

---

* Es handelt sich hier um den schon erwähnten Kriegsritus, der darin besteht, den lebenden oder toten Gegner bloß zu berühren; oft dient die gefiederte Lanze (coup-stick) dazu. Daß dieser Ritus auf heilige Gegenstände wie das geheiligte Tipi und den Sonnentanz-Baum angewandt wird, scheint darauf hinzuweisen, daß durch die Berührung etwas von der Weihe oder Kraft des Berührten auf den Berührenden übergeht.

zes geholfen, die heilige Pfeife aus den Händen der Jungfrau vom Osten. Nachdem er sie mit Tschanschascha, der Rinde der roten Weide, gefüllt, zündete er sie an, bot sie den Mächten der Welt dar, und schickte diese Stimme:

»Großväter, ihr dort, wo die Sonne niedergeht, ihr und der heilige Wind, wo der weiße Riese wohnt, ihr, wo der Tag heraufkommt und der Morgenstern, ihr, wo die Gewalt des Wachstums wohnt, ihr vom Himmel und ihr von der Erde, Vögel der Luft und Vierbeiner der Erde, seht her! Ich, ich selbst mit meinem Pferdevolk habe vollbracht, was ich auf Erden zu tun gehabt. Euch allen biete ich diese Pfeife dar, auf daß mein Volk lebe!«

Hierauf rauchte er und gab die Pfeife weiter. Sie machte die Runde durch das ganze Dorf, bis ein jeder wenigstens einen Zug getan hatte.

Nachdem der Pferdetanz vorüber war, schien es mir, als sei ich über der Erde und berühre sie beim Gehen nicht. Ich fühlte mich sehr froh, denn ich erkannte, daß alle meine Stammesgenossen glücklicher waren. Viele drängten sich um mich und sagten: sie oder ihre Verwandten, die krank gewesen, fühlten sich wieder wohl, und diese brachten mir viele Geschenke. Selbst die Pferde schienen gesunder und munterer nach diesem Tanz.

Die Furcht, die mich so lange beherrscht, war vergangen, und wenn die Donnerwolken erschienen, fühlte ich mich jedesmal glücklich, sie zu sehen, denn sie nahten nun als Verwandte, mich zu besuchen. Alles schien nun gut und schön und freundlich.

Vordem wollten die Medizinmänner nicht mit mir sprechen, aber jetzt kamen sie zu mir, um etwas über mein Gesicht zu vernehmen.

Von dieser Zeit an stand ich stets sehr früh auf, um den Aufgang des Morgensterns zu sehen. Die Leute wußten dies, und manche von ihnen erhoben sich mit mir, um ihn zu erwarten, und wenn er kam, dann sagten wir: »Sieh den Stern des Verständnisses!« [...]

Ich war beim Abendessen, als ein Mann mit Namen Schlägt-in-Stücke eintrat und rief: »Hey, hey, hey!«, denn er war in großer Betrübnis. Ich fragte ihn, was der Grund sei, und er berichtete: »Ich habe einen Knaben, der ist sehr krank, ja ich fürchte, er wird bald sterben. Er war schon lange Zeit krank. Sie sagen nun, du habest durch den Pferdetanz und den Heyoka-Ritus große Kraft gewonnen, so könntest du ihn vielleicht retten. Ich hänge so an ihm.«

Ich sagte Schlägt-in-Stücke, wenn er wirklich Hilfe wünsche, so möge er heimgehen und mir eine Pfeife mit einer Adlerfeder bringen. Während er ging, dachte ich darüber nach, was ich tun sollte; und ich hatte Angst, weil ich noch niemanden mit meiner Kraft geheilt hatte. Aber Schlägt-in-Stücke tat mir sehr leid. Ich betete inbrünstig um Hilfe. Als Schlägt-in-Stücke mit der Pfeife zurückkam, sagte ich ihm, er solle sie links von mir herumgeben. Als er dies getan, schickte ich nach Eine Seite, damit er komme und mir beistehe. Darauf nahm ich die Pfeife und ging dorthin, wo der kleine kranke Knabe lag. Mein Vater und meine Mutter kamen mit uns, und mein Freund Stehender Bär war bereits dort.

Zuerst bot ich die Pfeife den sechs Mächten dar, dann gab ich sie weiter, und wir alle rauchten. Hierauf brachte ich auf der Trommel einen donnerähnlichen rollenden Laut hervor. Ihr wißt, wenn die Gewalt des Westens zu den Zweibeinern kommt, dann naht sie mit Gedröhn, und wenn sie vorüber ist, erhebt jedes Ding sein Haupt und freut sich, und alles ist erfrischt. Also machte ich diesen donnernden Laut. Auch ist die Stimme der Trommel ein Opfer an den Geist der Welt. Ihr Schall erhebt das Gemüt und läßt die Menschen das Geheimnis und die Macht der Dinge empfinden.

Der kranke kleine Knabe lag an der Nordostseite des Tipis, und wir traten von Süden ein. Wir gingen von links nach rechts herum und hielten an der Westseite, nachdem wir den Kreis beschrieben.

Ihr müßt wissen, warum wir immer auf diese Art von rechts nach links gehen. Ich kann euch über die Ursache etwas mitteilen, doch nicht alles. Bedenkt dies: ist nicht der Süden die Quelle des Lebens, und kommt nicht der blühende Stab tatsächlich von dort? Und schreitet nicht der Mensch von dort der untergehenden Sonne seines Lebens zu? Nähert er sich dann nicht dem kälteren Norden, wo die Haare weiß sind? Und langt er nicht dann, wenn er am Leben bleibt, an der Quelle von Licht und Erkenntnis an, die der Osten ist? Und kehrt er nicht dorthin zurück, von wo er ausgegangen, zu seiner zweiten Kindheit, um dort sein Leben an alles Leben wieder hinzugeben und sein Fleisch der Erde, aus welcher er es bekommen? Je mehr ihr über solches nachdenkt, um so mehr werdet ihr darin finden.

Wie ich sagte, gingen wir von rechts nach links in das Tipi und setzten uns an der Westseite nieder. Der kranke kleine Knabe war an der Nordostseite und hatte ein Aussehen, als bestünde er nur aus Haut und Bein. Ich hielt bereits die Pfeife, die Trommel und das vierstrahlige Kraut; so verlangte ich nun eine hölzerne, mit Wasser gefüllte Schale und eine Adlerknochen-Pfeife für den gefleckten Adler meines großen Gesichts. Man stellte die Wasserschale mir gegenüber auf; und jetzt mußte ich eine Zeitlang überlegen, da ich solches zuvor ja noch nie getan hatte und im Zweifel war.

Ich begriff jetzt ein wenig mehr, und so gab ich Eine Seite die Knochenpfeife und sagte ihm, wie er sie zu meiner Unterstützung gebrauchen solle. Darauf füllte ich die Pfeife mit der roten Weidenborke und reichte sie der hübschen jungen Tochter von Schlägt-in-Stücke. Ich gab ihr die Anweisung, die Pfeife genau so zu halten, wie ich in meinem großen Gesicht die Jungfrau des Ostens sie hatte halten sehen.

Alles war nun vorbereitet, und so begann ich auf der Trommel leise zu donnern, während ich in Abständen eine Stimme aussandte. Viermal rief ich: »Hey-a-a-hey«, und trommelte, während ich den Geist der Welt anrief; und während ich dies tat, fühlte ich, wie die Kraft von den Füßen auf mich durchdrang. Nun wußte ich, daß ich dem kranken kleinen Knaben helfen könne.

Ich sandte weiter Stimmen, immer leise auf der Trommel donnernd, und sprach: »Mein Großvater, Großer Geist, du bist der einzige, und zu keinem andern kann eine Stimme dringen. Du hast alles geschaffen, so sagen sie, und du hast es gut und schön gemacht. Die vier Viertel und die zwei Wege, die sich kreuzen, hast du gemacht. Du hast auch eine Kraft erweckt, dort, wo die Sonne niedergeht. Die Zweibeiner auf Erden sind in Verzweiflung. Für sie, Großvater, schicke ich eine Stimme zu dir. Du hast zu mir so gesprochen: Die Schwachen werden gehen. Im Gesicht hast du mich zur Mitte der Welt geführt, und dort hast du mir die Kraft der Hingabe gezeigt. Du gabst mir das Wasser in der Schale; durch seine Kraft wird der Sterbende wieder leben. Das Kraut, das du mir gezeigt hast – durch seine Kraft wird der Schwache aufrecht gehen. Von dort, wo wir immer hinblicken (dem Süden), siehe, wird eine Jungfrau erscheinen, und den guten roten Weg wandern, die Pfeife auf ihrem Wege darbietend; und ihr ist auch die Kraft des blühenden Stabes. Von dort, wo der Riese wohnt (dem Norden), hast du mir den reinigenden heiligen Wind geschickt, und wo dieser Wind vorüberzieht, da werden die Schwachen Kraft erlangen. Solches hast du zu mir gesprochen. Zu dir und zu allen deinen Mächten und zur Mutter Erde schicke ich eine Stimme um Hilfe.«

Ihr habt gehört, ich hatte dies zuvor noch nie getan, und heute weiß ich, daß eine einzige Kraft genug gewesen wäre. Aber ich war so voller Eifer, dem kranken kleinen Knaben zu helfen, daß ich alle Kräfte anrief, die da sind.

Nach Westen hatte ich geschaut, als ich eine Stimme ausschickte. Nun wanderte ich gegen Norden und Osten und Süden, hielt dort an, wo die Quelle allen Lebens ist, und wo der gute rote Weg beginnt. Dort stehend sang ich also:

»Auf heilige Weise machte ich sie gehen.
Ein heilig Volk liegt darnieder.

Auf heilige Weise machte ich sie gehen.
Ein heiliger Zweibeiner liegt darnieder.
Auf heilige Weise wird er gehen.«

Während ich dieses sang, empfand ich in meinem ganzen Leibe etwas Seltsames, etwas, das in mir das Verlangen weckte, über alle unglücklichen Geschöpfe zu weinen, und Tränen rannen über mein Gesicht.

Jetzt ging ich gegen den westlichen Weltteil, zündete dort die Pfeife an, bot sie den Mächten dar, und, nachdem ich einen Zug getan, gab ich sie weiter herum.

Als ich den kranken kleinen Knaben wieder ansah, lächelte er, und ich konnte fühlen, daß meine Kraft zunahm.

Ich nahm zunächst die Wasserschale auf, trank ein wenig und ging hinüber zu der Stelle, wo der kranke kleine Knabe lag. Vor ihm stehend, stampfte ich viermal auf die Erde. Darauf legte ich meinen Mund auf seine Magengrube und blies durch ihn den reinigenden Wind des Nordens. Dann kaute ich etwas von dem Kraut und legte es in das Wasser, darauf blies ich ein wenig davon auf den Knaben und nach den vier Weltgegenden. Die Schale mit dem Rest des Wassers reichte ich der Jungfrau; diese gab es dem kranken kleinen Knaben zu trinken. Hierauf sagte ich der Jungfrau, sie solle dem Jungen aufstehen helfen und mit ihm im Kreise gehen, im Süden, an der Quelle des Lebens beginnend. Er war sehr elend und sehr schwach, doch mit der Jungfrau Hilfe tat er das.

Dann ging ich fort.

Am folgenden Tag kam Schlägt-in-Stücke und berichtete mir, sein kleiner Knabe befinde sich besser, er sitze aufrecht und könne wieder etwas essen. Vier Tage später ging er wieder herum. Er wurde gesund und lebte bis zum dreißigsten Jahr.

Schlägt-in-Stücke gab mir ein gutes Pferd für diesen Dienst. Aber ich würde freilich auch umsonst geholfen haben. Als die Leute erfuhren, wie der kleine Junge geheilt worden, kamen viele zu mir und baten um Hilfe, und ich hatte die ganze Zeit viel zu tun.

Das war im Sommer meines neunzehnten Jahres (1882), in dem Monat, der fett macht (Juni).

Ich glaubte, euch gesagt zu haben, – wenn nicht, so habt ihr es von selbst verstanden, – daß ein Mensch, der ein Gesicht gehabt, nicht imstande ist, dessen Kraft anzuwenden, bevor er auf Erden das Gesicht für die Menschen sichtbar dargestellt hat. Ihr erinnert euch, daß mein großes Gesicht mich heimsuchte, als ich erst neun Jahre alt war, und ihr habt gehört, daß es zu nicht vielem gut gewesen, ehe ich in meinem achtzehnten Sommer, nahe der Mündung des Tongue River, den Pferdetanz ausgeführt hatte. Und wäre die große Furcht nicht über mich gekommen, die mich genötigt hatte, meine Pflicht zu tun, so wäre ich meinem Volke weniger nütz gewesen als irgendein Mann, den überhaupt ein Traum besucht hat – trotz der ganzen Erinnerung eines so gewaltigen Gesichtes in mir. Doch die Furcht kam, und hätte ich ihr nicht gehorcht, so würde sie mich ganz gewiß nach einer kurzen Weile getötet haben. Es geschah sogar erst nach dem Heyoka-Ritus, in welchem ich mein Gesicht vom Hunde darstellte, daß ich die Kraft erhielt, als Medizinmann Kranke zu heilen; und ich heilte viele mit der Kraft, die mir innewohnte. Freilich war nicht ich es, welcher heilte; es war die Kraft der jenseitigen Welt, und die Gesichte und Riten hatten mich bloß zu einer Öffnung gemacht, durch welche die Kraft zu den Zweibeinern gelangen konnte. Hätte ich geglaubt, daß ich von mir aus also wirke, so hätte sich die Öffnung geschlossen, und die Kraft wäre ausgeblieben; und alles, was ich hätte beginnen wollen, wäre Torheit gewesen.

Die Welten der Seelen und Geister

Obwohl die Schamanen das Universum als gewaltig und rätselhaft begreifen, ist es für sie doch zugleich ein personifizierter Kosmos. Steine, Pflanzen, Bäume, Gewässer, zwei- und vierbeinige, schwimmende und kriechende Tiere – alle sind beseelt und jedes hat seine eigene Identität. Auch der Kosmos selbst, in seinen Teilen wie als Ganzes, besitzt einen Willen, ein Bewußtsein und Empfindungen. In der Vorstellung der Schamanen vom Kosmos sind die Menschenwelt, die Natur und das Reich der Geister im Grunde nichts weiter als gegenseitige Spiegelungen.

Joan Halifax

Australische Traumzeit: die Innen- und Außenseite der Wirklichkeit

Trotz aller Unterschiede gibt es also einige auffällige Übereinstimmungen in der Vorgehensweise einheimischer Heiler in der ganzen Welt. Der Grund hierfür ist, daß die Kulturen, in denen sie wirken, von denselben Ausgangspunkten ausgehen: Unglück, Tod und Krankheit haben ihre letzte Ursache in der spirituellen Welt. Dort stehen manchmal Kräfte im Widerstreit, und manchmal bestrafen Geister die Übertretung von Tabus. Manche Sterbliche werden von den Geistern auserwählt, um zu vermitteln und die wahre Ursache von Krankheit und Unglück deutlich zu machen. Als Spuren ihrer Präsenz lassen diese spirituellen Kräfte Gegenstände im Körper der Kranken zurück. Der Heiler erforscht die Ursache der Krankheit, indem er sich insbesondere auf das Verhalten und die Aktivitäten des Kranken konzentriert. Danach entfernt er meist den Gegenstand, die sichtbare Manifestation der Krankheit, aus dem Körper des Kranken. Dieses Entfernen stellt für den westlichen Beobachter ein Problem dar. Einerseits kann er unmöglich akzeptieren, daß ein solcher Gegenstand tatsächlich im Körper des Kranken war. Andererseits aber ist der Glaube der Einheimischen hieran so stark, daß ohne eine solche Manipulation viele Heilungen nicht gelingen würden.

Ist also der Heiler auch noch ein geschickter Gaukler? Hinsichtlich des Hervorzauberns von Gegenständen aus dem Körper läßt sich die Frage bejahen. Dies erklärt allerdings nicht, warum ein solcher Heiler bei einer eigenen Erkrankung nicht zögert, sich an einen anderen Buschdoktor zu wenden. Wenn dies alles nur raffinierte Tricks wären, dann würden diese bei ihm nicht wirken, weil er ja weiß, wie man jederzeit Blut ausspeien und Gegenstände aus Körpern saugen kann. Meines Erachtens sind die Heiler fest davon überzeugt, daß die spirituelle Welt sich ständig in materiellen Gegenständen manifestiert – auch dies sind Spuren oder Fußabdrücke der Dreamings.

Sie, die Heiler, haben von der spirituellen Welt die Macht erhalten, allen gewöhnlichen Sterblichen sichtbar vor Augen zu führen, was in Wirklichkeit auf der geistigen Ebene geschieht. Der Geist des Dreamings manifestiert sich in einem Gegenstand, und wenn dieser entfernt wird, verschwindet auch die Ursache der Krankheit. Der Heiler macht an der Außenseite sichtbar, was an der Innenseite der Wirklichkeit tatsächlich geschieht. Trotz seines Wissens um die geschickte Manipulation der Außenseite, das heißt also der sichtbaren materiellen Gegenstände, ist er zugleich davon überzeugt, daß diese Manipulation eine unfehlbare Wirkung auf die Innenseite hat. Die Geister selbst haben ihn schließlich zu solchem Handeln bestimmt. Sie haben ihm die Hilfsmittel an die Hand gegeben, um für alle sichtbar zu machen, was auf dieser unsichtbaren Ebene des Daseins geschieht.

Bruce Chatwin

Die Welt erschaffen und heilen

Arkady bestellte zwei Cappuccinos im Coffee-Shop. Wir trugen sie zu einem Tisch am Fenster, und er begann zu erzählen.

Sein schnelles Denken machte mich ganz benommen, wenn ich auch manchmal den Eindruck hatte, daß er redete, als stünde er auf einem Podium, und daß vieles von dem, was er sagte, schon einmal gesagt worden war.

Die Aborigines hatten eine erdgebundene Philosophie. Die Erde schenkte einem Menschen das Leben, gab ihm seine Nahrung, seine Sprache und Intelligenz; und die Erde nahm ihn zurück, wenn er starb. Eines Menschen »eigenes Land«, und war es auch nur ein öder Landstrich mit Spinifexgestrüpp, war eine heilige Ikone, die unversehrt bleiben mußte.

»Unversehrt, meinen Sie, von Straßen und Bergwerken und Eisenbahnen?«

»Wenn man die Erde verwundet, verwundet man sich selbst«, sagte er ernst, »und wenn andere die Erde verwunden, verwunden sie dich. Das Land sollte unberührt bleiben: so wie in der Traumzeit, als die Ahnen die Welt ins Dasein sangen.«

»Rilke«, sagte ich, »hatte eine ähnliche Vorstellung. Auch er sagte: Gesang ist Dasein.«

»Ich weiß«, sagte Arkady und stützte sein Kinn in beide Hände. »Drittes Sonett an Orpheus.«

Die Aborigines, fuhr er fort, waren ein Volk, das auf leichten Füßen über die Erde schritt; und je weniger sie der Erde wegnahmen, um so weniger mußten sie ihr zurückgeben. Sie hatten nie verstanden, warum die Missionare ihnen ihre unschuldigen Opferriten verboten. Sie schlachteten nicht, weder Tiere noch Menschen.

Wenn sie jedoch der Erde für ihre Geschenke danken wollten, schlitzten sie sich einfach eine Ader am Unterarm auf und ließen ihr eigenes Blut auf den Boden tropfen.

»Kein sehr hoher Preis«, sagte er. »Die Kriege des zwanzigsten Jahrhunderts sind der Preis dafür, daß zu viel genommen wurde.«

»Ich verstehe«, sagte ich und nickte ratlos. »Aber könnten wir zu den Songlines zurückkehren?«

»Können wir.«

Ich war nach Australien gekommen, um nach Möglichkeit selber in Erfahrung zu bringen und nicht aus Büchern anderer zu lernen, was eine Songline war – und wie sie funktionierte. Es war offensichtlich, daß ich nicht bis zum Kern der Sache vorstoßen würde, aber das wollte ich auch gar nicht. Ich hatte eine Freundin in Adelaide gefragt, ob sie einen Experten kenne. Sie gab mir Arkadys Telefonnummer.

»Haben Sie etwas dagegen, wenn ich mein Notizbuch benutze?« fragte ich.

»Nur zu!«

Ich zog ein Notizbuch mit einem schwarzen Wachstucheinband aus meiner Tasche; die Seiten wurden von einem Gummiband zusammengehalten.

»Ein hübsches Notizbuch«, sagte er.

»Ich habe sie immer in Paris gekauft«, sagte ich. »Aber jetzt werden sie nicht mehr hergestellt.«

»Paris?« wiederholte er und runzelte die Brauen, als sei ihm so etwas Anmaßendes noch nie zu Ohren gekommen. Dann zwinkerte er mir zu und sprach weiter.

Um die Vorstellung der Traumzeit zu verstehen, sagte er, müsse man sie als eine Aborigine-Version der ersten beiden Kapitel der Genesis ansehen – mit einem entscheidenden Unterschied.

In der Genesis erschuf Gott zuerst die »lebenden Dinge«, und dann formte er Vater Adam aus Lehm. Hier in Australien erschufen sich die Ahnen selbst aus Lehm, zu Hunderten und Tausenden, je einen für jedes totemistische Wesen.

»Wenn also ein Aborigine Ihnen sagt: ›Ich habe einen Wallaby-Traum‹, will er damit sagen: ›Mein Totem ist das Wallaby. Ich bin ein Mitglied des Wallaby-Klans.‹«

»Ein Traum ist also ein Klan-Emblem? Eine Art Abzeichen, das ›uns‹ von ›ihnen‹ unterscheidet? ›Unser Land‹ von ›ihrem Land‹?«

»Das geht noch sehr viel weiter«, sagte er. Jeder Wallaby-Mensch glaubte, von einem universalen Wallaby-Vater abzustammen, der der Ahne aller Wallaby-Menschen und aller lebenden Wallabys war. Wallabys waren daher seine Brüder. Eins zu töten, um es zu verzehren, war sowohl Brudermord als auch Kannibalismus.

»Und doch«, beharrte ich, »war der Mensch nicht mehr ein Wallaby, als die Briten Löwen, die Russen Bären oder die Amerikaner Weißkopf-Seeadler sind?«

»Jede Spezies kann ein Traum sein«, sagte er. »Ein Virus kann ein Traum sein. Man kann einen Windpocken-Traum haben, einen Regen-Traum, einen Wüstenorangen-Traum, einen Läuse-Traum. Auf dem Kimberley-Plateau haben sie jetzt einen Geld-Traum.«

»Und die Waliser haben Lauch, die Schotten Disteln, und Daphne wurde in einen Lorbeerbaum verwandelt.«

»Immer dieselbe alte Geschichte«, sagte er.

Er fuhr fort, mir zu erklären, daß jeder totemistische Ahne auf seiner Reise durch das Land eine Spur von Wörtern und Noten neben seinen Fußspuren ausgestreut habe und daß sich diese Traumpfade wie Verkehrs-»Wege« zwischen den am weitesten auseinanderliegenden Stämmen über das ganze Land hinzögen.

»Ein Lied«, sagte er, »war gleichzeitig Karte und Kompaß. Wenn man das Lied kannte, konnte man immer seinen Weg durch das Land finden.«

»Und wanderte ein Mann beim ›Walkabout‹ immer an einer dieser Songlines entlang?«

»In den alten Zeiten, ja«, stimmte er zu. »Heutzutage nehmen sie den Zug oder das Auto.«

»Und wenn der Mann von seiner Songline abwich?«

»Das war Betreten fremden Bodens. Dafür konnte er mit dem Speer getötet werden.«

»Aber solange er sich an seinen Pfad hielt, fand er immer Menschen, die seinen Traum teilten? Die in Wirklichkeit seine Brüder waren?«

»Ja.«

»Von denen er Gastfreundschaft erwarten konnte?«

»Und umgekehrt.«

»Ein Lied ist also eine Art Paß, ein Gutschein für eine Mahlzeit?«

»Auch das ist komplizierter.«

Zumindest theoretisch konnte ganz Australien wie eine Partitur gelesen werden. Es gab kaum einen Felsen oder einen Bach im Land, der nicht gesungen werden konnte oder gesungen worden war. Man mußte sich die Songlines wie Spaghetti aus Iliaden und Odysseen vorstellen, die sich hierhin und dorthin schlängelten, wobei jede »Episode« den geologischen Formen abzulesen war.

»Unter Episode verstehen Sie ›heilige Stätte‹?« fragte ich.

»So ist es.«

»Stätten wie die, die Sie für die Eisenbahngesellschaft vermessen?«

»Sie müssen es so sehen«, sagte er. »Überall im Busch können Sie auf irgendeine Stelle in der Landschaft zeigen und den Aborigine an Ihrer Seite fragen: ›Was für eine Geschichte ist das?‹ oder: ›Wer ist das?‹ Es ist möglich, daß er ›Känguruh‹ oder ›Wellensittich‹ oder ›Eidechse‹ antwortet, je nachdem, welcher Ahne diesen Weg gegangen ist.«

»Und die Entfernung zwischen zwei solcher Stätten kann als Abschnitt des Lieds gemessen werden?«

»Deshalb«, sagte Arkady, »habe ich so viele Schwierigkeiten mit den Leuten von der Eisenbahn.«

Es war nicht leicht, einen Vermesser davon zu überzeugen, daß ein Haufen Flußsteine die Eier einer Regenbogenschlange oder ein rötlicher Sandsteinbrocken die Leber eines mit dem Speer erlegten Känguruhs war. Schwerer noch war es, ihm einsichtig zu machen, daß eine öde Schotterlandschaft die musikalische Entsprechung zu Beethovens Opus 111 war.

Indem sie die Welt ins Dasein sangen, sagte er, seien die Ahnen Dichter in der ursprünglichen Bedeutung des Wortes *poesis* gewesen, das »Schöpfung« besage. Kein Aborigine könne sich vorstellen, daß die erschaffene Welt in irgendeiner Weise unvollkommen sei. Sein religiöses Leben hatte nur ein Ziel: das Land so zu erhalten, wie es war und wie es sein sollte. Ein Mann, der »Walkabout« ging, machte eine rituelle Reise. Er folgte den Fußspuren seines Ahnen. Er sang die Strophen seines Ahnen, ohne ein Wort oder eine Note zu ändern – und erschuf so die Schöpfung neu.

»Manchmal«, sagte Arkady, »wenn ich meine ›alten Männer‹ durch die Wüste fahre und wir zu einer Kette von Sandhügeln kommen, fangen sie plötzlich alle an zu singen. ›Was singt ihr Leute da?‹ frage ich sie, und sie antworten: ›Wir singen das Land herbei, Boß. Dann kommt das Land schneller.‹«

Aborigines konnten nicht glauben, daß das Land existierte, bevor sie es sehen und singen konnten – wie auch das Land in der Traumzeit nicht existierte, bevor die Ahnen es sangen.

»Das Land muß also zuerst als Vorstellung im Kopf existieren?« sagte ich. »Und dann gesungen werden? Erst dann kann es als existent bezeichnet werden?«

»Richtig.«

»Mit anderen Worten, ›existieren‹ bedeutet ›wahrgenommen werden‹?«

»Ja.«

»Hört sich verdächtig nach Bischof Berkeleys Widerlegung der Materie an.«

»Oder wie der Buddhismus des reinen Denkens«, sagte Arkady, »für den die Welt ebenfalls eine Illusion ist.«

»Dann ist es also so, daß diese dreihundert Meilen Stahl, die zahllose Songs durchschneiden, zwangsläufig das psychische Gleichgewicht Ihrer ›alten Männer‹ erschüttern werden?«

»Ja und nein«, sagte er. »Sie sind in emotionaler Hinsicht sehr stark, und sie sind sehr pragmatisch. Außerdem haben sie weitaus Schlimmeres erlebt als die Eisenbahn.«

Aborigines glaubten, daß alle »lebenden Dinge« im Verborgenen unter der Erdkruste gemacht worden waren, wie auch alle Maschinen des weißen Mannes – seine Flugzeuge, seine Gewehre, seine Toyota-Landcruiser – und alle Erfindungen, die man noch erfinden würde; sie schlummerten unter der Oberfläche und warteten, bis sie gerufen wurden.

»Vielleicht können sie die Eisenbahn in die erschaffene Welt Gottes zurücksingen?«, schlug ich vor.

»Da können Sie sicher sein«, sagte Arkady.

Carlos Castaneda

Meere von Energie

Energie direkt wahrzunehmen, ermöglichte den Zauberern von Don Juans Traditionslinie, die Menschen als Konglomerate von Energiefeldern zu *sehen*, die einer leuchtenden Kugel gleichen. Die Menschen auf solche Weise zu beobachten, befähigte diese Schamanen zu ganz außerordentlichen energetischen Schlußfolgerungen. Es fiel ihnen nämlich auf, daß jede dieser leuchtenden Kugeln individuell mit einer Energie-Masse von unvorstellbaren Dimensionen verbunden ist, die im Universum existiert – eine Masse, die sie *das dunkle Meer der Bewußtheit* nannten. Sie beobachteten, daß jede einzelne Kugel an einem Punkt, der noch heller leuchtet als die leuchtende Kugel selbst, mit diesem *dunklen Meer der Bewußtheit* verbunden ist. Die Schamanen bezeichneten diese Verbindungsstelle als *Montagepunkt*, weil sie feststellten, daß dies die Stelle ist, wo die Zusammensetzung – also Montage – der Wahrnehmung stattfindet. Der gesamte Energiefluß wird an diesem Punkt in Sinnesdaten verwandelt, und diese Daten werden sodann als die uns umgebende Welt interpretiert.

Als ich Don Juan um eine Erklärung bat, wie diese Umwandlung des Energieflusses in sensorische Daten geschieht, antwortete er, die Schamanen könnten lediglich sagen, daß die unermeßliche Energiemasse, die sie als *dunkles Meer der Bewußtheit* bezeichnen, den Menschen alles bereitstellt, was sie zur Umwandlung von Energie in Sinnesdaten benötigen; es sei aber ganz unmöglich, solch einen Prozeß zu beschreiben, weil die Quelle, aus der er sich speist, so unermeßlich sei.

Als die Schamanen des alten Mexiko ihr *Sehen* nun auf das *dunkle Meer der Bewußtheit* richteten, machten sie die Entdeckung, daß der gesamte Kosmos aus leuchtenden Fasern besteht, die sich ins Unendliche erstrecken. Die Schamanen beschreiben diese als *leuchtende Fasern*, die sich in alle Richtungen ausdehnen, ohne sich je zu berühren. Sie *sahen*, daß es sich um einzelne Fasern handelt, die aber zu unvorstellbar großen Massen gebündelt sind.

Neben dem *dunklen Meer der Bewußtheit*, das die Schamanen beobachteten und das ihnen wegen seiner Vibration gefiel, gab es noch eine weitere Masse solcher Fasern, die sie als *Absicht* bezeichneten; und die Aktivität des einzelnen Schamanen, der seine Aufmerksamkeit auf diese Masse richtet, nannten sie *Beabsichtigen*. Sie *sahen*, daß das ganze Universum ein Universum der *Absicht* sei, und *Absicht* war für sie gleichbedeutend mit Intelligenz. Das Universum war für sie also ein Universum höchster Intelligenz. Sie zogen daraus die – in ihre *kognitive Welt* eingegangene – Schlußfolgerung, daß diese, ihrer selbst bewußte, vibrierende Energie in höchstem Maße intelligent sei. Sie erkannten, daß die Masse der *Absicht* im Kosmos für alle möglichen Mutationen und alle möglichen Variationen verantwortlich sei, die es im Universum gibt, nicht nur aufgrund willkürlicher blinder Zufälle, sondern aufgrund des *Beabsichtigens*, das die vibrierende Energie auf der Ebene des Energieflusses selbst leistet.

Die Menschen in ihrem Alltagsleben, betonte Don Juan, gebrauchten *Absicht* und *Beabsichtigen* auf dieselbe Art und Weise, wie sie die Welt interpretieren. Zum Beispiel verwies Don Juan mich auf die Tatsache, daß meine alltägliche Welt nicht durch meine Wahrnehmung, sondern durch die Interpretation meiner Wahrnehmung diktiert sei. Als Beispiel nannte er die Idee der *Universität*, die für mich damals größte Bedeutung hatte. *Universität*, sagte er, sei nichts, was ich mit meinen Sinnen wahrnehmen könne, da weder mein Gesichts- oder Gehörsinn, noch mein Geschmacks- oder Tast- oder Geruchssinn mir Aufschlüsse über die Idee *Universität* vermittelten. *Universität* sei etwas, das nur in meinem *Beabsichtigen* stattfinde, und um sie dort zu konstruieren, müsse ich, bewußt oder unterschwellig, auf alle meine Kenntnisse als zivilisierter Mensch zurückgreifen.

Die *energetische Tatsache* eines aus leuchtenden Fasern bestehenden Universums führte die Schamanen zu dem Schluß, daß jede dieser Fasern, die sich ins Unendliche erstrecken, ein Energiefeld ist. Sie beobachteten, daß leuchtende Fasern, oder vielmehr Energiefelder solcher Art, im *Montagepunkt* konvergieren und durch ihn hindurchgehen. Weil aber die Größe des *Montagepunktes*, wie sie feststellten, dem Umfang eines heutigen Tennisballs entspräche, kann nur eine begrenzte, wenn auch beinah unendliche Zahl von Energiefeldern in diesem Punkt konvergieren und durch ihn hindurchgehen.

Als die Zauberer des alten Mexiko den *Montagepunkt sahen*, entdeckten sie auch die *energetische Tatsache*, daß der Gesamteffekt der Energiefelder, die durch den *Montagepunkt* hindurchgehen, in sensorische Informationen verwandelt wird – Informationen, die sodann als *Kognition* der alltäglichen Welt interpretiert werden. Die Gleichförmigkeit der *Kognition* bei allen Menschen erklärten die Schamanen mit der Tatsache, daß der *Montagepunkt* bei der ganzen menschlichen Gattung an der gleichen Stelle der leuchtenden Energiesphären, die wir sind, lokalisiert ist: in Höhe der Schulterblätter, eine Armeslänge hinter ihnen, zum Rand der leuchtenden Kugel hin.

Die *sehende* Beobachtung des *Montagepunktes* führte die Zauberer des alten Mexiko zu der Entdeckung, daß der *Montagepunkt* unter den Bedingungen normalen Schlafes, extremer Erschöpfung, bei Krankheit oder nach Einnahme psychotroper Pflanzen seine Position verändert. Die Zauberer *sahen*, daß, wenn sich der *Montagepunkt* in einer neuen Position befindet, ein anderes Bündel von Energiefeldern durch ihn hindurchgeht, so daß der *Montagepunkt* gezwungen ist, diese Energiefelder in Sinnesdaten zu verwandeln und zu interpretieren, was im Ergebnis zur Wahrnehmung ganz neuer Welten führt. Die Schamanen behaupteten, daß jede dieser, auf solche Weise entstandenen neuen Welten eine in sich geschlossene Welt ist, verschieden von der Welt unseres Alltagslebens und ihr doch ähnlich in der Tatsache, daß man auch dort leben und sterben kann.

Für Schamanen wie Don Juan Matus war das *Beabsichtigen* eine wichtige Übung, die dazu diente, eine Bewegung des *Montagepunktes* vorsätzlich auszulösen, also seine Verschiebung an gewisse, im voraus bestimmte Stellen des ganzen Konglomerats von Energiefeldern, das wir sind; und durch Jahrtausende langes Probieren fanden die Zauberer von Don Juans Linie heraus, daß es innerhalb der leuchtenden Kugel, die wir sind, Schlüsselpositionen gibt, die der Montagepunkt einnehmen kann: er wird dann einem Bombardement neuer Energiefelder ausgesetzt, das eine vollkommen wirkliche neue Welt erzeugen kann. Es sei eine *energetische Tatsache*, versicherte Don Juan, daß die Möglichkeit, sich in eine dieser Welten oder in sie alle zu begeben, zum gemeinsamen Erbe aller Menschen gehört. Diese Welten stünden auf Abruf bereit, sagte er, ähnlich wie Fragen, die einem manchmal auf der Zunge lägen; um sie zu finden, brauche ein Zauberer, oder jeder Mensch, nichts anderes zu tun, als die Bewegung des *Montagepunktes zu beabsichtigen*.

Ein weiteres Problem im Zusammenhang mit der Absicht, das aber in den Rahmen des universellen Beabsichtigens gehöre, war für die Schamanen im alten Mexiko die *energetische Tatsache*, daß wir vom Universum selbst dauernd mit Forderungen traktiert werden. Es galt ihnen als *energetische Tatsache*, daß das ganze Universum in höchstem Maß räuberische Züge trägt, nicht aber räuberisch in dem Sinn, wie wir das Wort verstehen, als Raub und Diebstahl oder Schädigung und Ausbeutung anderer zum eigenen Vorteil. Für die Schamanen des alten Mexiko bedeutete der räuberische Charakter des Universums, daß das *beabsichtigende* Universum dauernd danach trachtet, Bewußtsein einzufordern. Sie *sahen*, daß das Universum zahllose *organische Wesen* und ebenso zahllose *anorganische Wesen* hervorbringt. Indem das Universum diese alle unter Druck setzt, zwingt es sie, ihre Bewußtheit zu steigern, und auf diese Weise versucht das Universum, seiner selbst bewußt zu werden. Daher geht es in der *kognitiven Welt* der Schamanen letzten Endes immer um das Bewußtsein.

Bewußtsein verstanden Don Juan Matus und die Schamanen seiner Traditionslinie als ein vorsätzliches Bewußtmachen aller Wahrnehmungsmöglichkeiten des Menschen, nicht nur jener Wahrnehmungsmöglichkeiten, wie sie von einer bestimmten Kultur diktiert sind, der anscheinend die Rolle zufällt, die Wahrnehmungsfähigkeit ihrer Mitglieder einzuschränken. Eine Freisetzung oder Entfesselung aller Möglichkeiten menschlicher Wahrnehmung würde die Menschen aber, wie Don Juan sagte, keineswegs in ihrem funktionalen und zweckmäßigen Handeln beeinträchtigen. Im Gegenteil, Funktionalität des Handelns könnte sehr wichtig werden, weil ihr ein neuer Wert zukäme. Funktion und Zweckmäßigkeit würden also zur unabdingbaren Notwendigkeit. Von Idealbildern und Pseudo-Zielen befreit, bliebe den Menschen nur funktionale Zweckmäßigkeit als steuernde Kraft ihres Handelns. Dies bezeichnen die Schamanen als *Makellosigkeit. Makellos* zu handeln bedeutet für sie, stets ihr Bestes zu tun, und noch ein wenig mehr. Die Idee solch einer Funktionalität ergab sich dadurch, daß sie die Energie *sahen*, die im Universum fließt. Wenn Energie nämlich auf eine gewisse Weise fließt, so fanden sie es nur funktional und zweckmäßig, dem Fluß dieser Energie zu folgen. Funktionalität ist also der gemeinsame Nenner im Umgang der Schamanen mit den *energetischen Tatsachen* ihrer *kognitiven Welt*.

Durch die Beschäftigung mit all diesen Aspekten der *Kognition der Zauberer* gelangten Don Juan und die Schamanen seiner Linie zu merkwürdigen energetischen Schlußfolgerungen, die auf den ersten Blick nur für sie selbst und ihre persönliche Situation zu gelten scheinen, die aber, genauer betrachtet, auch für jeden von uns anwendbar sein könnten. Wie Don Juan sagte, kulminiert das Streben der Schamanen in etwas, das für ihn die höchste *energetische Tatsache* war – nicht nur für Zauberer, sondern für jeden Menschen auf Erden. Dies nannte er die *endgültige Reise*.

Die *endgültige Reise* besteht in der Möglichkeit, daß das individuelle Bewußtsein, falls der einzelne es durch Hinwendung zur *Kognition* der Schamanen bis an die Grenzen steigern würde, auch noch dann weiterbestehen könnte, wenn der Organismus nicht mehr als kohärente Einheit funktioniert, also über den Tod hinaus. In solcher transzendentalen Bewußtheit sahen die Schamanen des alten Mexiko eine Möglichkeit für das menschliche Bewußtsein, über die Grenzen alles Bekannten hinauszugehen und in die Dimension der im Universum fließenden Energie einzugehen. Alles Streben von Schamanen wie Don Juan zielte darauf, wie sie es selbst definierten, am Ende selbst ein *anorganisches Wesen* zu werden, also Energie, die ihrer selbst bewußt ist und als kohärente Einheit funktioniert, jedoch ohne einen Organismus. Diesen Aspekt ihrer *Kognition* nannten sie die *absolute Freiheit*, ein Zustand, in dem das Bewußtsein frei von den Zwängen der Sozialisation und der Syntax existiert.

Dies sind die allgemeinen Schlußfolgerungen, die aus meinem Eintauchen in die *kognitive Welt* der Schamanen des alten Mexiko zu ziehen waren. Viele Jahre nach der Erstveröffentlichung der *Lehren des Don Juan* ging mir auf, daß es eine umfassende kognitive Revolution war, die Don Juan mir geboten hatte. Mit meinen nachfolgenden Arbeiten habe ich versucht, eine Vorstellung von den Verfahrensweisen zu geben, die diese kognitive Revolution herbeiführen. Angesichts der Tatsache, daß es eine Lebenswelt ist, mit der Don Juan mich bekanntmachte, können die Transformationen in einer solchen Lebenswelt nie ein Ende finden. Schlußfolgerungen können daher nur Gedächtnisstützen oder Hilfsmittel sein, die uns als Sprungbrett zu neuen *kognitiven* Horizonten dienen.

Kenneth Meadows

Kosmischer Baum und Medizinrad

Schon in der Vorgeschichte erkannten die Schamanen, daß der mentale Geist auf drei, möglicherweise vier Ebenen arbeitet. Ein Baum diente oft als Symbol, um die verschiedenen Ebenen des Mentalen und anderer Seinsdimensionen zu verdeutlichen. Die Naturwissenschaft weiß, daß der Baum als Schutz der Umwelt dient und daß ohne ihn die Atmosphäre mit einem Übermaß an Kohlendioxid vergiftet würde. In früheren Zeiten wurden Bäume auch als symbolische Hüter der Verstandesebenen angesehen. Das kam daher, weil im Übergang von der alltäglichen zur nichtalltäglichen Wirklichkeit die Muster der Schutzkräfte zwischen den Dimensionen oft als Bäume versinnbildlicht wurden. Bäume waren lange Zeit ein Symbol für die Realität des vieldimensionalen Seins. Der Baumstamm verkörpert das Individuum in bezug zur körperlichen Existenz, das in der Erde verwurzelt ist und Zugang zu den tiefsten Ebenen des Unbewußten hat, wo die Potentiale verborgen liegen. Die edelsten Aspekte, verkörpert in den obersten Ästen, strecken sich gen Himmel, zum kosmischen Bewußtsein und dem »Ort der Kreativität« hin. Den Stamm nannte man oft »mittlere Welt« – »Platz der Manifestation« – zwischen Himmel und Erde. Die Erdoberfläche, wo der Stamm auf die Wurzeln trifft, weist auf das Bedürfnis nach Erdverbundenheit hin, damit die persönliche Entwicklung und die Veredelung des spirituellen *Geistes* auf organische, natürliche Art stattfinden können. Dies ist das »Reich des Unterbewußten« und wurde oft »Untere Welt« oder »Ort der Befähigung« genannt. Die tieferen Wurzeln reichen bis weit in die Erde und weisen auf Berührung mit den Tiefen des Unbewußten hin, wo unsere Potentiale verborgen liegen, dieser Ort des Potentiellen wurde auch »Unterwelt« genannt. Die

Äste deuten auf spirituelles Bestreben, indem sie in den Himmel reichen, wo die Blätter schon in Erwartung der Göttlichen Berührung erbeben. Dies ist das Reich der Seele, auch »Oberwelt« genannt.

Naturvölker verehrten die Bäume sehr. Die Indianer nannten sie stehende Wesen, weil sie da blieben, wo ihre Wurzeln waren, und den Menschen, deren Verstand und Herzen dafür offen waren, große Weisheiten vermitteln konnten. Sie behandelten Bäume mit Achtung, waren im Einklang mit ihnen und konnten sogar mit ihnen kommunizieren. Zyniker mögen bei dieser Vorstellung ruhig verächtlich lachen, aber dieser Zynismus entspringt der Unwissenheit um spirituelle Ökologie. Selbstverständlich ist die Kommunikation nicht *körperlich* möglich, weil Bäume weder über Mund noch Kehlkopf verfügen; sie ist auch nicht auf *mentaler* Ebene möglich, außer in der Phantasie oder der Einbildung. Aber der spirituelle *Geist* eines Menschen kann direkt mit dem spirituellen *Geist* eines Baumes in Verbindung treten!

Bäume erhalten ihre Nahrung von der Sonne, der Erde und der sie umgebenden Atmosphäre. Sie schwingen im Einklang mit dem Lebenspuls der Erde. Was die Erde beim Nähren der Bäume erfährt, ähnelt den Gefühlen einer Mutter beim Stillen ihres Babys. Es ist daher angemessen, daß unsere schamanische Arbeit auch Erfahrungen mit Reglosigkeit umfassen sollte. Wir sollten nicht nur lernen, körperlich reglos, aber ganz wachsam zu sein – wie ein Baum -, sondern auch, unsere Gedanken zum Stillstand zu bringen, damit sich unser Gewahrsein auf inneres Wachstum richten kann – wie bei einem Baum. Wir müssen fähig sein, den ständigen Gedankenstrom, der in unser Gewahrsein eindringt, einzudämmen und das Ego sacht beiseite zu schieben, damit es nicht länger »herrscht«. Dann können wir mit unserem spirituellen *Geist* in »Verbindung treten«, einfach indem wir uns erlauben, zu »sein«. [...]

[Das Medizinrad] dient in erster Linie als symbolisches vieldimensionales Mittel, mit dessen Hilfe Verbindungen zu kosmischen Kräften und natürlichen Energien hergestellt und das Gleichgewicht zwischen der Natur und dem Individuum erreicht werden kann. Es wirkt auf allen Ebenen – körperlich, mental, spirituell-*geistig* – und kann vielseitig eingesetzt werden. Hier möchten wir uns auf seinen Hauptzweck – als Mittel zur Selbsterkenntnis durch den Gleichklang mit den unser Leben und unsere Umwelt beeinflussenden Naturenergien – beschränken und ihn untersuchen.

Das Rad selbst ist ein von einem Kreis umschlossenes Kreuz. Der Kreis verkörpert die Gesamtheit des Raumes im ganzen Universum. Er versinnbildlicht auch unseren eigenen persönlichen Raum und alles in uns und um uns als Individuen.

Das Medizinrad ist ein universelles Mandala und der gesamten Menschheit, nicht nur den Indianern, dienlich, weil es als Katalysator aller anderen Systeme wirkt. Ein Katalysator treibt Wandel voran, ohne ihm selbst unterworfen zu sein, aber das Medizinrad geht noch darüber hinaus. Es wirkt als ein Prozeß der *Integration*, vereint also die verschiedenen segmentierten Teile in einem kooperierenden Ganzen. Somit vereint das Medizinrad nicht nur jene Aspekte unseres Seins, die wir als getrennt zu betrachten gelernt haben, damit sie wieder im Einklang miteinander schwingen; es bringt uns auch in harmonische Beziehungen mit anderen Lebewesen und den Kräften des Universums!

Wie ein Autokatalysator, der giftige Abgase in ökologisch verträgliche umwandelt, ist das Medizinrad ein Mittel, unser verunreinigtes Selbst in ein Selbst zu verwandeln, das sich im Einklang mit dem Universum befindet. Umweltschadstoffe vergiften und schänden die natürliche Umgebung, und genau das gleiche tun wir Menschen mit der Erde und den kosmischen Kräften des Universums durch den falschen Gebrauch unseres Geistes und unseren Dienst am Ego-Selbst.

In manchen mystischen Lehren nannte man die Beziehungen zwischen verschiedenen Lebewesen, Körpern, Objekten und Dingen, die eine oder mehrere Gemeinsamkeiten teilen, »Korrespondenzen«. Dieses Wort leitet sich aus dem lateinischen »cum respondere« ab, was »versprechen oder verpfänden« bedeutet. Es bezieht sich auf Verantwortung – die Fähigkeit, auf etwas einzugehen. Somit bedeutet »Korrespondenz« im modernen Schamanismus eine Beziehung zwischen verschiedenen Wesen, Kräften, Substanzen und Energien, die eine Reaktion auslöst. Unsere Verantwortlichkeit als menschliche Wesen besteht in der Erkenntnis, daß das innere und das äußere Leben gleich sind. Um die Außenwelt zu ändern, müssen wir uns erst innerlich ändern. Eben davon handelt das Medizinrad.

Wenn man es im Freien aufstellt, liegen um den Mittelpunkt des Medizinrades acht Steine, die nicht nur den Angelpunkt, um den sich alles dreht – individuelles Gewahrsein –, sondern auch den von innen kommenden Ursprung von Licht und Leben, Liebe und Gesetz verkörpern. Sie zeigen den Doppelaspekt des Energiegebrauchs – Geben und Nehmen, Halten und Entscheiden (oder Wählen). Weitere acht Steine bilden den Rand des Kreises und kennzeichnen die Haupthimmelsrichtungen sowie die Zwischenhimmelsrichtungen. Diese Steine verkörpern die dem Universum und dem Individuum innewohnenden Kräfte und werden im gleichen Abstand plaziert, damit sie an das kosmische Gesetz der Harmonien oder Oktaven erinnern. Acht weitere Steine werden zu Kreuzbalken gelegt, sie stehen für die Pfade zu innerer Kraft und Selbstveredelung.

Das Medizinrad kann auch als ein von einem Kreis umschlossenes Kreuz verkörpert werden – ein Kreis des Gewahrseins, der als Spiegel enthüllt, wie das eigene Leben mit Energie geladen und geformt wird und wie alles mit allem in Verbindung steht.

Das Medizinrad der nordamerikanischen Indianer und der Kreis westlicher Mystik symbolisieren das gleiche, aber aufgrund ihrer unterschiedlichen Ausrichtung wirken sie anders und bewirken Unterschiedliches. Der mystische Kreis betont z.B. die Willensentscheidung – also Wahlfindung und Entscheidung durch intellektuelle Schulung und dem Ego als wünschenswert, angemessen und dienlich erscheinende Kriterien.

Der Kreis richtet sich zur Formung in Übereinstimmung mit dem Willen aus und dient dem Machtgewinn, um das Erstrebte auch zu bekommen und Einfluß auszuüben. Zudem betont er den Eigennutz. Wörterbücher definieren den Willen als Fähigkeit, etwas herbeizuführen. Also ruft der Wille tatsächlich ein Geschehnis ins Le-

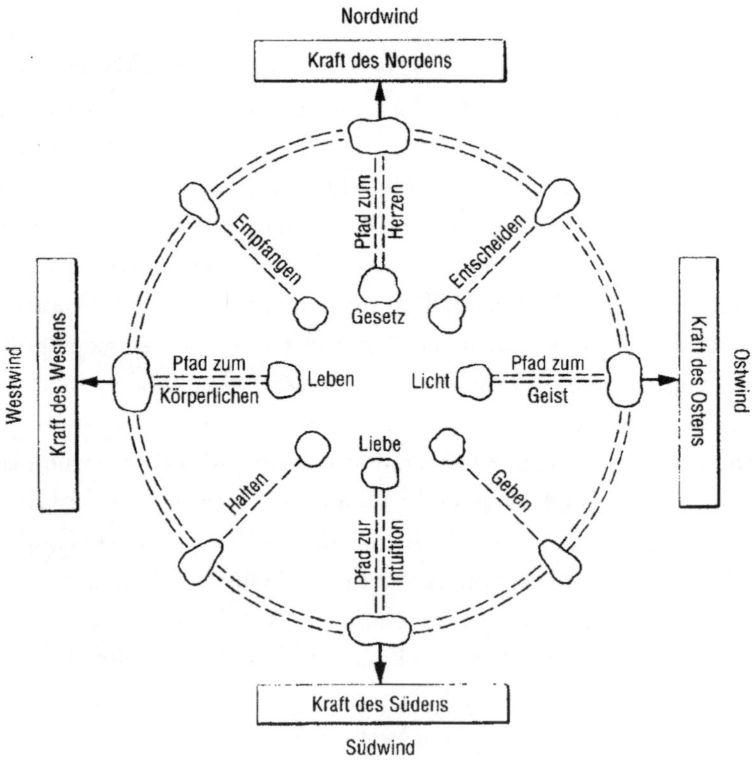

Das Medizinrad zeigt die in seinem Mittelpunkt liegenden Kraftquellen, die Doppelkräfte des Energiegebrauchs, die die persönliche Befähigung beeinflussen, 7und die Annäherungswege an die kosmischen Kräfte des Universums.

ben. Der freie Wille ist somit die Freiheit, etwas Erstrebtes zu verursachen, um es entstehen zu lassen. Er ist die Schöpferfähigkeit sowohl von Dingen wie von Situationen. *Er ist eine schöpferische Kraft des Universums!* Jeder von uns verfügt über einen freien Willen und benutzt ihn entweder eigennützig, um die Bedürfnisse des Selbst zu befriedigen, wodurch anderen Menschen und anderen Lebensformen etwas genommen wird, oder aber zum harmoniestiftenden Energieaustausch, weil sie dann mit anderen *geteilt* wird. Der Wille lenkt unsere schöpferischen Kräfte und kann vom Ego oder dem spirituellen *Geist* gesteuert werden.

Die Ausrichtungen des Medizinrads zeigen die Annäherung an Entscheidungen mit dem spirituellen *Geist*. Diese Annäherung umfaßt die bereitwillige Teilnahme und das Zusammenwirken auf allen Seinsebenen und mit allen Lebensformen. Dadurch schafft man in seiner Umgebung Ausgewogenheit, Harmonie und Schönheit und benutzt Energie zum Selbstausdruck. Harmonie bringt die Entwicklung des Individuums mit der des Ganzen ins Gleichgewicht und wirkt auf den vieldimensionalen Ebenen des Universums.

Bei den vier »Richtungen« handelt es sich um vier gewaltige *Kräfte* – um kosmische Intelligenzformen, deren Vorhandensein alle Lebewesen, die Umwelt und die Erdatmosphäre gleichermaßen beeinflußt. Diese Intelligenzformen gehören einer die körperliche und mentale Wirklichkeit überschreitenden Dimension an. Indem sie Bewegung erzeugen, beeinflussen sie das, was sich in der Natur manifestieren wird. Sie sind deshalb weit mehr als philosophische Begriffe, metaphysische Grundsätze oder religiöse Überzeugungen, denn sie sind *geistige Wirklichkeiten*, die die Natur und das Universum steuern! In einigen Kulturen nannte man sie die *vier Winde*, weil sie, wie Geister, nicht gesehen, aber wie der Wind durch ihren Einfluß auf die Umgebung wahrgenommen werden können. In manchen Kulturen verehrte man sie als »Götter« oder »Erzengel« – die höchsten Himmelswesen –, weil sie die lebenserhaltenden Systeme des Universums steuern und lenken. Einige Indianerstämme nannten sie »Spirit-Keepers« oder *»Geist-Hüter«*, weil sie das Universum schützen und umsorgen. Trotz ihrer ehrfurchtgebietenden Kräfte wurden sie nicht gefürchtet, sondern als zugänglich und gütig erachtet. Diesen kosmischen Energien, die sich vor allem mit der Erhaltung der Natur und Struktur der zur Manifestation kommenden Dinge, weniger mit den Formen selbst, befassen, schrieb man zu, sich ohne physisches Hilfsmittel ausdrücken zu können.

Rituale und Zeremonien

Der Schamane reist, um zu lernen, um zu heilen und zu helfen. Seine Wissens- und Machtsuche kann ihm selbst oder seinem Volk dienen. Er mag Informationen für das Heilen suchen, das Jagen, das Beschwichtigen der Götter, die Fürbitte bei den Göttern. Er mag auch die Seelen von Kranken zurückholen und die Seelen der Toten zu ihrer ewigen Ruhestätte geleiten. Daher wird der Schamane häufig als Psychopompos, als Seelenführer, bezeichnet.

Roger Walsh

Florinda Donner

Der Kolibri, eine Heilung im Urwald Venezuelas

Wann immer die Sonne durch die Wolkendecke brach, ging ich mit den Männern und Frauen in die Gärten arbeiten. Aus dem feuchten Boden ließ sich das Unkraut zwar wesentlich leichter rupfen, aber ich hatte wenig Kraft. Wie der alte Kamosiwe stand ich oft nur zwischen den hohen Halmen der Maniokpflanzen und sog das Licht und die Wärme der Sonne in mich ein. Ich zählte die Vögel, die über den Himmel zogen; manchmal war tagelang kein einziger zu sehen, und ich sehnte mich nach den heißen, trockenen Tagen zurück. Nach den vielen verregneten Wochen wäre es so schön gewesen, wenn die Sonne nur ein einziges Mal lange genug am Himmel geblieben wäre, um den Nebel aufzulösen.

Eines Morgens war mir so schwindlig, daß ich mich nicht aus der Hängematte erheben konnte. Ich steckte den Kopf zwischen die Knie und wartete, bis der Schwächeanfall vorüber war. Es fehlten mir einfach die Kräfte, um den Kopf zu heben und auf Ritimis angstvolle Fragen zu antworten, die in einem anderen, lauten und beständigen Lärm, der um mich dröhnte, völlig untergingen. Es muß der Fluß sein, dachte ich. Er war zwar nicht allzu weit entfernt, aber auf einmal wurde mir klar, daß das Dröhnen aus einer anderen Richtung kam. Voller Verzweiflung, als hinge mein Leben davon ab, versuchte ich herauszufinden, was die Quelle dieses Geräusches war. Das Dröhnen kam aus meinem Innern.

Tagelang hörte ich nichts anderes als dieses Tosen im Kopf. Ich wollte die Augen öffnen, konnte es aber nicht. Durch die geschlossenen Lider sah ich, wie die Sterne immer heller wurden, anstatt langsam am Himmel zu verblassen. Panik erfaßte mich, in der ich glaubte, es würde nun immer Nacht sein, und ich versänke tiefer und tiefer in eine Welt der Schatten und zusammenhanglosen Träume.

Als schemenhafte Gestalten, die mir von nebligen Flußufern zuwinkten, schwebten Ritimi, Tutemi, Etewa, Arasuwe, Iramamowe, Hayama und Kamosiwe an mir vorüber. Manchmal sprangen sie auch zwischen Wolken hin und her, wobei sie die Nebelschwaden mit Blätterbesen aufwirbelten. Wenn ich sie anrief, zerflossen sie im Nebel. Von Zeit zu Zeit konnte ich das Licht der Sonne erkennen, die rot und gelb durch Äste und Blattwerk hindurchschien. Ich zwang mich dann, die Augen offenzuhalten, und merkte plötzlich, daß es nur der Widerschein des Feuers gewesen war, der auf dem Palmendach tanzte.

»Die Weißen brauchen viel Nahrung, wenn sie krank sind«, hörte ich einmal ganz deutlich Milagros rufen. Ich spürte, wie sich seine Lippen auf die meinen preßten, um mir vorgekautes Fleisch in den Mund zu schieben.

Ein andermal erkannte ich Puriwariwes Stimme. »Die Kleidung macht die Menschen krank.« Dann merkte ich, wie er mir die Decke vom Leib zog. »Ich muß ihr Kühlung verschaffen. Bringt mir weißen Schlamm vom Fluß.« Seine Hände glitten um meinen Körper herum, und er bedeckte mich von Kopf bis Fuß mit Morast. Seine Lippen hinterließen eine eiskalte Spur auf meiner Haut, als er mir die bösen Geister aussaugte.

In den vielen Stunden, in denen ich wachlag oder schlief, erklang immer wieder die Stimmte des *Shapori* [Schamanen]. Egal, wohin ich in der Dunkelheit starrte, es erschien sein Gesicht vor mir. Ich hörte den Gesang seiner *Hekura* [helfende Geistwesen]. Ich spürte, wie der scharfe Schnabel des Kolibris meine Brust öffnete. Dann verwandelte sich der Schnabel in Licht; nicht in das Licht der Sonne oder des Mondes, sondern in das gleißende Strahlen der Augen des alten *Shapori*. Er zwang mich, in seine bodenlosen Pupillen zu sehen. Seine Augen waren lidlos; sie zogen sich bis zu den Schläfen hin. Ich sah tanzende Vögel darin. Die Augen eines Wahnsinnigen, dachte ich. Ich sah seine *Hekura*, die in Tautropfen schwebten und in den leuchtenden Augen des Jaguars tanzten, und ich trank die nassen Tränen des *Epena* [Halluzinogen]. Ein unbezwingbarer Brechreiz schnürte mir den Magen zusammen, bis ich mich übergab und Wasser spuckte. Es floß aus der Hütte, aus dem *Shabono* [Kreis der Hütten] hinaus, den Pfad zum Fluß hinunter, und verschmolz mit der Nacht aus Rauch und Gesang.

Als ich die Augen öffnete und mich in der Hängematte aufsetzte, sah ich ganz deutlich Puriwariwe, der vor der Hütte hin und her rannte. Er streckte die Arme zum Nachthimmel aus, die Finger weit gespreizt, als wolle er die Macht der Sterne zu Hilfe rufen. Er wandte sich um und blickte mich an. »Du wirst weiterleben«, sagte er. »Die bösen Geister haben deinen Körper wieder verlassen.« Dann verschwand er in den Schatten der Nacht. [...]

Es dämmerte schon, als Puriwariwe in den *Shabono* kam. Seit meiner Krankheit hatte ich ihn nicht mehr gesehen, seit der Nacht, als er in der Mitte des Versammlungsplatzes mit ausgestreckten Händen dagestanden hatte, als flehte er die Dunkelheit an. Von Milagros erfuhr ich später, daß der alte *Shapori* sechs Tage und Nächte ununterbrochen *Epena* genommen hatte. Er wäre beinahe unter der Gewalt der Geister zusammengebrochen, die er in seine Brust gerufen hatte. Trotzdem hatte er die *Hekura* beharrlich und inständig gebeten, mich von dem Anfall des Tropenfiebers zu heilen.

Ritimi hatte mich außerdem darauf aufmerksam gemacht, daß die Heilung in meinem Fall ein ganz besonders harter Kampf gewesen war, da die *Hekura* sich in der Regenzeit nämlich nur sehr ungern rufen ließen. »Es war der *Hekura* des Kolibris, der dich gerettet hat«, hatte sie mir erläutert. »Trotz seiner geringen Größe ist der Kolibri doch ein mächtiger Geist. Ein großer *Shapori* ruft ihn immer dann zu Hilfe, wenn alles andere nichts mehr nützt.«

Es war mir nicht gerade ein großer Trost gewesen, als Ritimi den Arm um meinen Hals gelegt und mir versichert hatte, daß meine Seele nicht ziellos durch den Urwald hätte irren müssen, falls ich gestorben wäre, sondern in vollkommenem Frieden zum Haus des Donners aufgestiegen wäre, denn ihr Volk hätte meinen Körper verbrannt, und sie und ihre Verwandten hätten meine zerstampften Knochen in der Nahrung zu sich genommen.

Ich ging zu Puriwariwe hinaus auf die Lichtung. »Jetzt bin ich wieder ganz gesund«, grüßte ich ihn und hockte mich auf den Boden.

Er blickte mich mit verschleierten, beinah träumerischen Augen an und fuhr mir dann mit der Hand über den Kopf. Seine Hand war klein und dunkel; sie war rasch, fühlte sich aber trotzdem schwer und bedächtig an. Eine unbestimmte Zärtlichkeit legte sich weich über Puriwariwes Gesichtszüge, doch er sprach kein Wort mit mir. Ich fragte mich, ob er wohl wußte, daß ich im Fieber gespürt hatte, wie sich der Schnabel eines Kolibris in meine Brust bohrte. Ich hatte es niemandem erzählt.

Georg Nioradze

Sibirische Schamanen

Nachdem der Schamane sich auf einen für ihn vorbereiteten Platz gesetzt hat (auf eine Bank bei den Samojeden, bei den Jakuten auf ein Rentierfell, welches neben dem Feuer ausgebreitet ist), beginnt er langsam und leise sein Lied, wobei er auf die Trommel schlägt, erst ganz leise und selten, dann immer öfter und lauter, womit er seine Geister herbeiruft. Bei manchen Schamanen wird die Trommel durch andere klingende Gegenstände ersetzt, wie z. B. Glöckchen und Metallstäbe. Manchmal stimmen die Anwesenden mit ein, wie z. B. bei den Tungusen, Jenissejern, Samojeden und anderen. Es dauert dann ungefähr eine halbe Stunde, bis der Schamane das Nahen der Geister ankündigen kann. Er nennt sie liebevoll bei Namen, begrüßt jeden erschienenen Geist freudig und spricht mit ihm [...]. Es ist glaubwürdig, dass der Schamane in diesem Moment wirklich von den Geistererscheinungen überzeugt ist und keine Täuschung vorspiegelt, wie eine Menge Forscher annehmen. [...] Die Objektivierung der Geister ist während der Beschwörung bei dem jakutischen Schamanen so stark, daß er die Geister durch geheimnisvolles Singen und mit leiser, zarter Musik zwingt, zu ihm zu kommen; dazwischen ertönen aber wilde Schreie, die er selbst ausstößt; bald klingt es wie das Krächzen der Raben, dann wie das Lachen der Taucher, das Klagen der Möwen oder der Schrei der Adler und Falken. Die Musik wird immer lauter und ungestümer, die Glöckchen und Schellen klingen ineinander und versuchen, die Trommelschläge zu übertönen. Es ist ein wildes Durcheinander von Tönen, das immer mehr und mehr anwächst. Plötzlich nach einem alles übertönenden Trommelwirbel tritt eine lautlose Stille ein, und die Trommel fällt dem Schamanen auf die Knie. Mit abgebrochenen kurzen Sätzen und düsterer Stimme ruft der Schamane nun verschiedene Geister an.

Nachdem der Schamane durch seinen Gesang die Geister zu sich beschworen und die Anwesenden genügend vorbereitet hat, beginnt er auf den ausgebreiteten Fellen unter Sprüngen, Tanzen, Stampfen und anderen wilden, grotesken Bewegungen, sowie lautem Singen den zweiten, den »dramatischen Teil« der Beschwörung. Wenn der Schamane eines Kranken wegen gerufen wurde, so fragt er in diesem zweiten Teil die Geister nach den Ursachen der Krankheit und sichert sich den Beistand der gewaltigsten unter ihnen. Im dritten Teil nähert sich der Schamane unter lautem Trommelwirbel tanzend und sich drehend dem Kranken. Mit neuen Zaubersprüchen sucht er die Krankheit zu verscheuchen oder durch Aussaugen der wunden Stelle den Betreffenden zu heilen. Den Kranken umarmend, zeigt der Schamane durch besonderes Gebaren, daß er den zu besiegenden Dämon in sich aufnimmt. Er nähert sich dann dem Tier, welches zum Opfer vorgesehen ist, und übergibt dasselbe dem Dämon. Darauf wird das Opfertier geschlachtet; das Fleisch essen die Anwesenden auf; das Fell und die Knochen aber werden an einem Baume aufgehängt. Bei den Tungusen faßt der Schamane den Kopf des Kranken mit beiden Händen, legt die Lippen an die Stirn und tut so, als wolle er die Krankheit aussaugen. Er streichelt fortwährend die schmerzende Stelle und speit dabei dem Kranken ins Gesicht. Bei den Golden nehmen die Schamanen statt einer Mütze Hobelspäne auf den Kopf und befestigen solche Späne auch an den Armen oberhalb der Ellenbogen und an den Beinen unterhalb der Knie. Durch das Schamanisieren glauben sie, das Leiden des betreffenden Menschen auf diese Hobelspäne zu übertragen, welche sie später fortwerfen. Auf diese Art und Weise meinen sie dann, den Menschen von seiner Krankheit befreit zu haben.

Der Kirgisen-Schamane setzt sich dem Kranken gegenüber und beginnt die Balalajka zu spielen. Er schreit, singt, windet sich, rennt in der Jurte umher, stürzt aus derselben auf den Hof, springt auf das erste beste Pferd und jagt in die Steppe, den Geist verfolgend, welcher den Kranken martert. Zurückgekehrt, schlägt er den Kranken mit einer Peitsche, beißt ihn bis aufs Blut, speit nach ihm, zückt drohend das Messer in der Hoffnung, dadurch den Geist herauszutreiben. Dieses wiederholt er neun Tage lang.

Arnold Mindell

Heiler in Mombasa

Wenn Amy und ich in fremde Länder reisen, suchen wir häufig Gemeinschaften von Eingeborenen und ihre schamanischen Heiler auf, um die Art und Weise, wie der Geist sich an den Orten bewegt, an denen wir arbeiten, verstehen zu können. Ganz besonders lebhaft erinnere ich mich an die Erfahrung einer Zeremonie mit zwei Heilern in Kenia, an der ostindischen Küste in der Nähe von Mombasa.

Die Zeremonie begann, kurz nachdem wir in Mombasa gelandet waren. Ich bat einen der Angestellten des Hotels, in dem wir wohnten, uns zu einem Medizinmann zu bringen. Er zögerte zunächst, sagte dann aber, daß sein Onkel uns am nächsten Tag empfangen würde.

Zur entsprechenden Zeit fuhren wir in der Hitze des äquatorialen Busches mit unserem Leihwagen über holprige, schmutzige Straßen, um den Medizinmann zu treffen. Jede gefahrene Meile führte uns tiefer hinein in den Geist Kenias und weiter weg von unserer gewöhnlichen Realität. Wir stellten unser Auto in der Nähe der Lehmhütte ab und waren sofort umgeben von allen Dorfbewohnern.

In der Hütte saßen eine Frau und ein Mann mit gekreuzten Beinen auf dem Boden, ein Heiler-Ehepaar. Er war ein Heiler und sie eine Seherin. An der Wand hingen alte vergilbte und abgenutzte Urkunden auf Englisch, die bezeugten, daß sie Medizinleute seien. Unser Heilerpaar sprach nur Suaheli. Es war eine Freude, diesen ruhigen und zurückhaltenden Menschen zu begegnen, die tagsüber als Arbeiter und nachts als Magier tätig waren.

Sie waren mustergültige Gastgeber, gewöhnliche Menschen und Mystiker in einem. Sie behandelten uns mit Unschuld und äußerster Demut. Sie nahmen unsere Hände, hießen uns in ihrem Stamm willkommen und verwandten Stunden darauf, unsere westliche Kleidung gegen einfache und farbenfrohe Gewänder auszutauschen.

Sie wickelten die Kleider um unsere nackten Körper und verkündeten zu einem ganz bestimmten Zeitpunkt: »Nun seid ihr afrikanisch.« Ihre Offenheit heilte eines meiner Probleme, das ich bisher nicht wahrgenommen hatte, eine Krankheit, von der ich nicht wußte, daß ich sie hatte. Tief in mir war eine Sehnsucht, die mich halb krank machte. Ich hatte meinen tiefen Wunsch vergessen, daß die Welt, in der ich lebte, mir dieses Gefühl der Zugehörigkeit schenken möge. Man hatte mich dazu gebracht, mich schuldig zu fühlen, weil ich an manchen Gruppen nicht teilgenommen hatte; in anderen Gruppen hatte ich mich zwar geliebt gefühlt, aber in keiner hatte ich das Gefühl gehabt, wirklich wichtig für ihr Wohl zu sein.

Als die Zeremonie dann begann, saßen Amy und ich still in einer kleinen Gruppe von Menschen, die sich zusammensetzte aus unserem Heilerteam, ihren Freunden und Geschwistern und verschiedenen Nachzüglern aus dem Dorf, die aus unbekannten Gründen hier waren. Die Heilerin las aus einem heiligen Buch vor, wahrscheinlich dem Koran. Sie las halb singend, fiel nach ein paar Minuten in Trance und begann, auf dem Boden herumzurollen, indem sie ihrem Traumkörper folgte. Wir waren Klienten von Zauberern, die sich tief in unsere Seelen und Körper hineinfallen ließen. Nachdem wir uns um so viele andere gekümmert hatten, waren wir mehr als berührt davon, wie die ganze Gemeinschaft im weiteren Verlauf der Zeremonie zusammenkam, um uns zu unterstützen. Sogar die kleinen Kinder waren da, diejenigen, die uns dann am nächsten Tag an den Händen faßten und uns stolz ihr Schwimmloch zeigten, einen Fluß, der voller wilder Tiere und fremdartiger Pflanzen war. Während die Heiler sangen und herumrollten, fühlte ich mich in meiner eigenen Arbeit bestätigt und erneuert.

Die psychologische Gemeinschaft, in der ich beruflich aufgewachsen bin, sah auf Therapeuten herab, die an Gruppenerfahrungen interessiert waren. So hatte ich mich aus einer gewissen Schwäche heraus schuldig gefühlt, weil ich gelegentlich zu meiner Arbeit mit Einzelpersonen Gruppen zur Teilnahme eingeladen hatte. Hier erkannte ich, wie wichtig eine solche Teilnahme ist. Die älteren Frauen des Stammes hielten unsere Hände in der abendlichen Dunkelheit, um uns zu beruhigen, bevor wir dem Unbekannten begegnen würden. Das schwache Licht ihrer Fackeln erfüllte die Hütte mit Liebe und Kameradschaft. Das ganze Dorf nahm teil – sie hatten dunkle und respektvolle Gesichter –, und alle rechneten damit, durch das, was auch immer hier geschehen würde, geheilt zu werden.

Während die Heiler sangen und tanzten, rollten zwei »Schwestern«, die bis dahin ruhige Teilnehmerinnen im Kreis gewesen waren, nach vorn in die Mitte und bewegten sich ekstatisch in Trance. Das Aussehen der Heiler veränderte sich, während sie in unbekannte Dimensionen reisten. Sie ließen sich von ihren eigenen Prozessen führen und bewegten sich in unvorhersehbarer Weise im Kreis herum. Während die Frau sang und stöhnte, bewegte sich der Mann rasch und unberechenbar. Er führte mit seinen psychischen Händen chirurgische Eingriffe an passiven Klienten durch, indem er ein schnelles, scharfes Messer benutzte, das Dinge aus ihren Körpern herauszog, ohne zu schneiden oder auch nur einen Tropfen Blut zu vergießen.

Wir waren von Ehrfurcht ergriffen und verblüfft von seiner Flinkheit, aber auch erleichtert darüber, an einem so seltsamen Ort zu sein, der uns ein Gefühl von Zuhause vermittelte. Wir werden nie genau wissen, an was die anderen litten. Alles, was ich weiß, ist, daß mein Herz krank war, weil ich zu wenig Verbindung zum Unsichtbaren hatte. Unsere Körper brauchten diese Zeremonie, die den Geist, die zweite Aufmerksamkeit, das Ungewöhnliche und das Unfaßbare ehrte.

Um an mich selbst erinnert zu werden, brauche ich die Verbindung zu meinen afrikanischen Schwestern und Brüdern, zu den indianischen Traditionen Amerikas, zu japanischen Meistern, indischen Lehrern und zu weissagenden Aborigines. Der Körper braucht eindrucksvolle Erfahrungen, Furcht und die Kraft einer liebenden Gemeinschaft. Ohne solche Erfahrungen fehlt dem normalen Leben etwas, das den Sinn unseres Daseins bestätigt.

Die Fähigkeit dieses Paares, übernatürliche Heilungen zu vollbringen, war eindrucksvoll, aber am heilsamsten war ihre Sicht der Welt, die das Unheimliche in das Zentrum des Gemeinschaftslebens einfügte. Wir alle haben Lasten von Problemen zu tragen, die nur schwer zu lösen sind. Dennoch verstecken wir diese Probleme, fühlen uns minderwertig, weil wir sie haben und verbannen den Geist in die Visionen der Nacht.

Heutzutage schämen sich moderne Afrikaner, die in Großstädten wie Nairobi leben, für ihre eingeborenen Heiler und erwähnen sie nur zögernd, obwohl viele von ihnen noch an sie glauben. Doch wir alle brauchen diese Heiler mehr als je zuvor. Ohne sie neigen wir dazu, unsere geheime Verbindung zum unheimlichen Geist des Lebens zu vergessen und uns ihrer zu schämen. Unser Gemeinschaftsleben braucht den Geist, der in der Figur des Schamanen auftritt und die innerste Kernerfahrung dieser Gemeinschaft unterstützt, indem er ihre Mitglieder durch gemeinsames Träumen heilt.

Schamanen heilen dadurch, daß sie uns an den Traumkörper erinnern. Sie formen das Bewußtsein und den Tanz des Geistes. Archaische Ekstasesysteme sind lebendige Zentren der Gemeinschaft und machen das Leben eines Dorfes aus. Die Heilungstradition von Gemeinschaften, die Vorstellung, daß das Leiden eines Menschen ein Teil der Gemeinschaft ist, erzeugt Kontakt und menschliche Wärme. Ohne solche Trance-Tänzer wird eine Gruppe von Menschen zu einer abstrakten und bedeutungslosen Wesenheit, zu einer Stadt, deren Einwohner zur Erfüllung leerer Aufgaben verpflichtet sind. Niemand kann auf lange Zeit ein sinnloses Leben führen oder eine Stadt ohne Zielsetzungen ertragen.

Black Elk

Unglaubliche Dinge passieren tatsächlich

Ich liebe es, den Menschen zu helfen. Wenn jemand stürzt, lassen wir ihn nicht einfach liegen und gehen unseres Weges. Wir halten inne und helfen ihm zumindest, aufzustehen. Wir helfen ihm, bis er wieder auf eigenen Füßen stehen und alleine weitergehen kann. Ich stehe jetzt auf dem Gipfel eines Berges. Auf einer Seite kann ich sehen, wo das Volk der Erde lebt, und auf der anderen die Zerstörung (durch die Industrialisierung). Also sage ich: »He, kommt hier rüber, und lebt auf dieser Seite.« Mein Weg ist der Weg der Chanunpa [heilige Pfeife der Lakota]. Mein Weg ist Gesundheit und Hilfe. Und wir helfen vielen Menschen mit dieser Chanunpa.

Da gab es zum Beispiel diesen kleinen Jungen. Er war ganz normal zur Welt gekommen, aber nach ein paar Monaten konnte er nicht mehr trinken und nicht mehr schreien. Später dann konnte er weder sitzen noch gehen. Vier Jahre lang ging das so, und während der ganzen Zeit war er im Krankenhaus. Die Ärzte dort hatten keine Ahnung, was mit dem Jungen los war. Er konnte nicht essen, und sie mußten ihm Schläuche in den Hals legen, durch die dann die Nahrung in seinen Magen floß. Er kaute zwar manchmal auf Crackern herum, doch konnte er sie nicht hinunterschlucken. Sie fielen ihm einfach aus dem Mund. Jedesmal, wenn er zu essen versuchte, weinte er. Die Tränen flossen ihm übers Gesicht. Sein Vater, seine Mutter, seine ganze Familie fühlte mit ihm und war traurig. Sie wollten ihrem Sohn gerne helfen, doch was konnten sie tun?

Wir sprachen mit dem Arzt, aber weder er noch seine Kollegen oder die Schwestern wollten auf uns hören. Sie waren gesetzestreue Bürger, und sie mußten alle diese Regeln und Bestimmungen einhalten. Sie waren derselben Meinung wie ich, doch konnten sie die

Gesetze nicht ändern. Sie hatten ihre Vorschriften, denen sie folgen mußten. Sie überlegten, ob sie vielleicht den Direktor des Krankenhauses fragen sollten, ob ich dem Jungen Medizin geben dürfe. Ich sagte, daß es schwierig für sie sein würde zu verstehen, was ich tat, und darüber Bericht zu erstatten.

Dennoch sprach der Arzt des Jungen mit dem Direktor, der schließlich seine Zustimmung gab. Das dauerte nur 24 Stunden. Wir setzten einen Zeitpunkt für die Heilungszeremonie fest. Der Junge lag im Fitzsimmons Army Medical Center in Denver. Das ist ein großes Krankenhaus, und er lag dort auf der vierten Etage. Wir gingen hoch zu ihm. Der Arzt war gerade da, und die diensthabende Krankenschwester saß neben dem Bett des kleinen Patienten auf einem Stuhl. Sie sagte, daß sie uns assistieren würde, weil diese Zeremonie sie sehr interessiere. Sie wollte alles darüber wissen und die Zeremonie selbst miterleben. [...]

Es gab dort eine Isolierstation. Wir mußten alle Fenster in dem Raum mit schwarzen Plastikplanen abdecken, die wir mit Klebeband befestigten, damit die Zeremonie im Schwarzen Licht (in absoluter Dunkelheit) durchgeführt werden konnte. Unter der Tür kam ein wenig Licht herein, und auch das deckten wir ab. Inzwischen waren die Pfleger und Schwestern auf den Fluren damit beschäftigt, die anderen Patienten dieser Station woanders unterzubringen, damit sie nicht von der Trommel gestört wurden, die wir mitgebracht hatten. Man sagte ihnen, daß ein paar wilde Indianer gekommen seien, die auf einer Trommel herumschlagen würden. Es werde also ziemlich laut werden, und wenn sie wollten, bringe man sie so lange auf eine andere Station.

Doch viele Patienten sagten zu dem Arzt: »Nein, wir wollen nicht weg. Wir möchten bleiben und den Indianern zuhören.«

Man gab uns zwei Stunden für die Zeremonie. Wir mußten sie zwischen sieben und neun Uhr abends abhalten, denn nach neun Uhr sollte jeder in seinen Bett liegen und schlafen. Einige dieser

Leute hatten große Schmerzen. Man gab ihnen Schmerztabletten, damit sie sich ausruhen oder schlafen konnten. Natürlich konnten wir sie dann nicht mit unserem Trommeln stören.

Doch diese Patienten waren gefragt worden, bevor wir anfingen, und sie wollten nicht woanders hingebracht werden. Sie wollten lieber dableiben. Einige von ihnen waren ans Bett gefesselt, andere saßen in Rollstühlen, und wieder andere hatten intravenöse Schläuche im Arm oder im Fuß. Der Arzt brachte die IV-Geräte auf Rollen herein und schloß die Schläuche an. Das war also kein Problem. Schließlich bauten wir den Altar auf. Der kleine Junge lag in einem Kinderbett mit Stäben an der Seite. Daran war eine Sauerstofflasche befestigt und viele kleine Geräte mit Lichtern. Wir deckten auch diese Lichter mit Klebeband ab. Dann schalteten wir das Licht aus. Wir untersuchten den Raum genau. Es gab keine Spur von Licht mehr. Es war vollkommen dunkel.

Die Zeremonie begann. Wir erklärten dem Arzt und den Krankenschwestern, was passieren würde und was sie zu erwarten hätten. Dann sangen wir die Lieder – das Lied der Ehrung, das der Vier Winde und das Lied zum Herbeirufen der Spirits. Gegen Ende des vierten Liedes hörten wir einen Donnerschlag. Dann leuchtete ein Blitzstrahl auf, und jemand kam herein. Er sah aus wie ein Geist an Halloween, wenn sich jemand ein Bettuch überzieht und die Arme ausbreitet. Er hatte die Gestalt eines Mannes. Er kam herein und ging zum Altar.

Er sagte: »Nun, warum habt ihr mich gerufen?«

Ich antwortete: »Tunkashila, wir haben hier einen kleinen Jungen, und irgend etwas stimmt nicht mit ihm. Niemand weiß, was es ist. Er leidet schon seit Jahren. Darum bitten wir dich, uns zu helfen, diesem kleinen Jungen zu helfen.«

Er ging zu dem Kind. Die Krankenschwester stand neben seinem Bett, und der Arzt saß hinter dem Altar. Der Spirit ging zu dem Jungen und kam dann zurück. Er sagte uns wo, wo das Problem lag. Er sprach über das Gehirn und zwei Nerven, die sich in der Höhe des Genicks verzweigen. Eine unbekannte Kraft hatte ein Spinnennetz genommen und es um diese Nerven geknotet. Ein weiterer Knoten war in seiner Kehle. Dort befinden sich mehrere ringförmig angeordnete Muskeln. Sie ziehen sich zusammen, wenn man schluckt oder spricht. Und genau dort befand sich der Knoten, daher konnten sich die Muskeln weder zusammenziehen noch entspannen. Dieser Knoten wirkte sich auf den ganzen Körper des Jungen aus, und das war der Grund dafür, daß er nicht sitzen oder stehen konnte. Er war wie ein kleines Baby, obwohl er schon fünf Jahre alt war. Wo immer er lag, da blieb er liegen. Man mußte ihn bewegen, ihn von einer Seite auf die andere rollen und so weiter. Wenn Essenszeit war, mußten sie ihm einen Schlauch in den Hals bis zum Magen legen, in den sie dann die Milch schütteten. Danach schlief er dann ein, viel mehr konnte er nicht tun.

Die Ärzte hatten alles getan, was in ihrer Macht stand. Sie hatten den Jungen geröntgt und jede nur mögliche Untersuchung vorgenommen, doch sie konnten nicht feststellen, wo das Problem lag. Jetzt aber war dieser Spirit erschienen und wußte sofort, was los war. Er gab uns Anweisungen, wie wir dem Patienten helfen sollten. Er sagte uns, wir müßten einen Spinnen-Spirit rufen, einen *iktomi*. Sofort sangen wir das Lied, das den *iktomi* herbeiruft. Dann kam diese rote Spinne herein, die Anführerin aller Spinnen.

Sie fragte: »Was wollt ihr?«

Ich antwortete: »Eine unbekannte Kraft hat dein Netz benutzt, um diesen kleinen Jungen zu fesseln. Er hat viel gelitten. Die Ärzte sind ratlos, weil sie nicht wissen, was mit ihm los ist. Selbst mit ihren Mikroskopen können sie dieses Netz nicht erkennen. Die Röntgenstrahlen dringen einfach durch und zeigen nicht an, wo das Problem liegt. Diese Maschine kann es nicht sehen. Nach jahrelangen Forschungen entdeckten die Ärzte kleine Furchen, die sich um die Nerven gelegt hatten. Also wollten sie mit einem feinen Operationsmesser diese Furchen wegschneiden. Doch bestand die Gefahr, daß sie dabei die Nerven verletzten. Sie haben kein Messer, das klein genug ist, dieses Netz zu durchtrennen. Sie haben kein Instrument, keine Pinzette, die winzig genug ist, das Netz zu zerschneiden.«

Die Spinne verstand, was ich meinte. Dann sangen wir ein Lied, und der Spirit ging hinüber zu dem kleinen Jungen und durchtrennte das Netz in seiner Kehle. Einfach so. Er weiß, was zu tun ist, denn es ist sein Netz. Er kann darin herumklettern; er kennt sich damit aus, denn es ist ein Teil von ihm, ein Aspekt seiner Genialität.

Dann kam er zurück und sagte: »Ich habe das Netz entfernt. Der Junge wird jetzt seine Muskeln trainieren und anfangen, Geräusche zu machen. Ihr werdet also gleich zum erstenmal seine Stimme hören.«

Der Junge begann, sich zu bewegen. Keiner hatte ihn je sprechen oder weinen hören. Doch jetzt gab er einen Laut von sich – awwwk, awwwk. So ähnlich klang es. Er wußte nicht, wie man Laute macht; er ließ sie einfach aus seiner Kehle kommen. [...]

Dann sagte der Spirit: »Von nun an wird es kein Problem mehr sein, ihn zu füttern. Also laßt ihn essen und trinken, was er will. Er wird von selbst aufhören, wenn er genug hat. Außerdem kann er jetzt seine Muskeln benutzen. Das ist alles. Es ist erledigt.«

Wir dankten dem Spirit: »Oh, danke. Vielen Dank.« Danach sangen wir das Chanunpa-Lied, in dem es heißt: »Oh, Tunkashila. Wir geben dir die *tobacco ties* [kleine Stücke aus Baumwollstoff, in die eine Prise Tabak eingewickelt ist; die Tabakbeutel werden an Schnüren befestigt] und die Roben [Baumwollstoffe des Altars]. Berühre sie, oder nimm sie mit.«

Und die Spinne sagte: »Ja. Ich werde sie mitnehmen.«

Ich antwortete: »Gut. Ich danke dir, daß du gekommen bist und diesem Kind geholfen hast. Nimm diese Gaben. Und hier sind ein paar Speisen für dich. Ich danke dir.«

Der Spirit nahm die Speisen, die *tobacco ties* und die Roben. Dann sagte er: »Ich werde gehen und sie mitnehmen.« Wir sangen das Abschiedslied, und der *iktomi*-Spirit ging.

Dann sagte die Krankenschwester: »Doktor, ich möchte das Licht einschalten.« Der Junge schrie und machte alle möglichen Geräusche. Sein kleines Kinderbett begann sich zu bewegen. Die Schwester sprach zu dem Kind, und als wir das Licht anmachten, stand der Junge aufrecht in seinem Bett. Man reichte ihm eine Tasse Milch. Er hatte noch nie aus einer Tasse getrunken, doch jetzt nahm er sie und wollte nicht mehr aufhören zu trinken. Er genoß jeden Schluck. Als die Tasse leer war, wollte er noch mehr haben. Doch die Krankenschwester fürchtete, daß es zuviel sein könnte, und sagte: »Nein, mein Schatz, wir wollen es lieber nicht übertreiben.« Doch er wollte unbedingt noch mehr trinken. Er fühlte sich wunderbar. Tränen liefen ihm über die Wangen, und er war überglücklich. Er leckte sich die Lippen und bat um mehr, mehr, mehr. [...]

Wir gaben ihm Suppe und mehr Milch. Die Krankenschwester machte sich große Sorgen. Doch der Kleine aß und trank nach Herzenslust. Schließlich hatte er genug. Dann rollte er sich von einer Seite auf die andere, griff nach seinen Zehen und schaukelte hin und her. Dann richtete er sich in seinem Bettchen auf.

Ich sagte: »Stellt ihn auf den Boden. Er wird herumlaufen.«

Gesagt, getan. Er kletterte auf die Couch und lief dann im Zimmer herum. Er balancierte erst auf einem, dann auf dem anderen Bein und lachte laut. Er machte noch immer das gleiche Geräusch – awwwk, awwwk –, und gleichzeitig lachte er. Er mußte lernen, wie man lacht. Immerzu lief er hin und her. Er streckte die Arme aus und berührte alles und jeden, dann setzte er sich auf den Boden und schaukelte hin und her, oder er beugte sich vor und griff nach seinen Zehen. Dann legte er sich der Länge nach hin, rollte herum, machte Purzelbäume, stand wieder auf und lief durchs Zimmer. Er wollte gar nicht mehr aufhören. Wir saßen einfach da und schauten ihm zu.

Eine Sache habe ich vergessen zu erwähnen. Als wir das Licht wieder einschalteten, waren die Heilige Nahrung, die Roben und die *tobacco ties* verschwunden. Der Spirit hatte diese Gaben mitgenommen. Das machte den Arzt sehr neugierig.

»Wie konnte er diese Dinge durch die Wand mitnehmen? Wie hat er das gemacht?«

Als wir auf den Altar schauten, waren da nur noch die kleinen Stöckchen, an denen wir die Roben festgebunden hatten. Der Arzt begann, alles aufzuschreiben. Er stand da mit seinem kleinen Notizheft und kritzelte eifrig darin herum. Dann hielt er inne und spielte mit dem Kind. Auch die Schwester spielte mit ihm. In dem Raum herrschte eine wirklich angenehme Atmosphäre.

Und jetzt kommt das Problem. Der Arzt machte sich Notizen, weil er einen Bericht schreiben mußte. Damit begannen die Schwierigkeiten. Er konnte schwerlich schreiben, daß wir zuerst die Türen verschlossen, dann ein paar Lieder sangen und daß schließlich ein Spirit erschien und so weiter. Es ist wirklich schwierig für einen Arzt, so etwas zu schreiben wie: Dann kam der Spirit herein und sagte uns, daß die Nerven mit einem Spinnennetz verknotet worden waren. Wie kann er so etwas zu Papier bringen? Und daß dieser Muskelring verknotet war und daß eine rote Spinne kam, um das Netz zu durchtrennen. Wie soll man auf diese Weise einen Bericht für seine schulmedizinisch ausgebildeten Vorgesetzten schreiben?

Daher sagte der Arzt: »Ich weiß nicht, wie ich darüber berichten soll. Ich kann mir nicht vorstellen, daß meine Vorgesetzten mir glauben werden. Was soll ich nur aufschreiben? Ich weiß es nicht. Ich werde wohl einen Sonderbericht schreiben müssen.«

Also schrieb er alles so auf, wie es sich zugetragen hatte. All diese Patienten standen noch immer auf dem Flur. Manche von ihnen hatten noch nie auf eigenen Füßen gestanden. Man mußte das Kopfende ihrer Betten hochkurbeln, damit sie überhaupt sitzen konnten. Der Spirit war dafür verantwortlich, daß sie stehen konnten. Sie hörten die Trommel, als der Spirit hereinkam, und er sagte uns: »Ich sehe alle diese Leute hier in ihren Betten liegen. Ich werde hingehen und sie fächeln. Ich werde ihnen ein bißchen reinen Sauerstoff geben. Den werden sie einatmen, und das Wasser wird sich in ihren Körpern verteilen. Es wird die Gifte beseitigen, die sich dort angesammelt haben.«

Da waren also diese Patienten und standen auf dem Flur. Einige von ihnen schoben ihre IV-Geräte vor sich her, doch diese Geräte können keine Bakterien vertreiben. Der Spirit aber hatte ihnen Wasser gegeben, das das Gift beseitigte und die Bakterien in ihren Körpern neutralisierte. Einige der Patienten hatten seit langem ihre Muskeln nicht mehr betätigt. Ihr Gehirn sandte Befehle zu den Muskeln, doch diese waren nicht in der Lage zu reagieren. Ihre Hände und Füße waren zu schwach geworden, um sich bewegen zu können. Ihr Erinnerungsvermögen hatte sich verschlechtert. Es war wie bei einem überlasteten Computerchip. Fast alle Erinnerungen waren ausgelöscht worden.

Doch jetzt liefen sie alle auf dem Flur umher. Einige der Pfleger und Schwestern sagten zu ihnen: »He, ihr solltet doch in euren Betten liegen. Was macht ihr hier auf dem Flur?« Und einige der Patienten meinten: »Ich habe ja meinen Stock liegenlassen!« Oder: »Ich habe meinen Rollstuhl vergessen!«

Alle hatten vergessen, daß sie krank waren. Doch die Pfleger sagten immer wieder. »Okay, alle zurück in ihre Betten. Macht schon, legt euch wieder hin.« So redeten sie mit den Leuten. Und alle fingen an, wieder in ihre Betten zu kriechen, in ihren kleinen, isolierten Zimmern. Doch sie fühlten sich besser.

Wir verließen den Raum. Der Arzt und die Schwester nahmen den Jungen mit hinunter zu den anderen Ärzten. Er konnte alleine gehen.

Sie stellten alle möglichen Fragen: »Was habt ihr mit ihm gemacht? Wieso kann er laufen?«

Der Arzt antwortete: »Ich habe nichts gemacht, es waren diese dummen Indianer hier. Sie brachten ein Stück Holz und einen Stein (die Chanunpa). Sie sagten irgendwas, und etwas kam ins Zimmer. Es diagnostizierte das Problem und entfernte die Ursache. Und jetzt kann unser kleiner Patient alleine gehen. Er gibt Geräusche von sich. Er kann hören. Jetzt müssen wir ihm beibringen, wie man spricht.«

Der arme Doktor schwitzte Blut und Wasser. Es ist wirklich nicht leicht für einen Arzt, seinen Vorgesetzten einen solchen Bericht abzuliefern. Schließlich waren sie nicht selbst anwesend und hatten nicht mit eigenen Augen gesehen, was passiert war. Sie reagierten wie der heilige Thomas, der berühmte Zweifler: »Das müssen wir schon selbst sehen. Wir brauchen Beweise.«

Und wenn sie die haben, müssen sie wiederum ihren Vorgesetzten Bericht erstatten. Und das ist noch schwieriger. Dem armen Doktor jedenfalls fiel es schwer, seinen Bericht abzugeben.

Wir wissen also, wie eine *iktomi*-Zeremonie abzuhalten ist. Sie kann für verschiedene Anliegen benutzt werden, zum Beispiel, wenn man ein unfolgsames oder aggressives Kind dazu bringen will, daß es sein Verhalten ändert. In solch einem Fall muß man 27 gelbe *prayer ties* [*tobacco ties*]knüpfen. Dann bittet man den Spirit, den Charakter des Kindes zu verändern, und Tunkashila wird dafür Sorge tragen, daß es geschieht.

Lama Anagarika Govinda

Tibetische Orakel

Die Bewegung des Lebenspendels ist jedoch nicht auf *eine* Schwingungsebene beschränkt; es kann auf einer unendlichen Zahl von Ebenen schwingen, sich in allen Dimensionen des Bewußtseins bewegen, entsprechend seinem eingeborenen Impuls oder dem bewußten Impetus, den es im Augenblick der Zeitlosigkeit empfängt, d.h. dem Wendepunkt des Pendels zwischen Tod und Wiedergeburt, zwischen einem Daseinsbereich und dem anderen. In diesem zeitlosen Augenblick werden diejenigen, die gelernt haben, nach innen zu blicken, die die Fähigkeit inneren Schauens durch *sâdhana* [spirituelle Praxis] und *dhyâna* [Meditation] entwickelt haben, imstande sein, jene Daseinsbereiche zu erkennen, die ihnen offen stehen oder ihnen angemessen sind, und ihren Geist bewußt auf jenen Bereich richten, der die besten Gelegenheiten zur Verwirklichung ihrer höchsten Bestrebungen bietet, wie es im *Bardo Thödol* [Tibetisches Totenbuch] beschrieben ist. Mit den verschiedenen Bereichen, zu denen wir (...) nur (...) im Augenblick des Todes Zutritt haben, kann der Mensch jedoch auch in Berührung kommen, wenn er sich in einem künstlich hervorgebrachten Zustand der Katalepsie oder herabgesetzten Vitalität befindet, in dem er zeitweilig durch den Vorgang des Sterbens geht, indem er die Herrschaft über seinen Körper und sein individuelles Bewußtsein aufgibt. Dies ist ein Trancezustand, der entweder durch Autohypnose, durch gewisse Yogapraktiken oder durch machtvolle Rituale erreicht wird, in denen innere und äußere Stimuli zusammenwirken, um überindividuelle Kräfte auszulösen, die normalerweise in den tieferen Schichten der menschlichen Psyche ruhen und dem Intellekt nicht zugänglich sind.

Diese Rituale, die den Magiern, Schamanen und »Zauberern« früherer Zeiten bekannt waren – Menschen, die Macht über den menschlichen Geist hatten und den Schlüssel zu seinen verborgenen Kräften besaßen –, diese Rituale wurden auch nach dem Erscheinen des Buddhismus in Tibet beibehalten, obwohl sie genügend modifiziert wurden, in den allgemeinen Rahmen buddhistischer Ideen und Traditionen eingefügt werden zu können. Padmasambhava, selbst ein großer Meister dieser Geheimwissenschaft, machte klugen Gebrauch von ihr, um die *Bön*-Schamanen, die das Vordringen des Buddhismus zu verhindern suchten, mit ihren eigenen Waffen zu besiegen. Zugleich aber respektierte er die lokalen Götter und gab ihnen einen ehrenvollen Platz im buddhistischen System als »Schutzherren der heiligen Lehre«, wie dies auch Buddha Śâkyamuni mit den Hindu-Gottheiten seiner Zeit getan hatte.

Diese Schutzherren (Skt.: *dharmapâla*; tib.: *chos-skyoṅ*, Tschökyong) wurden in einem besonderen Tempel in Samyé (*bSam-yas*), dem ältesten Kloster Tibets, das von Padmasambhava erbaut worden war, verehrt. Der Hohepriester oder Tschödsche (*chos-rje*) dieses Tempels wurde immer von den alten Göttern oder Schutzgeistern Tibets besessen, wie es heißt, wenn der große liturgische Gottesdienst ihnen zu Ehren gefeiert wurde. Bei dieser Gelegenheit fiel der Tschödsche in einen Trancezustand, während dessen die Götter durch ihn sprachen und Fragen beantworteten, die während des Rituals an sie gerichtet wurden. So wurde das Orakel von Samyé ins Dasein gerufen.

Es wird im allgemeinen angenommen, daß die Gelugpas [eine der Hauptschulen des tibetischen Buddhismus], die historisch am weitesten von der Tradition der alten Nyingmapas [Hauptschule des tibetischen Buddhismus, die die ältesten Überlieferungen umfaßt] entfernt stehen, den Einfluß vorbuddhistischer magischer Rituale beträchtlich reduziert oder in den Hintergrund gedrängt hätten. Seltsamerweise aber waren es gerade die Gelugpas, die nicht nur die

Tradition des Orakels von Samyé übernahmen, sondern es zu einer staatlichen Institution erhoben. Dies geschah unter dem fünften Dalai Lama, als die Gelugpas den Zenit ihrer Macht erreicht hatten. Zu jener Zeit wurde das Orakel von Netschung *(gNas-chuṅ)* dem berühmten Kloster von Drepung *(ḥbras-spuṅs)* angeschlossen und zum Staatsorakel erhoben. Es wurde als höchste Autorität anerkannt, und seine Ratschläge wurden stets eingeholt, wenn Schwierigkeiten in der Auffindung der Wiederverkörperung eines hohen Lamas (wie im Falle des Dalai Lama oder Tomo Gésché Rimpotschés) bestanden, oder wenn eine politisch wichtige Entscheidung zu treffen war. Selbst die Dalai Lamas wurden von den Aussprüchen des Großen Orakels geleitet, dessen Voraussagen meist von erstaunlicher Genauigkeit waren.

Die Institution der Orakel blieb jedoch nicht auf Netschung beschränkt. Viele der bedeutenderen Gelugpa-Klöster hatten ihre eigenen Orakel, deren Hohepriester eine bedeutende Stellung in der religiösen Hierarchie einnahmen. Aber sie alle mußten vom Staatsorakel bestätigt werden, nachdem sie durch eine strenge Schulung und eine harte Prüfung gegangen waren. Besondere Tempel wurden ihrem Ritual gewidmet, und alles, was damit zusammenhing, war von solcher Pracht, daß diese Tempel mit den schönsten Heiligtümern Tibets wetteifern konnten. Wie der Haupttempel von Lhasa, der sogenannte Dschokhang *(Jo-khaṅ)*, und die Kapelle der Dalai Lamas, die den Potala krönt, ist das Heiligtum des Netschung mit einem goldenen Dach geschmückt. […]

Kurz vor Mittag hörten wir das Dröhnen von Kesselpauken aus dem Tschökyong Lhakhang dringen und sahen eine Menschenmenge sich dem Eingang des Orakeltempels zudrängen. Augenscheinlich war eine wichtige Feier dort im Gang, und da wir vermuteten, daß vielleicht sogar das Orakel in Aktion sei, eilten wir in den Klosterhof hinunter und mischten uns unter die Menge. Wir wurden sogleich vom Mahlstrom der Menschenmenge erfaßt, über die Stufen zum Vestibül des Tempels hinaufgeschoben und fanden uns schließlich in der Halle des von Menschen und Weihrauchschwaden erfüllten Heiligtums. Bevor wir wußten, wie uns geschah, standen wir vor dem Thron des Großen Orakels!

Es war alles derartig phantastisch und überraschend, daß wir wie gebannt waren von dem Anblick der majestätischen Gestalt, die in prächtige Brokate gekleidet vor uns auf dem goldenen Thron saß und eine juwelenbesetzte goldene Tiara auf dem Haupte trug. Auf seiner Brust blitzte der magische Spiegel aus poliertem Metall, auf dessen goldenem Rund die heilige Silbe HRTḤ eingraviert war. Wie die Vision eines legendären Kaisers der Vorzeit, eines mächtigen Herrschers vergangener Weltreiche, strahlend in allen Attributen der Macht, erschien uns diese Gestalt von übermenschlicher Größe und Würde.

In diesem Augenblick steigerte sich das Orchester der Posaunen und Klarinetten, Becken und Kesselpauken zu einem gewaltigen Höhepunkt, während die Baßstimmen des Mönchschors die mächtigen Schutzherren der heiligen Lehre anriefen und ihre Rezitation mit Glocken und *damarus* [Trommeln] begleiteten. Wolken wohlriechenden Weihrauchs stiegen aus den Räuchergefäßen, und die Menge stand wie versteinert im Bann dieses feierlichen Augenblicks. Aller Augen waren auf die majestätische Gestalt auf dem goldenen Thron geheftet, die, wie zur Statue erstarrt, unbeweglich und mit geschlossenen Augen hochaufgerichtet dasaß, die Füße in großen, zeremoniellen tibetischen Schuhen, fest auf den Boden gepflanzt.

Plötzlich aber schien ein Vibrieren, vom Boden ausgehend, die Füße und die Beine zu erfassen und langsam an Intensität zunehmend, auf den Körper überzugehen, bis schließlich die ganze Gestalt von konvulsivischen Zuckungen erschüttert wurde. Es war, als ob ein Strom von unbezwinglicher Macht aus den Tiefen der Erde aufstiege, den Körper erfüllte und ihn zu sprengen suchte. Dieser Kampf zwischen dem menschlichen Körper und der unheimlichen Macht, die von ihm Besitz ergriff und ihn in ein dämonisches Wesen verwandelte, war ein beängstigender Anblick. Selbst die Gesichtszüge hatten sich völlig verändert und schienen die einer anderen Person, nein, die einer furchtbaren Gottheit zu sein.

Einer der älteren Mönche, der Meister des Protokolls, stieg nun auf die erhöhte Plattform und näherte sich dem Thron, um die Fragen vorzulegen, um deren Beantwortung die nun gegenwärtige Gottheit gebeten wurde. Die Fragen waren im voraus auf Papierstreifen geschrieben und fest zusammengefaltet worden. Der Meister des Protokolls schwang jedes dieser zusammengefalteten Papiere vor den Geisteraugen der Tiara des Orakels hin und her, während eine Anzahl kräftiger Mönchsassistenten den schwankenden Körper des Orakelpriesters stützten und in Position hielten. Kaum aber war der Meister des Protokolls vom Thron zurückgetreten, als der Orakelpriester – wie ein erwachender Riese, der sich seiner Kraft bewußt wird – aufsprang, die ihn haltenden Mönche zur Seite schleuderte, ein Schwert aus dem vor ihm stehenden Waffenbehälter ergriff und es in alle Richtungen mit unglaublicher Geschwindigkeit schwang, als ob er mit einem unsichtbaren Feind kämpfte. Es war ein unheimliches Schauspiel, das alle Anwesenden gefesselt hielt, trotz der Furcht, das Schwert könnte sich plötzlich auf die Menge vor dem Thron stürzen, in einem ungehemmten Tanz der Vernichtung und dämonisch entfesselter Kräfte.

Die dem Thron am nächsten Stehenden wichen erschrocken zurück; aber ehe etwas geschehen konnte, ergriffen fünf oder sechs der assistierenden Mönche – die wegen ihrer Stärke hierfür ausgewählt waren – den tobenden Orakelpriester und versuchten ihn auf den Thron zurückzuziehen. Der Priester jedoch schien sie überhaupt nicht zu bemerken und schüttelte sie ab wie eine Schar Kinder, bis es ihnen endlich nach mehrfachen Versuchen gelang, den kämpfenden Riesen auf seinen Thron zurückzuzwingen, wo er schließlich schwer atmend und völlig erschöpft in sich zusam-

Nicht der Mensch hat am meisten gelebt,
welcher die höchsten Jahre zählt,
sondern derjenige, welcher sein Leben
am meisten empfunden hat.

Am Sonntag, dem 27. August 2006, nahm Gott der Herr unsere liebe Tochter, Schwester, Verlobte, Enkelin, Nichte und Cousine

Beatrice Hüttl

im Alter von 23 Jahren zu sich.

Wir vermissen Dich:

Mutti Andrea und Vati André
Deine liebe Schwester Stephanie mit Tommy
Dein Verlobter Steven mit Eltern und Geschwistern
Omi Gerda und Opi Erhard
Omi Ruth und Opi Franz
Onkel Andreas mit Susanne, Lisa und Johannes
und alle, die Dich lieb hatten und kannten

Die Beerdigung findet am Freitag, dem 8. September 2006, um 13.00 Uhr auf dem Friedhof in Eilenburg-Ost statt.

Conc. Schenkenberg – SV Spröda II
LSV Mörtitz II – FC Hohenprießnitz
PSV Delitzsch – FSV Glesien **(9.9.)**
Laußig II – Radefeld II **(9.9., 13.15 Uhr)**
GW Selben II – LSG Löbnitz II **(9.9.)**

3. Spieltag. Sonntag, 17. September, 15 Uhr:
Radefeld II – Löbnitz II **(13.15 Uhr)**
Hohenprießn. – Con. Schenkenberg
SV Spröda II – Zschernitz
SV Lissa II – GW Selben II **(16.9.)**
SV Laußig II – PSV Delitzsch **(16. 9.)**
FSV Glesien – LSV Mörtitz II **(16. 9.)**

4. Spieltag. Sonntag, 24. September, 15 Uhr:
Zschernitz – FC Hohenprießnitz
LSG Löbnitz II – SV 90 Lissa II
Schenkenberg – Glesien **(23.9.)**
PSV Delitzsch – Radefeld II **(23.9.)**
GW Selben – SV Spröda II **(23.9.)**
LSV Mörtitz II – SV Laußig II (Das Spiel wird verlegt)

5. Spieltag. Sonntag, 1. Oktober, 15 Uhr:
Radefeld II – SV Lissa II **(13.15 Uhr)**
FC Hohenprießn. – GW Selben II
SV Spröda II – LSG Löbnitz II
SV Laußig II – Schenkenberg **(30.9.,**

SV 90 Lissa II – SV Spröda II **(1.10.**

7. Spieltag. Sonntag, 15. Oktobe 15 Uhr:
Radefelder SV II – SV Spröda **(13.15 Uhr)**
FC Hohenprießnitz – SV 90 Lissa II
LSV Mörtitz II – Con. Schenkenberg
SV Laußig II – GW Selben II **(14.10 13.15 Uhr)**
PSV Delitzsch – Zschernitz **(14.10.**
FSV Glesien – Löbnitz II **(14.10.)**

8. Spieltag. Sonntag 22. Oktobe 14 Uhr:
SV Spröda II – FC Hohenprießnitz
LSG Löbnitz II – SV Laußig II
Zschernitz – LSV Mörtitz II
SV Lissa II – FSV Glesien **(21.10.)**
Selben II – PSV Delitzsch **(21.10.)**
Schenkenberg – Radefeld **(21.10.)**

9. Spieltag, Sonntag, 29. Oktobe 14 Uhr:
LSV Mörtitz II – GW Selben II
Radefeld II – FC Hohenprießnit **(12.15 Uhr)**
SV Laußig II – SV 90 Lissa **(28.10., 12.15 Uhr)**
Schenkenberg – Zschernit

mensank, während der Schweiß über sein unnatürlich aufgeschwollenes Gesicht rann. Der Schaum stand ihm vor dem Mund, und er gab seltsame Laute von sich, als versuchte er zu sprechen.

Der Meister des Protokolls trat nun wieder vor, mit einer Schreibtafel in der Hand; er beugte sich zum Munde des Orakelpriesters vor und schrieb die Worte, die sich auf dessen Lippen formten, auf die Tafel. Während die Botschaft des Orakels niedergeschrieben wurde, herrschte ehrfürchtiges Schweigen; nur die Stimmen der psalmodierenden Mönche drangen gedämpft aus dem Hintergrund. Obwohl die Heftigkeit, mit der die Gottheit den Orakelpriester ergriffen hatte, verebbt zu sein schien, erfüllte ihre Gegenwart noch den ganzen Tempelraum und absorbierte alles individuelle Denken und Fühlen. Nur völlige Hingabe und Selbstverleugnung konnte die unsichtbare Macht, die das Bewußtsein aller Anwesenden beherrschte, beschwichtigen und den hypnotischen Bann brechen, der jeden einzelnen ergriffen hatte. So drängten die Menschen nun wieder dem Thron zu und warfen sich dem Orakel zu Füßen, um dem Beschützer der heiligen Lehre Verehrung zu erweisen und seinen Segen zu empfangen. Auch wir fühlten, wie wir aus unserem eigenen Bewußtsein herausgehoben und aufs tiefste ergriffen wurden, so daß wir uns gleich den anderen dem Orakel zu Füßen warfen, alles um uns vergessend, außer der Wirklichkeit einer Macht jenseits unseres Verstehens.

Der Orakelpriester erholte sich langsam, Mönche stützten ihn zu beiden Seiten. Ein Kelch mit Tee wurde ihm an die Lippen gesetzt, und er trank ein wenig. Aus dem Hintergrund tönte das Gemurmel rezitierender Mönche; der Rhythmus der Pauken und Becken war langsam und gedämpft; die Erregung der Menge legte sich allmählich.

Bald jedoch beschleunigte sich der Rhythmus wieder, die Musik schwoll mehr und mehr an, die Stimmen der Rezitierenden wurden eindringlicher, und der Orakelpriester fiel von neuem in Trance. Er wurde von einem anderen der sechs Geisterkönige ergriffen, angezeigt durch die Waffe, die er im Höhepunkt der Trance wählte.

Ich kann mich nicht erinnern, wie vielen dieser Trancezustände wir beiwohnten oder wie viele sich, bevor wir den Tempel betraten, ereignet hatten. Ich weiß nur, daß alle sechs Tschökyongs, einer nach dem andern, von dem Orakelpriester Besitz ergriffen, und daß er am Ende jeder Trance wie ein Toter ausgestreckt dalag und schließlich bewußtlos aus dem Tempel getragen wurde. Wie es möglich war, daß ein menschlicher Körper viele Stunden lang die furchtbare Anstrengung solch gewaltsamer Trancezustände ertragen konnte, ging über unser Verstehen. Es ist sicher, daß niemand so etwas hätte ertragen können, wenn er sich nicht wirklich im Zustand tiefster Trance befunden hätte; und niemand würde sich der Gefahr aussetzen, seinen Körper einer unbekannten Macht zu überlassen, wenn er nicht von der Notwendigkeit und dem Wert dieses Opfers überzeugt wäre. Ein Opfer war es bestimmt: die Kreuzigung eines menschlichen Wesens, das auf dem Altar chtonischer Mächte im Dienste eines höheren Ideals geopfert wurde, einem Ideal, dem selbst jene Mächte sich beugen mußten, zur Wohlfahrt und Erlösung aller leidenden Wesen, die noch immer in den Schlingen des samsarischen Lebens um ihre Befreiung kämpften.

Tony Hillerman

Listening Woman

Der Südwestwind ließ sich von den San Francisco Peaks ein paar heftige Böen und Wirbel mitgeben, er heulte über die Leere des Moenkopi-Plateaus und verursachte tausend seltsame Geräusche in den Fenstern der alten Hopi-Dörfer in Shongopovi und auf der Second Mesa. Zweihundert unbewohnte Meilen weiter im Nordosten bearbeitete er die Steinskulpturen des Monument Valleys im Naturpark der Navajo-Indianer wie ein Sandgebläse und pfiff weiter im Osten über das Gewirr von Canyons an der Grenze zwischen Utah und Arizona. Über der trockenen Weite der Nokaito Bench erfüllte er den klaren blauen Himmel mit zischendem Rauschen.

Beim Hogan von Hosteen Tso, um 15. 17 Uhr, frischte er auf, bildete starke Wirbel und schließlich einen Staubteufel, der die Wagenspur überquerte, mit dröhnendem Brausen über den alten Dodge-Lieferwagen von Margaret Cigaret hinwegfegte und dicht an der Buschlaube von Tso vorbeiraste. Die drei Menschen in der Laube duckten sich, um sich so vor dem hochgewirbelten Staub zu schützen. Tso bedeckte die Augen mit beiden Händen und beugte sich in seinem Schaukelstuhl nach vorn, wobei ihn der Sand auf den nackten Schultern stach. Anna Atcitty drehte dem Sturm den Rücken zu und legte die Hände auf ihr Haar, denn wenn das hier vorbei war und sie Margaret Cigaret wieder nach Hause gebracht hatte, würde sie sich mit dem neuen, jungen Gehilfen von der Handelsstation Short Mountain treffen. Und Mrs. Margaret Cigaret, die auch Blind Eyes und Listening Woman hieß, warf ihren Schal über die magischen Utensilien, die auf dem Tisch in der Laube lagen. Dabei drückte sie die Enden des Schals gegen die Tischkante, damit nichts davonfliegen konnte.

»Verdammter, dreckiger Wind«, sagte sie. »Verdammter Hurenwind.«

»Das sind die Blue Flint-Boys; die haben ihn geärgert«, erklärte Hosteen Tso mit seiner zittrigen Altmännerstimme. Er wischte sich die Augen mit den Handrücken und schaute dem Staubwirbel nach. »Das hat mir mein Vater gesagt. Die Blue Flint-Boys ärgern den Wind, wenn sie ihre Spielchen treiben.«

Listening Woman legte sich den Schal wieder um die Schultern, tastete behutsam nach der Sammlung von Fläschchen, Bürsten und Fetischen auf dem Tisch, fand ein durchsichtiges Plastikfläschchen aus der Apotheke und schraubte es auf.

»Denkt nicht daran, was die Blue Flint-Boys tun«, sagte sie. »Denkt lieber an das, was wir tun. Denk daran, wie du dieses Leiden in deinen Körper bekommen hast.« Sie schüttete eine Prise gelber Maispollen aus dem Fläschchen und richtete ihre blinden Augen auf die Stelle, wo das Mädchen stand. »Paß jetzt auf, Tochter meiner Schwester. Wir werden diesen Mann mit den Pollen segnen. Weißt du noch, wie wir das machen?«

»Du singst das Lied des Talking God«, sagte Anna Atcitty. »Das Lied über den aus dem Wasser Geborenen und den Töter des Ungeheuers.« Sie war ein hübsches Mädchen, vielleicht sechzehn Jahre alt. Auf ihr T-Shirt waren die Wörter GANADO HIGH SCHOOL und TIGER PEP gedruckt.

Listening Woman streute die Pollen behutsam über die Schultern von Hosteen Tso und sang dazu leise in der melodischen Navajosprache. Die linke Gesichtshälfte des alten Mannes war vom Unterkiefer bis zum Haaransatz blauschwarz bemalt. Ein blauschwarzer Fleck bedeckte den mageren Brustkorb über dem Herzen, und weiter oben wölbte sich die bunte Figur des Regenbogenmannes über Tsos Brust, von der einen Brustwarze zur anderen, gemalt von Anna Atcitty in den Ritualfarben Blau, Gelb, Grün und Grau. Er hatte seinen mageren Körper gerade aufgerichtet, wie er in dem Schaukelstuhl saß; sein Gesicht war gezeichnet von Krankheit, Geduld und unterdrückten Schmerzen. Der Gesang von Listening Woman wurde plötzlich lauter. »In Schönheit sei es vollendet«, sang sie. »In Schönheit sei es vollendet.«

»Okay«, sagte sie nach einer Weile. »Jetzt gehe ich und lausche nach der Erde, damit sie mir sagt, was dich krank macht«. Sie tastete wieder auf dem Tisch herum, sammelte die Fetische und Amulette ein, die zu ihrer Berufsausübung gehörten, und suchte dann ihren Spazierstock. Margaret Cigaret mußte früher einmal schön gewesen sein: eine große Frau, bekleidet mit dem traditionellen, weiten Rock und der blauen Seidenbluse ihres Volkes. Sie steckte die letzten Fläschchen in ihre schwarze Plastikhandtasche, ließ sie zuschnappen und richtete dann ihre blicklosen Augen auf Tso. »Überleg jetzt noch einmal gut, bevor ich gehe. Wenn du träumst, dann träumst du von deinem Sohn, der tot ist, und von dem Ort, den du die bemalte Höhle nennst – ist das richtig? Gibt es keine Hexer in deinem Traum?« Sie hielt inne, um Tso für seine Antwort Zeit zu lassen.

»Nein«, sagte er. »Keine Hexen oder Skinwalker.«

»Keine Hunde? Keine Wölfe? Nichts von den Navajo-Wölfen?«

»Nichts von Hexen«, sagte Tso. »Ich träume von der Höhle.«

»Warst du vielleicht bei den Huren drüben in Flagstaff? Oder hast du es mit einer von deinem Volk getrieben?«

»Zu alt«, erwiderte Tso und lächelte ein wenig.

»Hast du Holz verbrannt, das von einem Blitz getroffen worden ist?«

»Nein.«

Listening Woman stand mit ernstem Gesicht da und starrte mit ihren blinden Augen an ihm vorbei. »Hör zu, alter Mann«, sagte sie, »du solltest mir mehr davon erzählen, wie diese Sandbilder entweiht worden sind. Wenn du nicht willst, daß die Leute es erfahren, kann Anna hinter den Hogan gehen. Dann weiß es niemand außer dir und mir. Und ich verrate keine Geheimnisse.«

Hosteen Tso lächelte wieder, ein Hauch eines Lächelns. »Aber jetzt weiß es niemand außer mir«, sagte er, »und ich verrate erst recht keine Geheimnisse.«

»Vielleicht kann ich dir dann sagen, warum du krank bist«, gab ihm Listening Woman zu bedenken. »Mir kommt es wie Hexerei vor. *Sandbilder* werden entweiht, hast du gesagt. Wenn es bei einer einzigen Zeremonie mehr als ein Sandbild gibt, hieße das, daß jemand die Zeremonie falsch gemacht hat. Eine falsch ausgeführte Zeremonie würde den Segen ins Gegenteil verkehren. Das wäre dann Hexerei. Wenn du dich mit Navajo-Wölfen herumgetrieben hast, brauchst du eine andere Kur.«

Tsos Gesicht war nun wieder steinern und verschlossen. »Du sollst eines begreifen, Weib: Ich habe vor langer Zeit ein Versprechen gegeben. Es gibt Dinge, über die ich nicht reden darf.«

Das Schweigen dehnte sich, wobei Listening Woman eine Vision betrachten mochte, wie sie die Blinden in ihren Köpfen haben, während Hosteen Tso hinausstarrte über das Hochplateau und Anna Atcitty mit ausdruckslosem Gesicht auf das Ergebnis dieser Geduldsprobe wartete.

»Ich habe vergessen, dir etwas zu sagen«, begann Tso zuletzt. »An dem Tag, als die Sandbilder entweiht wurden, habe ich einen Frosch getötet.«

Listening Woman schaute ihn erschreckt an. »Wie?« fragte sie. Nach der komplizierten Metaphysik der Navajos war der philosophische Begriff, der sich in den Fröschen ausdrückte, ein Begriff des Heiligen Volkes. Wenn man die Tiere oder Insekten tötete, die solche heiligen Begriffe repräsentierten, verstieß man gegen ein elementares Tabu, und die Folge davon waren angeblich Krankheiten, die den Menschen zum Krüppel machten.

»Ich bin zwischen den Felsen geklettert«, sagte Tso. »Ein größerer Felsbrocken ist nach unten gefallen und hat den Frosch zerschmettert.«

»Bevor die Sandbilder entweiht wurden oder danach?«

»Danach«, sagte Tso. Er hielt inne. »Ich werde nicht mehr über die Sandbilder sprechen. Ich habe alles gesagt, was ich sagen kann. Ich habe dieses Versprechen meinem Vater gegeben und dem Vater meines Vaters. Wenn ich eine Geisterkrankheit habe, kommt sie vom Geist meines Urgroßvaters, weil ich dort war, wo sein Geist sein könnte. Mehr kann ich dir wirklich nicht sagen.«

Der Ausdruck, den Listening Woman zeigte, war grimmig. »Warum willst du dein Geld verschwenden, alter Mann?« fragte sie. »Du läßt mich den ganzen weiten Weg hierherkommen, damit ich herausfinde, was für eine Kur du brauchst. Und jetzt willst du mir nicht sagen, was ich wissen muß.«

Tso saß bewegungslos da und schaute geradeaus vor sich hin.

Listening Woman wartete und zog die Stirn in Falten.

»Verdammt noch mal!« sagte sie schließlich. »Ich muß einfach etwas darüber wissen. Du glaubst, du bist bei ein paar Hexern gewesen. Allein das Beisammensein mit ihnen kann schon krank machen. Ich muß etwas darüber wissen.«

Tso sagte nichts.

»Wie viele Hexer waren es?«

»Es war dunkel«, sagte Tso. »Vielleicht zwei.«

»Haben sie dir etwas getan? Haben sie etwas auf dich geblasen? Haben sie Leichenpulver auf dich gestreut? Irgendwas in der Art?«

»Nein«, sagte Tso.

»Und warum nicht?« fragte Mrs. Cigaret. »Bist du vielleicht selbst ein Navajo-Wolf? Bist du einer von den Hexern?«

Tso lachte. Es war ein nervöses Lachen. Er warf einen Blick auf Anna Atcitty – einen hilfesuchenden Blick.

»Ich bin kein Skinwalker«, sagte er.

»Es war dunkel«, wiederholte sie spöttisch. »Aber vorhin hast du gesagt, daß es am Tag war. Bist du vielleicht in der Behausung der Hexer gewesen?«

Tsos Verlegenheit verwandelte sich in Zorn.

»Weib«, fuhr er sie an, »ich sagte dir bereits, ich kann nicht verraten, wo es war. Ich habe ein Versprechen gegeben. Wir wollen nicht mehr darüber reden.«

»Großes Geheimnis«, sagte Mrs. Cigaret. Ihr Ton war sarkastisch.

»Jawohl«, bekräftigte Tso. »Es ist ein großes Geheimnis.«

Sie machte eine ungeduldige Geste. »Ach, zum Teufel«, sagte sie. »Es ist dein Geld, das da vergeudet wird, aber ich habe keine Lust, meine Zeit zu vergeuden. Wenn ich nichts höre oder wenn ich mich täusche, liegt es daran, daß du mir nicht alles oder nicht genug gesagt hast. Anna wird mich jetzt dahin bringen, wo ich die Stimme der Erde hören kann. Laß das Bild auf deiner Brust so, wie es ist. Wenn ich zurückkomme, werden wir ja sehen, ob ich dir sagen kann, was für einen Gesang du brauchst.«

»Warte.« Tso zögerte. »Eines noch. Weißt du, wie man einen Brief an jemanden schickt, der auf der Jesus-Straße geht?«

Listening Woman runzelte wieder die Stirn. »Du meinst, der aus dem Großen Reservat weggegangen ist? Frag den alten Mann McGinnis. Er wird ihn für dich abschicken.«

»Ich habe ihn gefragt. McGinnis weiß nicht, wie man es macht«, erklärte Tso. »Er sagt, man muß den Ort daraufschreiben, an den der Brief geschickt werden soll.«

Listening Woman lachte. »Na klar«, sagte sie. »Die Adresse. Wie Gallup oder Flagstaff, oder wo sie leben, und auch noch den Namen der Straße, in der sie wohnen, solche Dinge. Wem willst du denn schreiben?«

»Meinem Enkel«, sagte Tso. »Ich möchte, daß er herkommt. Aber ich weiß nur, daß er mit den Jesus-Leuten gegangen ist.«

»Ich habe keine Ahnung, wie du ihm ohne Adresse einen Brief schicken kannst«, erwiderte Listening Woman. Sie hatte ihren Spazierstock gefunden. »Mach dir deshalb keine Sorgen. Jemand anders kann dir einen Sänger besorgen, und auch alles andere.«

»Aber ich muß ihm etwas sagen«, erklärte Hosteen Tso. »Ich muß ihm etwas sagen, bevor ich sterbe. Unbedingt.«

»Ich weiß nicht …« Listening Woman wandte sich ab und tastete mit ihrem Stock nach dem Stützpfeiler in der Mitte der Laube, um sich die Richtung einzuprägen. »Komm jetzt, Anna. Bring mich an den Ort, wo ich lauschen kann.«

Listening Woman fühlte die Kühle der Felsklippe, bevor der Schatten ihr Gesicht berührte. Sie hatte sich von Anna zu einer Stelle führen lassen, wo die Erosion eine nach oben offene, sandbedeckte Ausbuchtung im Gestein gebildet hatte. Dann schickte sie das Mädchen weg; es sollte zurückkommen, wenn sie nach ihm rief. Anna war in mancherlei Beziehung gelehrig, eine gute Schülerin, in anderen eine schlechte. Aber wenn sie erst einmal nicht mehr so verrückt nach den jungen Burschen war, würde sie eine gute »Lauscherin« werden können. Die Nichte von Listening Woman hatte wie ihre Tante die seltene Gabe, die Stimmen im Wind zu hören und die Visionen zu empfangen, die aus der Erde kamen. Es war ein Talent, das in der Familie lag – eine Gabe, mit der es einem gelang, die Ursachen der Krankheiten weiszusagen. Der Onkel ihrer Mutter war ein »Hand-Zitterer« gewesen, und er war in den ganzen Short Mountains für die Diagnose der Blitzkrankheit berühmt. Und Listening Woman selbst war, wie sie sehr wohl wußte, in diesem Teil des Großen Reservats weit und breit bekannt. Eines Tages würde auch Anna so bekannt sein.

Jetzt ließ sich Listening Woman auf den Sand nieder, drapierte dann ihren Rock rings um den Körper und lehnte die Stirn gegen den Stein. Er war kühl und rauh. Erst stellte sie fest, daß sie an das dachte, was ihr der alte Mann Tso gesagt hatte, und versuchte, daraus seine Krankheit zu diagnostizieren. Es war etwas an diesem Tso, das sie beunruhigte, mehr noch, das sie sehr traurig machte. Dann reinigte sie ihre Gedanken von alledem und dachte nur an den frühen Abendhimmel und an das Licht eines einzelnen Sterns. Sie ließ den Stern in ihren Gedanken größer werden und erinnerte sich daran, wie er ausgesehen hatte, bevor die Blindheit über sie gekommen war.

Eine Windbö pfiff durch die verkrüppelten Pinien an der Mündung dieser Ausbuchtung in der Felswand. Sie bewegte den Rock von Listening Woman, so daß einer ihrer blauen Tennisschuhe zu sehen war. Listening Woman atmete jetzt tief und regelmäßig. Der Schatten der Klippe bewegte sich Zentimeter für Zentimeter über den sandigen Fleck. Listening Woman stöhnte, stöhnte noch einmal, murmelte etwas Unverständliches und verfiel dann in tiefes Schweigen.

Irgendwo weiter unten krächzte ein halbes Dutzend Raben und erhob sich erschreckt in die Luft. Der Wind frischte kurz auf, dann starb er fast ganz ab. Eine Eidechse kam aus einer kleinen Höhle im Felsen, richtete ihre kalten, unbewegten Augen starr auf die Frau und lief dann schnell zu ihrem Nachmittags-Jagdplatz unter einem Haufen Büschelgras. Gleich danach erreichte ein Geräusch, das teils vom Wind, teils von der Entfernung gedämpft wurde, den sandbedeckten, geschützten Platz. Eine Frau, die schrie. Ein Schrei, der sich erst erhob, dann senkte – ein Schluchzen. Anschließend war es wieder still. Die Eidechse fing eine Bremse. Listening Woman atmete weiter.

Der Schatten der Klippe hatte sich fünfzig Meter bergab bewegt, als sich Listening Woman steif aus dem Sand hochstemmte und auf die Beine kam. Sie blieb einen Moment lang stehen, den Kopf gesenkt, beide Hände gegen das Gesicht gepreßt und noch halb versunken in die Entrücktheit der Trance. Es war, als wäre sie hineingegangen in den Felsen und durch ihn in die Schwarze Welt ganz am Beginn der Zeiten, als es nur das Heilige Volk gab und als das, was später einmal die Navajos werden sollten, noch nichts als Nebel war. Schließlich hatte sie die Stimme gehört und sich in der Vierten Welt wiedergefunden. Sie hatte hinunter geschaut in das Loch des Felsens und Hosteen Tso gesehen in dem, was vermutlich Tsos bemalte Höhle war. Ein alter Mann hatte in einem Schaukelstuhl gesessen und geschaukelt, und dabei hatte er das Haar mit Bändern geflochten. Erst war es Tso gewesen, aber als der Mann dann zu ihr hochschaute, hatte sie gesehen, daß das Gesicht des Mannes tot war. Rings um den Schaukelstuhl erhob sich die Schwärze ...

Listening Woman rieb sich die Augen mit den Knöcheln, schüttelte den Kopf und rief nach Anna. Sie wußte, was die Diagnose sein würde. Hosteen Tso brauchte ein Lied des Wegs der Berge und ein Schwarzer-Regen-Lied. In der bemalten Höhle war ein Hexer gewesen, zusammen mit Tso, und der alte Mann war mit irgendeiner Geisterkrankheit infiziert worden. Das bedeutete, daß er sich einen Sänger suchen mußte, der den Weg der Berge und den Schwarzen Regen singen konnte. Sie wußte es – aber zugleich war ihr klar, daß es zu spät sein würde. Wieder schüttelte sie den Kopf.

»Mädchen«, rief sie, »ich bin jetzt soweit.«

Was würde sie Tso sagen? Mit der verstärkten Hörfähigkeit der Blinden lauschte sie auf Anna Atcittys Schritte und hörte nichts als den sanften Wind.

»Mädchen!« brüllte sie. »Mädchen!« Als sie immer noch nichts hörte, tastete sie sich am Felsen entlang und fand ihren Stock. Sollte sie Tso von der Dunkelheit berichten, die sie um ihn gesehen hatte, als die Stimme zu ihr sprach? Sollte sie von den Schreien der Geister berichten, die sie im Inneren des Felsens gehört hatte? Sollte sie ihm sagen, daß er bald sterben würde?

Die Füße von Listening Woman fanden den Pfad. Sie rief wieder nach Anna, dann brüllte sie nach dem alten Mann Tso, er solle herkommen und sie führen. Wartete wieder und hörte nichts als die Bewegung der Luft. Jetzt tastete sie sich vorsichtig den Schafspfad entlang und brummte wütend vor sich hin. Ihre Stockspitze warnte sie vor einem Kaktus, half ihr, einer Senke auszuweichen und gleich danach einem Felsvorsprung. Sie tippte damit gegen einen Haufen toten Büschelgrases und berührte den kleinen Finger der ausgestreckten, linken Hand von Anna Atcitty. Die Handfläche war nach oben gerichtet, der Wind hatte etwas Sand hineingeweht, und selbst für die gefühlvolle Berührung von Listening Woman war der Finger nur ein Zweig oder ein Stückchen Holz. Und so tastete sie sich weiter, rief immer wieder und brummte zwischendurch unwillig vor sich hin, bis sie hinunterkam zu der Stelle, wo der Leichnam von Hosteen Tso ausgestreckt neben dem umgekippten Schaukelstuhl lag. Noch immer hatte er die Zeichnung des Regenbogenmannes auf der Brust.

Seelenflug

Wenn die Schamanen durch die Lüfte fliegen, sei es in Vogelgestalt oder in ihrer eigenen, verkünden sie gewissermaßen den Niedergang der Menschen, denn vielen Mythen zufolge konnten ja in einer Urzeit alle Menschen zum Himmel steigen, indem sie einen Berg, einen Baum oder eine Leiter erstiegen oder indem sie aufflogen, sei es aus eigener Kraft oder von Vögeln getragen.

Mircea Eliade

Knud Rasmussen

Reise eines Eskimo-Schamanen zum Geist des Meeres

Das Mädchen, das sein eigener Vater ins Meer warf, und dem die Finger so grausam abgeschnitten wurden, als es sich voller Entsetzen ans Boot zu klammern versuchte, ist unter den Eskimos auf seltsame Weise zur Göttin des Schicksals geworden. Von ihr kommen die wichtigsten und unentbehrlichsten Nahrungsmittel des Menschen, das Fleisch der Seetiere; von ihr kommt auch der Walfischtran, der die kalten Schneehütten wärmt und Licht spendet, wenn über dem Land die lange arktische Nacht lastet, und sie gibt den Menschen auch das Robbenfell, das für Kleidung und Schuhsohlen unentbehrlich ist, vor allem für die Jäger, die in allen Jahreszeiten auf dem zugefrorenen Meer unterwegs sind. Aber nicht nur diese guten Dinge (die aus den Gliedern ihrer Finger entstanden) gibt Takánakapsâluk den Menschen, sondern sie schickt ihnen auch die meisten Übel, vor allem solche, die bei den Erdenbewohnern als besonders schwer und schrecklich gelten. In ihrem Zorn darüber, daß die Menschen nicht so leben wie sie sollten, schickt sie Stürme, die das Jagen unmöglich machen, oder sie hält die Tiere in einem Teich am Grund des Meeres fest, oder sie stiehlt die Seelen der Menschen und schickt ihnen Krankheiten. Kein Wunder also, daß es als eine der größten Taten eines Schamanen betrachtet wird, sie am Grund des Meeres aufzusuchen und so weit zu trösten und zu beruhigen, daß die Menschen wieder ohne Sorgen auf der Erde leben können.

Will ein Schamane Takánakapsâluk besuchen, so sitzt er auf der Schlafstelle hinter einem Vorhang, und er darf dabei nichts weiter auf dem Leib tragen als seine Kamikker (Stiefel aus Seehundfell) und Fausthandschuhe. Einen Schamanen, der sich auf diese Reise vorbereitet, nennt man Nak · a · ʒ əq:, einer, der auf den Grund des Meeres hinunterfällt. Dieser bemerkenswerte Ausdruck ist vielleicht teilweise darauf zurückzuführen, daß niemand wirklich weiß, wie diese Reise tatsächlich stattfindet. Einige behaupten, nur die Seele oder der Geist gehe auf die Reise, aber andere erklären, es sei der Schamane selbst, mit Fleisch und Blut, der in die Unterwelt hinabsteige.

Eine einzelne Person (die den Schamanen für seine Mühe entlohnt) kann Grund für die Reise sein; vielleicht gibt es in der Familie dieses Menschen eine scheinbar unheilbare Krankheit, oder er ist bei der Jagd besonders erfolglos gewesen. Es kann aber auch für ein ganzes Dorf geschehen, das von Hunger und Tod bedroht ist, weil die Jäger kein jagdbares Wild mehr finden. Wenn dieser Fall eintritt, versammeln sich alle erwachsenen Mitglieder der Gemeinschaft in dem Haus, von wo aus der Schamane aufbricht. Sobald er die richtige Stellung eingenommen hat – im Winter auf dem Boden aus festgestampftem Schnee, im Sommer auf der bloßen Erde –, müssen die anwesenden Frauen und Männer alles Beengende an ihrer Kleidung, die Schnallen ihres Schuhwerks und den Hosenbund lösen und dann mit geschlossenen Augen still sitzenbleiben; alle Lampen sind gelöscht oder brennen mit so kleiner Flamme, daß der Raum praktisch dunkel ist.

Der Schamane sitzt eine Zeitlang schweigend und tief atmend, und nach einer Weile beginnt er, die helfenden Geister anzurufen; dabei spricht er immer wieder den Satz: »Der Weg ist für mich bereitet, der Weg öffnet sich vor mir«, und darauf müssen alle im Chor antworten: »So sei es!«

Wenn die hilfreichen Geister ankommen, öffnet sich die Erde unter dem Schamanen; meist aber schließt sie sich sofort wieder, und der Schamane muß lange Zeit gegen verborgene Mächte kämpfen, ehe er endlich rufen kann: »Jetzt ist der Weg offen!« Alle Anwesenden müssen antworten: »Möge der Weg für ihn offen sein; möge er freie Bahn haben.«

Und jetzt hört man, zuerst unter dem Schlafplatz: »Halala-he-he-

he, halal-he-he-he!«, und danach unter dem Gang, aus der Erde wieder: »Halele-he!« Deutlich hört man, wie der Ruf sich weiter und immer weiter entfernt, bis er sich endlich verliert, und alle wissen jetzt, daß der Schamane auf dem Weg zum Herrscher der Seetiere ist.

In der Zwischenzeit singen die Mitglieder des Haushalts im Chor, und dabei kann es geschehen, daß die zurückgebliebenen Kleider des Schamanen lebendig werden und über den Köpfen der Sänger, die mit geschlossenen Augen dasitzen, im Haus herumfliegen. Man hört die Seufzer und das Atmen von längst Verstorbenen; es sind die Seelen der Namensvettern des Schamanen, die zur Hilfe gekommen sind. Ruft man sie jedoch mit dem Namen an, so verschwindet das Seufzen, und alles ist still im Haus, bis eine andere tote Seele zu seufzen beginnt.

In dem dunklen Haus hört man nur das Seufzen und Stöhnen der Toten, die vor vielen Generationen gelebt haben. Dieses Seufzen und Schnaufen erweckt den Anschein, als seien die Seelen wie Meerestiere im Wasser, und zwischen all diesen Geräuschen hört man das Platschen von Lebewesen, die zum Atmen an die Oberfläche kommen. Ein Lied, das immer wieder gesungen werden muß, und zwar nur von den älteren Mitgliedern des Stammes, lautet so:

Wir strecken unsere Hände aus,
um dir heraufzuhelfen;
Wir sind ohne Nahrung,
wir sind ohne Wild.
Durch das Loch am Eingang,
das du öffnen wirst,
sollst du dir den Weg nach oben bahnen.
Wir sind ohne Nahrung,
und wir legen uns nieder,
und strecken unsere Hände aus,
um dir heraufzuhelfen.

Auch ein sehr tüchtiger und geschickter Schamane wird unterwegs vielen Gefahren begegnen; am meisten gefürchtet sind die drei rollenden Steine, auf die er trifft, sobald er den Meeresboden erreicht hat. Man kann ihnen nicht ausweichen; zwischen ihnen ist kaum genug Raum für einen Menschen, und doch muß er zwischen ihnen hindurch und läuft Gefahr, zermalmt zu werden. Hat er sie hinter sich, so kommt er zu einem breiten, ausgetretenen Pfad, dem Weg des Schamanen. Er folgt einer Küste, ähnlich der, die er von der Erde kennt, und an der Biegung zu einer Bucht findet er sich am Rand einer weiten Ebene. Dort steht das Haus der Takánakapsâluk, wie die Häuser der Tunit aus Stein gebaut und mit einem kurzen Durchgang vor der Tür. Draußen hört man die Tiere schnaufen und blasen, aber man sieht sie nicht. In dem Durchgang liegt Takánakapsâluks Hund; er nimmt die ganze Breite des Wegs ein und nagt knurrend an einem Knochen. Für alle, die ihn fürchten, ist er gefährlich, und nur der mutige Schamane kommt an ihm vorbei, indem er einfach über ihn hinwegsteigt; der Hund merkt daran, daß der unerschrockene Besucher ein großer Schamane ist, und tut ihm nichts.

Solche Schwierigkeiten und Gefahren finden sich entlang des Weges eines gewöhnlichen Schamanen. Aber für die größten unter ihnen gibt es einen direkten Weg, sobald sie die helfenden Geister anrufen; von einem Zelt an Land aus führt dieser Weg durch die Erde und von einer Schneehütte auf dem Eis aus durchs Meer, aber auf diesem Weg trifft der Schamane keine Hindernisse. Er gleitet hinunter wie durch eine Röhre, die gerade so weit ist, daß er die Fallgeschwindigkeit selbst steuern kann, indem er sich gegen die Wandung preßt. Die Seelen all seiner Namensvettern halten ihm diese Röhre offen, bis er zurückkehrt.

Sollte eine hohe Wehrmauer um Takánakapsâluks Haus errichtet sein, so heißt das, daß sie sehr zornig ist und gar nicht versöhnlich gestimmt, aber der Schamane muß hinaufspringen und die Mauer abtragen, bis sie dem Erdboden gleich ist. Manche behaupten, das

Haus habe kein Dach, damit Takánakapsâluk die Menschheit besser im Auge behalten kann. Rechts von ihrem Platz bei der Lampe leben die Meerestiere in einem großen Teich: Robben, Bartrobben, Walrosse und Wale. Beim Betreten des Hauses erblickt der Schamane Takánakapsâluk, die zum Zeichen ihres Zorns mit dem Rücken zur Lampe und all den Tieren sitzt. Das Haar hängt ihr in wirren, ungepflegten Strähnen über die Augen, so daß sie gar nichts sieht. Die Missetaten der Menschen lagern sich als Schmutz und Unreinheit über ihren Körper, und unter den faulen Ausdünstungen der Sünden muß sie schier ersticken. Wenn der Schamane sich ihr nähern will, wird er von Isarrataitsoq, ihrem Vater, festgehalten. Er glaubt, es sei ein Toter, der sie noch beleidigen möchte, bevor er sich ins Totenreich aufmacht, und der Schamane muß sofort rufen: »Ich bin Fleisch und Blut.« Dann wird ihm nichts geschehen. Jetzt muß er Takánakapsâluk bei einer Schulter fassen, ihr Gesicht der Lampe und den Tieren zuwenden und ihr Haar streicheln, das Haar, das sie selbst nicht kämmen kann, weil sie keine Finger hat; er glättet und kämmt es, und wenn sie ruhiger wird, muß er sagen: »Jene dort oben können nicht mehr den Robben an ihren Vorderflossen heraufhelfen.« Und Takánakapsâluk antwortet in der Sprache der Geister: »Die verschwiegenen Fehlgeburten der Frauen und der Bruch des Tabus, kein gekochtes Fleisch zu essen, versperren den Tieren den Weg.«

Der Schamane muß nun all seine Kräfte aufbieten, um ihren Zorn zu beschwichtigen, und wenn sie endlich freundlicher gestimmt ist, nimmt sie die Tiere eines nach dem anderen und läßt sie auf den Boden fallen. Wie durch einen Strudel im Eingangsflur stürzt jetzt das Wasser aus dem Teich, und die Tiere verstreuen sich wieder im Meer. Das bedeutet reiche Jagdbeute für die Menschen.

Jetzt ist für den Schamanen die Zeit der Rückkehr zu seinesgleichen gekommen. Sie hören ihn schon von weitem kommen, das Sausen seiner Fahrt durch die Röhre kommt immer näher, und mit einem lauten »Plu-a-he-he« schießt er heraus und sitzt wieder auf seinem Platz hinter dem Vorhang, »Plu-plu«, wie ein Meerestier, das unter dem Druck mächtiger Lungen an die Oberfläche kommt, um Luft zu schöpfen.

Für einen Augenblick herrscht Stille. Niemand bricht das Schweigen, bis der Schamane sagt: »Ich habe etwas zu sagen.« Alle Anwesenden antworten: »Laß hören, laß hören.« Und in feierlicher Geistersprache fährt er fort: »Worte werden laut.« Und jetzt müssen die Anwesenden alle Tabubrüche bekennen, die sie begangen haben.

»Es ist vielleicht meine Schuld«, rufen alle zusammen, Männer und Frauen, aus Furcht vor dem Verhungern, und alle beginnen von ihren Missetaten zu berichten. Die Namen aller zum Haus Gehörenden werden aufgerufen, und alle müssen bekennen; dabei kommt mehr ans Licht, als irgendwer sich hätte träumen lassen. Jeder erfährt die Geheimnisse seines Nachbarn. Aber trotz all der Geständnisse spricht der Schamane vielleicht weiter wie einer, der unglücklich ist und einen Fehler gemacht hat. Immer wieder bricht er in Ausrufe aus wie: »Ich suche die Gründe in Dingen, die gar nicht geschehen sind; ich spreche als einer, der gar nichts weiß!«

Es gibt also immer noch Geheimnisse, die der endgültigen Beseitigung der Not im Weg stehen, und deshalb beginnen jetzt die Frauen, alle Namen durchzugehen, einen nach dem anderen, denn immer sind es ihre Tabubrüche, die die größte Gefahr bedeuten. Bei einigen der Namen ruft der Schamane erleichtert: »Taina, Taina!«

Es kann sein, daß die betreffende Frau nicht anwesend ist, und in diesem Fall schickt man nach ihr. Manchmal sind es Mädchen oder junge Frauen, und wenn sie hereinkommen, weinend und elend, so ist dies ein Zeichen dafür, daß sie gute Frauen sind, gute, reuevolle Frauen. Wenn sie so zerknirscht und weinend dastehen, bricht der Schamane wieder in seine Selbstanklagen aus: »Ich sehe und entdecke etwas, wo gar nichts ist! Ich sehe und entdecke etwas, wo nichts zu finden ist! Wenn es doch etwas gibt, so mußt du es sagen.« Und jetzt gesteht diese Frau: »Ich hatte eine Fehlgeburt, aber ich habe nichts gesagt, weil ich Angst hatte, und weil es in einem Haus geschah, wo viele andere waren.«

Sie wagte es nicht, über ihr Mißgeschick zu sprechen, weil alle anderen Hausbewohner schwer davon betroffen worden wären, denn es gilt ein Gesetz, daß jedermann in einem Haus, in dem sich eine Fehlgeburt ereignet, alles qituptəq:, alle »weichen Dinge« wegwerfen muß, das heißt alle Felle, alle Kleider, und damit natürlich auch die vielen Seehundfelle, mit denen die Schneehütten ausgekleidet sind.

Zudem konnte eine Fehlgeburt ja auch unbemerkt bleiben und als normale Menstruation gedeutet werden. Erst wenn der Schamane die Betreffende als Ursache für Takánakapsâluks Zorn und die daraus entstandene Not der Menschen benannte, erinnerte sie sich, daß auf ihrem Menstruationsfell (ein Stück dichtes Karibufell, das die Frauen als Menstruationseinlage verwenden) etwas gewesen war, das wie »dickes Blut« ausgesehen hatte. Sie hatte dem damals keine besondere Bedeutung beigemessen und daher auch nichts gesagt, aber jetzt fällt es ihr wieder ein. Jetzt liegt endlich der Grund für Takánakapsâluks Zorn offen zutage, und alle sind froh, daß die Gefahr eines großen Unglücks damit abgewendet ist. Niemand zweifelt daran, daß es am nächsten Tag reiche Jagdbeute geben wird, und am Ende empfindet jeder für den Missetäter schon fast ein Gefühl der Dankbarkeit.

Paul Devereux

Seelenflug-Bahnen und -Symbole

Der Schamane war natürlich die Person, die Trance erzeugende Methoden benutzte, um im Auftrag des Stammes in die Geisterwelten einzutreten. Diese »Schamanenreise« und die jenseitige Welt würden wir heute mit dem Begriff »außerkörperliche« Erfahrung bezeichnen, die man sich oft als magischen Seelenflug vorstellte. Könnte es sein, dass in bestimmten Gesellschaften die Bahnen des schamanischen Seelenflugs als gerade Linien unterschiedlicher Art in die Landschaft übertragen wurden? Ein Flug bedeutet schließlich, den geraden Weg über das Land zu nehmen – Luftlinie sagen wir dazu, »schnurgerade« oder »schnurstracks«, was wieder die Verbindung zu Fäden beinhaltet. Im Englischen gibt es die Redewendung *as straight as an arrow*, »pfeilgerade«, mit ähnlicher Bedeutung, und auch die Pfeilsymbolik ist eng mit dem schamanischen Seelenflug verknüpft. Der Schamane der Korjaken in Sibirien lässt angeblich seinen Körper an einem Pfad zurück, den er mit einem Pfeil aufspürt, und wir haben bereits bei der burjatischen Heilzeremonie, bei der von Pfeilspitzen ausgehend Fäden gezogen werden, Hinweise auf diese Verknüpfung gefunden.

Es stellt sich die Frage: Haben einige alte Völker in ihren Zeremoniallandschaften symbolisch *Seelenflug-Bahnen* dargestellt, um physisch greifbare Spuren eines »geistigen« Geschehnisses zu hinterlassen?

Für den westlichen Verstand scheint das ein befremdlicher Gedanke zu sein, aber wir beschäftigen uns hier nicht mit unserer eigenen Denkweise. Doch auch wir kennen »heilige Wege«, und was ist das anderes als eine einem speziellen Zweck dienende, geweihte, symbolische Wegstrecke?

Bei einigen isolierten Stämmen der Ureinwohner Australiens hat eine Tradition überlebt, bei der jedes Jahr entlang spezifisch ausgewiesener Routen durch den Busch so genannte Traumreisen durchgeführt werden. Nach der Mythologie der Ureinwohner waren diese Wege ursprünglich von mythologischen Wesen der Traumzeit hinterlassen worden. Plätze, an denen sich diese Geistwesen aufgehalten hatten, wurden schon allein dadurch heilig.

Die Routen der Traumreisen sind gedachte Linien in der Landschaft und damit den Feenwegen der keltischen Tradition sehr ähnlich, die mündlich und durch ihre Benutzung von Generation zu Generation weitergegeben wurden. Wenn wir uns das Tafelland am Chaco Canyon anschauen oder die Einöde von Dartmoor, die Wüste von Nazca oder den Altiplano in Bolivien, dann können wir erkennen, dass in einigen Kulturen die Linien, auf denen Seelen reisen, konkret und symbolisch als erkennbare Erdmarkierungen einen physischen Ausdruck finden (dem man zweifellos komplexe gesellschaftliche und religiöse Bedeutungen und Funktionen beigemessen hat). […]

Es ist allgemein bekannt, dass diese [Ayahuasca] und viele andere pflanzliche Halluzinogene von den amerikanischen Ureinwohnern benutzt wurden. Wichtig dabei ist die Feststellung, dass viele dieser Pflanzen Alkaloide enthalten, die *ganz speziell die Empfindung eines außerkörperlichen Seelenfluges unterstützen*. Ein Geograf des 19. Jahrhunderts beispielsweise, der eine Zeitlang bei einem südamerikanischen Indianerstamm lebte, konnte berichten, dass er nach dem Trinken von *Ayahuasca* das Gefühl hatte, er flöge selbst »durch die Luft« und habe dabei »prächtige Ausblicke« gehabt. […]

Dieser magische Seelenflug wurde in traditionellen schamanischen Bildern symbolisch durch Vögel dargestellt. Die […] Abbildungen von Vögeln und geflügelten Menschen auf den Bilderhügeln waren dafür typisch. Auch die Adlerfeder galt als Zeichen für magischen Flug, insbesondere wenn sie an einem Stock befestigt war. Das Mississippivolk (etwa 900–1500 n. Chr.) hinterließ viele Tonwaren und Muscheln, die mit Darstellungen von Vogelmenschen geschmückt sind, die von den Wissenschaftlern als Motiv des »fliegenden Schamanen« eingestuft werden. In Monk's Mound, der größten prähistorischen Hügelanlage Nordamerikas, die zu dem im Mississippigebiet liegenden Komplex von Cahokia im heutigen Illinois gehört, wurde eine Steintafel gefunden, die das Bild eines Menschen im Vogelkostüm trägt.

Dass Vogeldarstellungen im Schamanismus ein hohes Alter haben können, beweist die altsteinzeitliche Höhlenmalerei von Lascaux in Frankreich, die einen offensichtlich in Trance befindlichen Menschen zeigt, der eine Vogelmaske trägt. In seiner Nähe befindet sich ein Stock mit einem Vogelkopf; in Sibirien war dies bis in die letzten Jahrhunderte hinein ein dokumentiertes Symbol für die schamanische Trance. Zusätzlich trug der sibirische Schamane wie Vogelklauen geformte Schuhe und hatte eine Metalldarstellung eines Vogelskelettes auf seinem rituellen Gewand, die den in die Umrisse von Vogelklauen geschnittenen Glimmerplatten ähnelt, die ein Schamane der Hopewell an seinen Gewändern hängen hatte, und die man in der großen Grabstätte der Hopewell in Chillicothe fand.

Die taoistischen Priester der Chinesen waren als »Federgelehrte« bekannt, was darauf hindeutet, dass ihre Wurzeln im klassischen Schamanismus Eurasiens zu suchen sind. (Die Idee der Geisterlinien im *Feng Shui* stammt wahrscheinlich aus dem archaischen Schamanismus und gelangte über den Umweg des Taoismus bis in die Gegenwart.) Am anderen Ende der eurasischen Landmasse wurde das keltische Druidentum mit der Fähigkeit zum magischen Flug in Verbindung gebracht. Der mächtige Druide Mog Ruith zum Beispiel trägt den Beschreibungen nach ein *enchennach* oder »Vogelgewand«, und steigt »hoch in die Luft und in die Himmel empor«. Der Vater des heidnischen, keltischen Königs der Iren Conaire war angeblich ein übernatürlicher Vogelmensch. Die vedischen *Upanishaden* bezeichnen die außerkörperliche Seele als »den einsamen, wilden Gänserich«, und auf der ganzen Welt fallen bei der symbolischen Darstellung des magischen Fluges des Schamanen Gänsefiguren auf.

Hans Findeisen

Eine jakutische Legende

Nach den Erzählungen der alten Jakuten lebte in alten Zeiten einmal ein Schamane namens Tüktün. Er war aus dem Chorinschen Geschlecht. Dieser hatte einen Sohn namens Sergech-Kürkech, der ebenfalls Schamane war und den der Schamane Ardsha als Sohn angenommen hatte. Der Schamane Sergech-Kürkech hatte einen Sohn namens Emergene. Emergene hatte einen Sohn Iegeni. Von letzterem stammt der Schamane Aldaga. Dieser war ein berühmter und furchtbarer Schamane. In den Streitigkeiten mit anderen Schamanen war er unbesiegbar, und viele von ihnen vernichtete er.

Zu dieser Zeit erschien am Himmel ein Stern, ein Wandelstern. Wenn am Himmel ein solcher »Wandelstern« erscheint, so verlängert sich die Kälte- und Winterzeit, der Frost verstärkt sich, der Schnee vermehrt sich, und die Stürme toben. Außerdem lief dieser »Tscholbon« den Plejaden entgegen und hielt deren Lauf auf, wodurch deren Eishauch verstärkt wurde. Auch der herannahende Sommer, so sagt man, wird nach dem Erscheinen eines »Tscholbon« kalt.

Infolge des sich vermehrenden Unheils für das Vieh wandten sich die Menschen an den Schamanen Aldaga mit der Bitte zu versuchen, den verderblichen Stern zu vernichten. Der Schamane antwortete ihnen: »Wer weiß, ob es mir gelingt, mich auf das kahle Himmelsgewölbe zu begeben!« Aber die Leute gaben keine Ruhe und begannen ihn zu bitten. Endlich beschloß er, den Schamanendienst zu vollziehen. Dazu kleidete er sich vollkommen winterlich an, steckte hinter den Gürtel ein Beil, und nachdem er die übliche heilige Handlung vollzogen hatte, erhob er sich hinauf zum Himmel, zu dem Geist, der die Wandelsterne sendet.

Er wandte sich mit folgendem Gebet an die Himmelsgottheit:

Du Furcht und Schrecken einflößende
Ursache des Wandelsternes! Wandelstern-Gebieter!
Ich bitte dich inständig, bändige deinen glühenden Zorn,
Deinen Frost- und Eisesatem
Halte an, indem du ihn in dich selbst einziehst!
Die seit Urtagen bestehende Welt ist mit Eis überweht …

Deinen geliebten Sohn, den Wandelstern
Bringe näher zu mir her!

Daraufhin begann der Schamane, in der Jurte stehend, mit seinem Beil irgendetwas zu zerspalten. Alle sprangen aus der Tür, und für alle war es augenscheinlich, daß von diesem Wandelstern die Funken sprühten, wie wenn man Funken aus einem Feuerstein schlägt. Am Schluß der Zeremonie sang der Schamane:

O, du Allergrößter Grimmiger Gebieter,
Ulutujar Ulu Tojon,
Du hast deinen flammenden Zorn bezwungen,
Hast dich wieder beruhigt!
Indem du deinen geliebten Sohn,
Den Eis und Kälte atmenden Wandelstern
Auf die Mittlere Welt,
Und somit mir nähergebracht hattest,
Gabst du mir die Möglichkeit, ihn zu vernichten!

Der Verderben bringende Wandelstern verschwand daraufhin sofort, aber der Schamane kam ganz mit Eis bedeckt auf die Erde zurück.

Juri Rytchëu

Die Gespreizten Flügel

Der Schamane Kaljatsch ging, bekleidet mit einem Umhang aus Walrossdarm, am Meeresufer entlang in Richtung des Felsens, der über dem schmalen Kieselstrand hing. Riesige Wellen schlugen ans Ufer, so als wollten sie nach dem einsamen Menschen greifen, aber nur die letzten Schaumzungen berührten seine hohen, wasserdichten Torbasen [Stiefel aus Ren- oder Robbenleder]. Von Zeit zu Zeit verfingen sich die Füße im Tang, den die Wellen ans Ufer gespült hatten. Kaljatsch bückte sich, riss einen schweren, glitschigen Strang ab, legte ihn in den Mund und presste, langsam kauend, den süßsauren Saft aus den Fasern. Manchmal fand er kleine Krebse, und das Innere ihrer feinen Scheren verschwand ebenfalls im Magen des Wanderers. Seesterne weckten seine Aufmerksamkeit nicht minder. Der Schamane legte die Stacheln des Tieres auf sein Gesicht, saugte die Flüssigkeit aus der Mundöffnung und warf die Frucht des Meeres mit Schwung zurück in die Wellen.

Dabei vergaß er sein Hauptziel nicht: Er suchte das Bruchstück eines von den Wellen glatt polierten Walrosshauers, das vom langen Liegen im Meer schwarz geworden war. Genau dieses Elfenbein brauchte er, um den Namen des eben in Tynemlens Jaranga [Wohnstatt der Tschuktschen und Eskimos] geborenen kleinen Mannes zu erfahren, des Nachkommen des legendären Mlemekym.

So war es Brauch: Damit die Erinnerung an die Vergangenheit sich nicht restlos in Nebel auflöste, gab man einem Neuankömmling nach einer gewissen Anzahl von Generationen den Namen eines Vorfahren, als ob man ein auffälliges Glied auf die Kette fädelte, an dem sich die kommenden Generationen orientieren konnten.

Noch einige Tage, und das Eis, dessen Kante sich bereits am Horizont zeigte, würde das Ufer erreichen, das gesamte Wasser erstarren lassen und für die lange Winterzeit alles Leben im Meer besänftigen. Zu Ende war der kurze Sommer, und vor ihnen lag die dunkle Zeit der Prüfungen, der Schneestürme, der schneidenden Kälte.

Die Sonne war bereits am Horizont aufgestiegen, das Licht durch die tiefen Wolken gebrochen, unter dem Felsen aber herrschte immer noch Halbdunkel. Die Meeressteine wanderten im trüben Glanz, und es war sehr schwer, zwischen ihnen einen alten, schwarzen Walrosshauer zu finden. Kaljatsch hatte sich schon mehrere Male vergriffen und enttäuscht den glänzenden Kieselstein wieder zurückgeworfen.

Da war er – der alte Walrosshauer, ein Stück davon!

Kaljatsch wischte mit dem Ärmel seines Umhangs seinen Fund vorsichtig ab, berührte ihn leicht mit der Zunge, um sich zu vergewissern, ob die Oberfläche des Knochens glatt und fest genug war, und machte sich auf den Rückweg.

Als er aus dem Schatten des Felsens trat, stieg er nach oben. An dieser Stelle ging das hohe Ufer in die Tundra über, die schon mit trockenem, gelbem Gras bedeckt war, die einzige Stelle auf der Landzunge, wo zwischen den Jarangas genügend Pflanzen wuchsen. Das erklärte sich dadurch, dass laut den Überlieferungen hier ein alter Tempel gestanden haben soll, in dem Opferhandlungen vollführt wurden, hier lagen die Schädel von getöteten Walrossen und Walen. Die Knochen waren tief in den Kieselsteinen vergraben, die das vergossene Blut aufgesogen hatten, bis es sich schließlich in Erde verwandelte. Der Tempel verlor im Lauf der Zeit an Bedeutung, dazu war er noch auf die westliche Landzunge verlegt worden, nachdem ein Feuerstein aus dem Himmel gebrochen war und sich bis zur Hälfte in den Kiesel gebohrt hatte.

Dieser riesige Stein glänzte feucht in der herbstlichen Morgendämmerung und erinnerte an den Rücken eines großen Grönlandwals, den die Uëlener Lygirëu nannten – den echten Wal.

Der Meereswind blies dem Schamanen ins Gesicht, kroch unter seinen Umhang und tastete den ganzen Körper ab. Das Geschlecht der Winde war vielfältig, sie kamen aus verschiedenen Richtungen und unterschieden sich in ihrem Charakter. Der Keralgin zum Beispiel, der Nordostwind, zeichnet sich durch Hinterhältigkeit aus. Er schleicht sich unbemerkt an, umweht dich sanft, als flüstere er dir zärtliche Worte zu, liebkost mit seiner kühlen Hand leise die ruhige Meeresoberfläche, die Schneefelder, wird dann aber allmählich stärker, füllt sich mit Kraft, unerbittlicher Wut und Kälte. Sogar in der wärmsten Jahreszeit, auf dem Höhepunkt des Sommers, kann der Keralgin einen Schneesturm und bittere Kälte bringen. Der Südwind – Amnon –, der in den Tundrahügeln hinter der Lagune seinen Ursprung hat, kommt gleich angesaust, ohne Vorbereitung, und fegt alles weg, was nicht fest genug in der Erde verwurzelt ist. Es kommt vor, dass er sogar die mit großen Steinen beschwerten Jarangas emporhebt und die auf hohen Gestellen lagernden Kajaks ins Meer trägt. Er weht üblicherweise im Sommer und kommt auch bei klarem Sonnenwetter. Aus dem Osten weht es in Uëlen fast nie. Wenn schon der Wind von dort kommt – der Enmynyrgin –, so ist er nicht besonders stark. Einer der Hauptwinde in Uëlen ist der Niken, der Nordwind, der sich durch die Vielfalt seines Charakters auszeichnet. Er kann still und sanft sein, lang und kurz, böse und kräftig. Dieser Wind tobt vor allem im Herbst, und dann treibt er vom Horizont die Eisfelder zur Uëlener Landzunge. Mit jedem Wind führte Kaljatsch ein eigenes Gespräch, tauschte mit jedem Einzelnen die nur ihm geltenden heiligen Worte aus und brachte jedem ein spezielles Opfer. Der Keralgin liebte langes Bitten, vieldeutige Gespräche und das dicke, sauer gewordene Blut von Meerestieren. Der Niken zog getrocknetes Walrossfleisch vor und dass auf dem schwarzen Stück nur ja weiße Würmer krabbelten. Der Südwind kriegte zerkleinertes Rentierfleisch, vielleicht weil er aus der Tundra kam. Der Ostwind gab sich oft mit einer kleinen Menge eingesäuerter Kräuter zufrieden.

Die Umgebung, auf den ersten Blick ganz leer, war angefüllt mit für das einfache Auge nicht sichtbaren Wesen, Geistern – unsichtbare Mächte, die man kennen und achten musste. Der Mensch nahm in dieser Welt seinen eigenen, von Enantomgyn, dem Schöpfer, vorherbestimmten Platz ein. Geriet er nicht in Konflikt mit den Höheren Mächten, lebte er mit ihnen in Freundschaft und Übereinstimmung, so konnte ihm keiner etwas Böses antun. Der Großteil des menschlichen Unglücks kam von gewollten und ungewollten Zusammenstößen mit den Höheren Mächten. Kaljatsch musste seine Stammesbrüder schützen und einen Menschen, der von dem vorherbestimmten Pfad abgewichen war, wieder an seinen Platz zurückführen.

Der Wind zerriss die Wolken, und die aufwühlende Sonne beleuchtete für einen Augenblick die feuchten Lederdächer der Jarangas, die Kajaks und die Menschen, die sich gegen den Wind stemmten.

Kaljatsch betrat den Tschottagin [Vorraum der Wohnstatt] und zog den nassen Umhang aus. Links vom Eingang brannte langsam ein Feuer und rauchte. In einer steinernen Schale wurde Walrossfleisch angewärmt, das mit seinem Duft die Behausung erfüllte. Kaljatsch rollte den Walwirbel zum Feuer, setzte sich und machte sich daran, das dunkle Walrosselfenbein zu untersuchen. Er strich über die glatte Oberfläche. Die Gespreizten Flügel, geschnitzt und verziert mit runden und gebogenen Ornamenten, sah Kaljatsch schon vor sich, aber die mühselige Arbeit würde viel Zeit in Anspruch nehmen.

Er schob die Sache nicht auf die lange Bank und machte sich, nachdem er sich mit warmem Walrossfleisch und einem Stück vom süßen Junëu [Tundrapflanze], schmackhaft gemacht mit zerlassenem Ringelrobbenfett, gestärkt hatte, gleich an seine Aufgabe.

Inzwischen saugte in der Nachbarjaranga der gerade geborene Junge selig an der Mutterbrust, er hatte noch keinen Namen und wartete auf den Ritus der Namensgebung. Die über ihn gebeugte glückliche Mutter sang leise ein altes Wiegenlied.

Wachse, wachse, du mein Sohn!
Wachse immer schneller!
Wirst das Tier im Meer töten,
Wirst uns alle ernähren …
Wachse, wachse, du mein Sohn!
Wirst ein starker Jäger,
Wirst schneller als alle rennen,
Weiter als alle springen …

Der Junge war der Erstgeborene der Frau, und sie genoss das zarte, tiefe, neue Gefühl der Mutterschaft, drückte den kleinen, warmen Körper an sich. Der Gesang wurde mal leiser, mal lauter, vermischte sich mit dem Geheul des Windes, der um die Jaranga tobte. Schade, dass man das Schicksal eines Menschen nicht schon bei seiner Geburt vorhersagen konnte! Was würde aus diesem Menschen werden, der dort süß schnaufte und nur selten seine kleinen Augen öffnete, schwarz und glänzend wie ein von Wellen umspülter Stein? Zweifellos würde er ein Jäger werden, sein Leben in dieser alten Jaranga verbringen, aber wen er in den langen Winternächten liebkosen und wie viel Kinder er haben würde, das konnte nicht einmal der Schamane Kaljatsch vorhersehen. Aber vielleicht war das auch gar nicht nötig. Das Menschenleben war ja deshalb so interessant, weil man nicht einmal den nächsten Tag vorherbestimmen konnte. Vieles hing natürlich von ihm selbst ab, aber auch vom Wetter, vom Erfolg, von der Menge der Tiere am Ufer von Uëlen. Der Junge würde wahrscheinlich ein Mädchen aus dem benachbarten Nuwuken, der Heimat seiner Mutter, heiraten.

Kaljatsch setzte sich ans schwankende, flackernde Feuer und begann zu schnitzen. Zuerst bearbeitete er das Stück grob mit einem kleinen Steinbeil, das auf einem beinernen Griff steckte. Aus dem formlosen Elfenbein trat langsam der geflügelte, kopflose Vogel hervor. Einen Kopf würde er nie besitzen, denn das Schicksal hatte keine Augen und keinen Geruchssinn. Das Schicksal wurde von anderen Kräften gelenkt, die sich hinter der Grenze des menschlichen Denkens befanden. Ihre Existenz konnte man nur erahnen. Sie handelten nie direkt, nur über Andeutungen und Zeichen. Kaljatsch opferte beinahe die Hälfte seines Lebens diesen unsichtbar anwesenden Schicksalskräften. Noch in der Kindheit wurde er oft von fröhlichen Kinderspielen weggerufen, an seine besondere Bestimmung erinnert und Prüfungen und sogar Qualen unterzogen. Der kleine Kaljatsch bekam das schlechteste Essen, er durfte nicht seinen Durst stillen, keine warme und trockene Kleidung tragen. Der älteste Schamane von Uëlen, ein direkter Nachkomme von Këu und Kelëu, stellte ihn oft an den Rand des Küstenfelsens und lehrte ihn, die Angst und den Schwindel zu überwinden. Als kleiner Junge musste Kaljatsch über die buckligen Kieselsteine an einem Riemen aus Walrossleder zuerst einen Walrosskopf, dann einen Walkopf ziehen und schließlich einen schweren Stein, um die Muskeln zu stärken. Bei Schneesturm und bei kaltem Sommerregen rannte er bis nach Keniskun und zurück, kletterte auf den Berg Pygek mit einem Ledersack über der Schulter, der mit Steinen gefüllt war. Er nahm an den Riten der Alten teil, die freiwillig aus dem Leben scheiden wollten, schaute in ihre Gesichter, die verzerrt waren von Schmerz und Qual. Das nannte man dem Tod ins Gesicht sehen, seinen Atem spüren. In dunklen Nächten wurde Kaljatsch gezwungen, neben einem gerade erst begrabenen Menschen auf dem Hügel der Herzensruhe zu sitzen und dem Gespräch der Toten zu lauschen, deren Seelen im Schutz der Finsternis zum Himmel flogen. Nicht jeder konnte solch eine Prüfung überstehen, viele Altersgenossen von Kaljatsch brachen zusammen, andere wurden für immer verrückt, aber er hielt durch.

Jetzt aß Kaljatsch das schmackhafteste Essen, das ihm die Bewohner von Uëlen brachten, und zog warme, Wasser abweisende Kleider an. Kälte und Hunger ertrug er leicht, und er konnte große Entfernungen zurücklegen, ohne ein einziges Mal auszuruhen.

Das Letzte, was er noch nicht erreicht hatte, war die direkte Verbindung mit den Höheren Mächten. Um ihre Wünsche einzufangen, verlangte es manchmal nach listigen Beschwörungen. Eine solche Beschwörung waren die Gespreizten Flügel.

Als Kaljatsch seine Arbeit beendet hatte, lag ein merkwürdig aussehender Gegenstand vor ihm, der tatsächlich an einen Vogel ohne Kopf erinnerte. Seine kurzen Flügel waren mit Ornamenten verziert. Die Linien hatte Kaljatsch nach seiner eigenen Eingebung eingeritzt und in sie den leidenschaftlichen Wunsch gelegt, zum Geheimnis des Kontakts mit den Höheren Mächten vorzudringen, Die kleinen, auf den ersten Blick kaum zu unterscheidenden Striche und Kreise trugen von alters her einen verborgenen Sinn, und wenn man sie mit den Augen einsog, konnte man einen ganzen Satz aussprechen, nicht nur einzelne Worte. Von Generation zu Generation waren diese Zeichen weitergereicht worden und zu einem Verbindungsglied zwischen den Gedanken und Worten der früheren Schamanen und den heutigen geworden, so als brächten sie lautlose Nachrichten aus der alten Zeit in die neue.

Um das in Bein geritzte Ornament hervorzuheben, hatte Kaljatsch in einer steinernen Schale geronnenes Walrossblut, das als besonders haltbare Farbe diente, mit Tran vermischt und trug es auf die Zeichnung auf. Jede Linie, jeder Strich trat nun deutlich und klar hervor.

Aber das war noch nicht alles.

Er musste noch eine dünne, lange Schnur herstellen, die keine Knoten hatte. Diese Schnur wurde, Windung für Windung, aus gegerbter Robbenhaut herausgeschnitten, die wie ein Strumpf abgezogen worden war.

Endlich war alles bereit für den wichtigen Ritus.

Schon seit dem Morgen kamen die Menschen zum Klegran – der Jaranga für Kulthandlungen, die genau in der Mitte von Uëlen stand. In ihr wohnte niemand, denn sie diente nur für öffentliche Versammlungen, Rituale, Schamanenbeschwörungen, wichtige Beschlüsse durch die Männer, die das Leben aller betrafen, und für Feierlichkeiten mit Liedern und Tänzen.

In dem geräumigen Tschottagin brannte hell das Feuer, und in einem Steintopf brodelte eine Brühe aus Walrossfleisch.

Die Gespreizten Flügel schwebten bereits in den Schwaden des blauen Rauchs, der vom dämmrigen Licht des Herbsttages erleuchtet war, der durch den Rauchabzug an der Decke drang. Sie drehten sich langsam und zeigten mal den einen, mal den anderen mit rätselhaften Zeichen verzierten Flügel.

Die Menschen wandten den Blick ab: Obwohl die Gespreizten Flügel von Menschenhand erschaffen waren, symbolisierten sie etwas Überirdisches, das zu einer anderen Welt gehörte.

Die Menschen setzten sich vor eine lange, aus einem ganzen Holzstück gehauene Schale, nahmen sich heiße Walrossfleischstücke und warfen sie von einer Hand in die andere, damit sie abkühlten.

Die junge Mutter saß auf einem großen Walwirbel an der Stelle, wo sich in einer normalen Jaranga der Schlafpolog [Polog = Innere der Wohnstatt] befand. Sie unterschied sich von allen anderen durch ihre weiße Festkleidung aus ausgewählten Rentierhäuten der Herbstschlachtung, in ihre Haare waren Plättchen aus Walrosselfenbein geflochten. Das Kind hatte seine schwarzen Augen weit geöffnet und schien an der Versammlung der vielen Menschen sehr interessiert zu sein.

Der Junge sollte den Namen Mlemekym erhalten, damit er die Taten seines Vorfahren fortsetzte und sie vermehrte. Wenn er zu den großen Taten der vorangegangenen Träger dieses ruhmreichen Namens noch einen kleinen Deut hinzufügte, konnte er als Verbindungsglied und sichtbarer Meilenstein in der Reihe der vergehenden Jahre dienen. Denn mit der Zeit verblasste die lange und schwere Erfahrung im Widerstand gegen die raue Umwelt.

»Das hat Mlemekym gesagt!« … »Das hat Mlemekym gemacht!« Diese Worte sollten wie eine Beschwörung an den Zusammenhang der Zeiten erinnern und daran, dass der Jetzt-Mensch zurückreichte in die Tiefe der vergangenen Jahrhunderte, die ihm Erfahrung und Wissen gebracht hatten.

Kaljatsch spritzte Wasser auf die bunte Oberfläche der Schamanentrommel und strich mit der Hand darüber. Die straff gespannte Haut des Walrossmagens gab einen leisen Laut von sich, der an das stille Stöhnen eines Menschen erinnerte. Um die in der rauchigen Luft kreisenden Gespreizten Flügel saßen die ehrbarsten Männer von Uëlen. Gaimo aus der westlichsten Jaranga, ein großer Eisbärfänger, Aljanto von den auf der Lagunenseite lebenden Meistern im Bauen der ledernen Boote und Kultyn aus dem östlichen Ende von Uëlen, das dadurch berühmt war, dass von dort die Wal- und Walrossjäger kamen. Das Neugeborene war aus Kultyns Clan, aber aus einer Familie, deren Jaranga in der Mitte der Siedlung stand und deren Bewohner ihre Herkunft von Mlemekym ableiteten.

Kaljatsch nahm die Schellentrommel in die Hand, und bevor er mit dem heiligen Gesang begann, schloss er die Augen. Er fühlte, wie die vergangene Zeit, die sich hinter den Grenzen seines Lebens befand, in ihn drang und ihn mit dem Gefühl von Wissensschwere anfüllte.

Winde der Zeit, Winde der Vergangenheit,
Eure unsichtbaren Strahlen umspülen mich,
Dringen in mich und bringen das längst Vergangene zurück …
Sie gehen in mich ein, sie heben mich hoch,
Und ich gehe durch den Rauchabzug …

Und tatsächlich, die um die Gespreizten Flügel sitzenden Menschen sahen, wie Kaljatschs Beine in den Torbasen aus Robbenleder plötzlich im hellen Kreis des Rauchabzugs aufleuchteten und wie er verschwand und auf dem Erdboden der Jaranga nur das steinerne Gefäß zurückließ, aus dem er Wasser geschöpft hatte, um die Haut der Trommel zu befeuchten und weich zu machen. Ein Ausruf der Verwunderung und des Schreckens ging durch die Gruppe der auf den Walwirbeln sitzenden Menschen. Sogar der lallende Kleine verstummte, und seine Mutter legte ihn ängstlich auf den leeren Platz, auf dem kurz zuvor noch der Schamane gestanden und gesungen hatte.

Nur die Gespreizten Flügel blieben ruhig und kreisten langsam und bedächtig an der Schnur aus dünnem Robbenleder um ihre eigene Achse.

Lärm war zu hören, für einen Augenblick versank die Jaranga in Dunkelheit, und da stand Kaljatsch wieder auf seinem alten Platz, lebendig und unversehrt, mit der Schellentrommel in der Hand. Er fuhr in seinem Gesang fort, als ob es sein wunderbares Verschwinden nicht gegeben hätte, das die Zuschauer so in Erstaunen versetzte:

Aus den vergangenen Jahren
Holen wir neue Kraft.
Holen wir einen neuen Namen,
Holen zurück den ruhmreichen Namen!

Kaljatsch legte die Trommel auf den Erdboden und starrte, leicht vorgebeugt, auf die Gespreizten Flügel. Vielen Anwesenden schien es, als flögen Funken aus den leeren Augenhöhlen des Vogels und träfen das mit Ornamenten geschmückte Elfenbein.

»Heißt der Neuankömmling Mlemekym?«, fragte Kaljatsch mit dröhnender Stimme und zeigte auf das leise weinende Kind. Es schien, als würde sein Finger unglaublich lang und berührte den Jungen.

Alle schauten mit angehaltenem Atem auf die Gespreizten Flügel, aber diese drehten sich weiterhin leidenschaftslos im lichtdurchdrungenen Rauch des Feuers.

Kaljatsch nahm erneut die Trommel zur Hand. Diesmal konnte man seine Worte nicht verstehen, nur von Zeit zu Zeit hörte man den Namen Mlemekym.

Das Kind fing laut zu weinen an. Die Mutter versuchte es zu beruhigen, aber Kaljatsch gab ihr mit der Hand ein Zeichen und sagte laut: »Soll es schreien! Soll es schreien! Das bedeutet, dass der Name sich ihm nähert!«

Und erneut fragte er mit dröhnender Stimme: »Heißt dieser neu angekommene Mensch Mlemekym? Wir fragen und hören! Ist der Mensch, auf den wir so lange gewartet haben, zu uns gekommen?« Die Gespreizten Flügel hielten inne, so als wollten sie nachdenken, und plötzlich schlugen sie in die Richtung des weinenden Jungen aus. Und genau in diesem Moment verstummte das Kind.

Stille herrschte im Klegran.

»Er ist zu uns gekommen! Er ist zu uns zurückgekehrt – Mlemekym!«, rief Kaljatsch fröhlich und nahm das Kind auf den Arm. »Schaut her! Da ist er, er hat einen langen Weg durch die Jahrhunderte zurückgelegt, durch die vergangenen Jahre! Wir heißen dich willkommen, Mlemekym!«

In die Mitte der Jaranga traten unter die Gespreizten Flügel Jun gen und Mädchen, und es begann der Tanz der Freude.

Wolf-Dieter Storl

Hexenritte

Später, als die Verfolgung zunahm, getrauten sich immer weniger hinaus auf die Höhen. Nun flogen sie hauptsächlich in psychedelischer Trance. Sie blieben zu Hause, entkleideten sich und salbten Schläfen, Geschlechtsteile und andere Körperstellen, an denen die Haut dünn ist, mit einer Flugsalbe ein. Sie ritten auf eingeschmierten Besen und Ofengabeln oder setzten sich einfach in Backtröge, ehe sie in Trance durch den Rauchfang abhoben. Sie flogen mit einer ganzen Schar im Gefolge der »Holda«, der »Diana«. Einige ritten auf Gänsen, Enten, Böcken, Säuen, Wölfen, Katzen oder anderen Tieren (Familiare), mit denen sie seelisch verbunden waren. Unterwegs, so glaubte man, ruhen sich die Fliegenden in Dornenhecken aus, dabei essen sie Weißdornspitzen oder Erlenknospen. Und manche Bäuerin wand sich in der Walpurgisnacht einen Kranz aus Baldrian, Gundermann oder Tausendgüldenkraut um die Stirn, dann, so sagte man, könne man die Hexen fliegen sehen.

Zur Herstellung der Salbe wurden einheimische Nachtschattengewächse (Bilsenkraut und Tollkirsche) in Schweineschmalz oder Gänsefett gesotten. Hinzu kamen äußerst giftige Pflanzen wie Schierling (*Conium maculatum*) und Eisenhut (*Aconitum napellus*), auch der Taumellolch (*Lolium temulentum*) Harmlosere Kräuter wie Pappelknospen und Malven steuerten eine synergistische Wirkung bei. Derartig giftige Kräuter haben es in sich, die Seele (Astralleib) vom Körper zu spalten. So kann sie in die Astralwelt hinter den äußeren Erscheinungen fliegen. Nicht nur begegnen ihr dort die sprechenden Tiere, Elementarwesen und Naturgeister, sondern sie kann selber Tiergestalt annehmen. Derweil der Körper wie in Totenstarre verharrt, kann die Seele in Tiere hineinschlüpfen und als Werbär,

Werkatze, Werwolf, als Vöglein oder als Käfer im Wald herumstreifen. Nicht richtig gehandhabt, führen diese Kräuter zu tödlichen Vergiftungen. Schamanistische Kunst ist es allenfalls, den Weg zum Körper wiederzufinden.

All diese Elemente – Tierverwandlung, Seelenflug – sind dem Kulturanthropologen wohlbekannt. Sie gehören in den Bereich der schamanistischen Ekstasetechnik vieler Völker. Sie sind, wenn man die Höhlengemälde in den Pyrenäen und die Felszeichnungen von Australien bis Feuerland richtig deutet, seit der alten Steinzeit belegt.

Nana Nauwald

Heilende Trance

Regensommer in einer deutschen Kleinstadt – die Koffer der jungen Frau sind gepackt für die lang ersehnte Fahrt in den sonnigen Süden. Die letzte Nacht im eigenen Bett, das letzte Frühstück in der kleinen Küche. Und da geschieht es: Ohne Vorankündigung schießt ein stechender Schmerz von der entzündeten Zahnwurzel hoch und füllt explosionsartig jeden Millimeter des Kopfes. Verzweiflung und Wut gesellen sich zum Schmerz. Wer hat nur diese Gesetzmäßigkeit erfunden, die bewirkt, dass bei Urlaubsantritt garantiert schlagartig die Wirkung der Antibiotika aussetzt? Wo sind all die beruhigenden Versprechungen des Zahnarztes geblieben? Leicht benebelt vom Schmerz steht die junge Frau auf, zieht eine CD aus dem Regal und legt sie auf.

Gäbe es einen zufälligen Beobachter dieser Szenerie, er bekäme seltsame Dinge zu sehen: Mitten in Deutschland, am hellichten Tag, entzündet eine Frau getrocknete Blätter, lässt ihren Körper vom Rauch einhüllen, nimmt eine Rassel in die Hand, wendet sich in die vier Himmelsrichtungen und rasselt dazu und pustet dann noch Mehl in die zur Abfahrt blank geputzte schwäbische Küche! Damit nicht genug des seltsamen Treibens: Sie stellt sich ausgesprochen eigenartig hin, hat die Füsse etwa 20 cm weit parallel auseinander gestellt, die Beine sind in den Knien gebeugt, der Rücken ist gerade, der Kopf ist mit geöffnetem Mund in den Nacken gelegt und die Hände liegen zu Fäusten gerollt auf der Mitte ihres Körpers. Die Augen sind geschlossen. Gut, dass die anderen Mieter des Hauses schon zur Arbeit gefahren sind, denn nun ertönt ein heftiges, lautes rhythmisches Rasseln von der CD. Bei diesen 210 Schlägen pro Minute (bpm) kann jeder Technofreak nur vor Neid erblassen! 15 Minuten dauert das nervenerweichende Gerassel – dann löst sich die Frau langsam aus dieser Haltung, streut etwas Mehl zum Fenster hinaus und sinkt auf den Küchenstuhl – ein leicht verklärtes Lächeln liegt auf ihrem Gesicht. Sie lehnt sich zurück und lässt vor ihrem inneren Auge noch einmal ablaufen, was geschehen ist:

Mit den ersten Rasselrhythmen sah sie vor sich etwas, das wie der Schnabel eines Vogels aussah. Beim genaueren Hinsehen entpuppte es sich als Bärenkralle. Dann sah sie Augen, dunkle, liebevolle, tiefgründige Augen, die sehr schnell auf sie zukamen. Ein Bärenmaul wurde weit aufgerissen und sie wurde hineingezogen. Sie war im Bär und schaute von innen durch seine Augen. Dann fand sie sich in Röhren, in denen sie durch den Körper des Bären reiste. Sie kam an Organen vorbei, die wie Werkstätten arbeiteten. Während sie das alles sah, überlegte sie gleichzeitig, was das mit ihrem Zahn zu tun haben könnte. Oft war es auch ganz still und ruhig um sie herum. Einmal kam ein Tausendfüßler vorbei, der wie ein rotierender Besen in alle Öffnungen und Rohre glitt und sie reinigte. Vor ihr sah sie einen Spalt, der sich öffnete und in dem seltsam verunreinigtes Licht floss. Sie ging weiter und kam an etwas vorbei, das wie ein Embryo aussah, der sehr menschlich wirkte. Um sie herum waberten saftige rote Fleischklumpen.

Eine Maske tauchte vor ihr auf, die fortwährend ihre Form veränderte, als sie genauer hinsah. Mal sah sie aus wie ein Tierkopf, dann wieder wie ein aus Stein gehauenes Gesicht, mal viereckig, mal rund. Ein Bär kam, umschlang die Maske von hinten, hielt sie. Das wirkte sehr tröstlich. Licht kam auf die junge Frau zu – es floss an einer nicht klar erkennbaren Figur seitwärts in Regenbogenfarben hinab. Ströme von goldenem und lilafarbenem Licht umflossen sie. Sie wurde durch die Tunnel einem Licht entgegengezogen – da waren auch wieder die Augen des Bären von innen – und – schwups – war sie wieder draußen, in ihrer morgendlichen Küche.

Und das Zahnweh? Das Zahnweh war restlos verschwunden! Die

Koffer wurden ins Auto geladen, der graue Sommerhimmel lag bald weit hinter ihr, und die Ferien wurden ein von Zahnschmerzen unbeschwerter Genuss!

Eine wahrhaft eigenartige Art und Weise, Zahnschmerzen zu behandeln! Was ging da vor sich, wozu diese eigenartige Körperhaltung, dieses Rasselgedröhn?

Die junge Frau hatte das Glück, einige der rituellen Körperhaltungen zu kennen, die in das Erleben einer ekstatischen Trance führen. Diese »ekstatische Trance« bezeichnet einen veränderten Bewusstseinszustand, in dem es möglich ist, sich willentlich in der nichtalltäglichen Wirklichkeit aufzuhalten. Ein Zustand, in dem visionäres Erleben mit allen Sinnen möglich ist. Ein Zustand, der ein Andocken an das zeit- und raumlose Informationsfeld des Bewusstseins möglich macht.

Die rituelle Körperhaltung in Verbindung mit einer rhythmischen Anregung von ca. 210 bpm ist ein Schlüssel, der einen der vielen Zugänge in die anderen Wirklichkeiten öffnet.

Rituelle Körperhaltungen zum Erleben ekstatischer Trance gehören zu den Techniken der Bewusstseinsveränderung im Schamanismus vieler Kulturen. Die Wiederentdeckung dieses mächtigen Zugangs haben wir der Anthropologin Dr. Felicitas Goodman, geboren 1914, zu verdanken. Sie stieß während ihrer anthropologischen Feldforschung in einer Pfingstlergemeinde in Yucatan, Mexiko, auf den Zusammenhang zwischen Körperhaltung, Rhythmus und einem Trancezustand [...]. In diesem Trancezustand, einem Zustand der Ekstase, ist es möglich, nichtalltägliche Räume der Wirklichkeit zu erfahren.

Körperhaltungen: der Weg zum Heiligen

Mit finanzieller Unterstützung der Denison Universität begann ich im Sommer 1977 mit dieser neuen Phase meiner Forschung. Ohne Mühe fand ich eine Reihe interessierter Versuchspersonen, meine beiden Yogalehrerinnen, einige Studenten der Völkerkunde aus höheren Semestern, eine Soziologin, acht insgesamt. Da sie berufstätig waren, konnten sie nicht alle zur gleichen Zeit kommen. Ich beschloß daher, mit jedem einzeln zu arbeiten. Das war ohnehin wünschenswert, weil sie sich auf diese Weise nicht gegenseitig beeinflussen konnten. Statt in ein Labor zu gehen, lud ich sie zu mir nach Hause ein. Die Versuche fanden in einem sparsam ausgestatteten, aber ästhetisch ansprechenden Raum statt. Zu Anfang eines jeden Versuchs zeigte ich eine von mir angefertigte Zeichnung, die keine weiteren Angaben enthielt. Nachdem die Versuchsperson die Haltung gelernt hatte, benutzte ich wieder die Rassel zur Induzierung der Trance. Hinterher nahm ich den Bericht auf Tonband auf.

Ich wünschte, ich könnte noch einmal das Staunen über die Verzauberung erleben, die mich damals in ihren Bann schlug, als wir anfingen, diese neue Möglichkeit zu erforschen. Die wahrgenommenen körperlichen Veränderungen blieben nach wie vor schwankend, obgleich sie sich nun in einem engeren Rahmen bewegten. Wie ich später entdecken sollte, haben sie eine bemerkenswerte, äußerst strenge Gesetzmäßigkeit, aber die ist der bewußten Wahrnehmung kaum zugänglich und kann nur mit einer hochentwickelten Laborausrüstung aufgedeckt werden. Aber sobald wir die Körperhaltung vorschrieben, ergab sich etwas noch viel Wichtigeres: Die Erlebnisse selbst wurden konsequent. Innerhalb eines gewissen Rahmens, der je nach individuellem Stil und je nach Ausdrucksfähigkeit enger oder weiter ist, vermittelt jede einzelne Haltung nicht irgendein beliebiges, sondern ein bestimmtes, mit ziemlicher Sicherheit vorauszusagendes und von anderen unterscheidbares Erlebnis. Bei der Körperhaltung des Schamanen, den der Bärengeist umarmt und in der der Schamane den Kopf nach hinten neigt, während er die Hände über dem Nabel zusammenlegt und die Knie leicht nach vorn beugt, ergab sich immer wieder ein bestimmtes Erlebnis. Man sah in der Vision, wie sich der Kopf oder der Körper aufspaltete, so als würde man darauf vorbereitet, etwas von außen aufzunehmen, was sich dann als eine Substanz oder als Energiestrom darstellte. Bei einer anderen Haltung – dem Foto eines afrikanischen Wahrsagers abgeschaut [...], der auf dem Boden sitzt mit den Beinen zur rechten Seite, während er sich auf die linke Hand stützt und die rechte auf den linken Unterschenkel legt, empfinden die Versuchspersonen, daß sie sich wie ein Kreisel zu drehen beginnen. Von diesem Herumwirbeln erhalten sie die Energie, um etwas »herauszufinden« oder zu »verstehen«.

Im folgenden möchte ich ein weiteres Beispiel etwas ausführlicher beschreiben. Es bezieht sich auf eine Felszeichnung aus der Altsteinzeit, also etwa sechzehn- bis siebzehntausend Jahre alt, in der Höhle von Lascaux. Die Höhle wurde 1940 in der Nähe eines Dorfes namens Montignac in der Dordogne, Frankreich, entdeckt. Sie enthält eine Unmenge von Tierzeichnungen, alle von beachtlicher künstlerischer Qualität, und darunter auch eine menschliche Gestalt. [Abbildung, Seite 164]

Bei flüchtiger Betrachtung gewinnt man den Eindruck, als sei dieser nackte Strichmann unmittelbar vor einem verwundeten Auerochsen nach hinten gefallen. Es wird gewöhnlich angenommen, die beiden Darstellungen gehörten zusammen, das riesige Tier habe also etwas mit dem hingefallenen Mann zu tun. Entweder sei der Mann vor Schrecken hingefallen oder er sei tot oder er führe gerade einen Jagdzauber aus (im Liegen?). Schaut man sich die beiden Bilder jedoch genauer an, stellt man fest, daß gewisse Einzelheiten in der Zeichnung des Mannes sich nicht in diese verschiedenen Deutungen einordnen lassen. Zunächst steht neben dem Mann ein Stab aufrecht in der Erde. Der Stab ist nicht mit Hörnern geschmückt, wie vielleicht zu erwarten wäre, wenn eine Verbindung bestünde zwischen dem Mann und dem Auerochsen. Statt dessen steckt oben auf dem Stab ein Vogel. Wäre es die künstlerische Absicht gewesen, einen Unfall darzustellen, würde der Stab dann nicht neben dem Mann auf der Erde liegen? Zudem ist das Tier von der Maltechnik her völlig anders ausgeführt als der Mann. Der Auerochse ist farbig dargestellt und sorgfältig mit allen Einzelheiten ausgestattet, der Mann dagegen erscheint skizzenhaft in schwarzen Umrissen. Andererseits sind auch bei dem Mann gewisse Einzelheiten mit Nachdruck eingezeichnet. Er trägt eine Vogelmaske, was sehr wohl auf ein religiöses Ritual deuten kann, und sein Glied ist erigiert. Sein linker Ellbogen erscheint als kleine Blase, was die steife Gestrecktheit des Armes betont, während der rechte Arm fast nachlässig und ohne eine solche Blase neben dem Körper liegt. Die Finger sind länger als der Daumen, aber nur der linke weist nach unten. Als ich mir diese Zeichnung näher betrachtete, um eine mögliche rituelle Haltung darin zu entdecken, schien es mir, daß sie sogar sehr genaue Anweisungen in dieser Richtung enthält. Der linke Arm soll gestreckt werden, mit durchgedrücktem Ellbogen. Der Daumen weist dabei nach unten. Der rechte Arm ist gebeugt, so daß der Daumen selbstverständlich obenauf liegt. Hinzu kommt noch etwas, was niemandem aufgefallen war. Der Körper liegt gar nicht flach auf der Erde, sondern im Winkel von 37 Grad.

Bei unserem Versuch mit dieser Haltung gaben wir uns große Mühe, diesen Winkel mit Stühlen, Kissen, Schlafsäcken und dergleichen herzustellen. Die so entstandene Liege sah sehr bequem aus, so daß meine Teilnehmer eine geruhsame Sitzung erwarteten. Stattdessen wurde die Sache sehr schnell höchst dramatisch, wie wir

Felsenmalerei (Höhle von Lascaux, Montignac, Altsteinzeit)

aus den nachfolgenden Berichten erfahren. Nebenbei gesagt erleben nicht alle Versuchspersonen die gesamte Folge des betreffenden Erlebnisses. Meist muß man die Einzelberichte als Gesamtheit nehmen, wie bei Zeugenaussagen, und daraus entsteht dann die fortlaufende Darstellung dessen, was die Haltung vermittelt. Die weiter unten zitierten Berichte, alle von der 1977 zum ersten Mal durchgeführten Versuchsfolge, sind aufgrund dieser Erkenntnis aneinandergefügt. […]

Anita: Die Haltung der Hände schien mir eine Polarität anzudeuten, und die habe ich immer deutlicher erlebt, je tiefer die Trance wurde. Die linke Hand, die nach unten gezeigt hat, wurde immer wärmer, und die rechte ist kalt geblieben. Dadurch scheint ein Energiefluß entstanden zu sein, der sich kreisförmig bewegt hat. Die Energie hat mich in einen Kokon eingehüllt, und eine Weile habe ich dann in diesem sehr schönen, goldenen Kokon geschwebt.

Judy G.: Die Energie ist in meinem Körper herumgerast, plötzlich hat sie sich auf die Genitalien konzentriert. Schließlich hat sie begonnen, in meinem Körper aufwärts zu strömen.

David S.: Die Erregung ist mir durch die Brust geströmt; es ist mir vorgekommen wie ein Orgasmus, wie ein Orgasmus im Kopf, als sollte alles aus mir herausgequetscht werden; ich bin durch meinen Kopf hinausgepreßt worden. Jetzt ist mir kalt.

Bryan: Es hat da so etwas wie eine riesige Ausstechform gegeben, die hat angefangen, mich zu vervielfältigen. Dann war da etwas, das wollte aus mir heraus. Alle Haare von meinem Körper sind zu Berge gestanden, als dieses Ding aus mir herausgekommen ist, ein genauer Abklatsch von mir selbst.

Suzanne G.: Ich habe einen Pfad gesehen, auf dem bin ich zu einer weißen Wolke gekommen. Dann bin ich in der Wolke drin gewesen, die hat sich geöffnet, und ich bin herausgekommen und im Blau herumgeflogen.

Wie wir aus diesem Bericht ersehen, entsteht durch diese Haltung eine solche Erregung, daß, wie die Teilnehmer berichten, ein Energiestrom aufgerührt wird. Dieser Strom wird in Richtung der Genitalien geleitet, daher vielleicht das erigierte Glied des Schamanen von Lascaux. Von dort aus strömt die Kraft zurück durch den Körper, um sich, wie ein erstaunter Teilnehmer so anschaulich sagt, als ein »Ding«, als genaues Abbild seiner selbst, herauszuheben oder weiter hinauf in den Kopf hinein, von wo aus der Berichterstatter dann »hinausgepreßt« wird. Danach fliegt das Selbst, dieses Duplikat des Egos, im Himmel umher. Die Übereinstimmung mit ungezählten Berichten dieser Art aus der ganzen Welt ist unverkennbar. Offensichtlich hatten wir die alte Kunst der Seelenfahrt neu entdeckt.

Es dauerte eine Weile, bis mir die Tragweite dieser Entdeckung klar wurde. Es war nicht von der Hand zu weisen, daß der veränderte Bewußtseinszustand, den die einfache rhythmische Anregung durch die Kürbisrassel hervorgerufen hatte, tatsächlich die religiöse Trance war, denn die Teilnehmer an meinen Versuchen hatten auf diese Weise eine Seelenfahrt erlebt, also etwas Religiöses. Außerdem hatten wir gleichzeitig begonnen, ein System von Signalen an das Nervensystem wiederzuentdecken, die Zeichen einer höchst verwickelten Kunst, mit deren Hilfe die an sich formlose Trance in ein religiöses Erlebnis umgeformt werden kann, ein wahrhaft wundersames Geschenk der vielen namenlosen Künstler, die diese besonderen Haltungen gestaltet hatten. *Anders ausgedrückt hatten diese Versuchspersonen bei einem verhaltenswissenschaftlichen Projekt mit Hilfe von bisher unbemerkt gebliebenen traditionellen Körperhaltungen den Schritt von den körperlichen Veränderungen zum ekstatischen Erlebnis gemacht. Sie waren vom Diesseitigen, vom Profanen, zum Heiligen gelangt.*

Alexandra Rosenbohm

Vom Mythos zur Science fiction

Viele Elemente der schamanischen Seelenreise haben in den Künsten überlebt – in der Literatur, in der Musik und in der bildenden Kunst, bis in die Bereiche der Trivialkultur; ihre Bedeutung wird jedoch meist nicht mehr genau verstanden. Um diese Entwicklung zu erklären, muß ich ein wenig weiter »ausholen«:

Ein wesentliches Merkmal mündlicher Kulturen, wie die der Jäger und Sammlerinnen, besteht in der Macht des Tradierten. Umfangreiche Bestände immer gleichbleibender Mythen und Rituale in den spirituellen Lehren einer Kultur werden im Gedächtnis bewahrt und von Generation zu Generation weitergegeben – als Bilder und Symbole, als Masken, Gebete, Lieder und Sagen. In den schriftlichen Kulturen wurde vieles niedergeschrieben, jedoch ohne die Kenntnis der zugrundeliegenden und erklärenden Rituale.

Am Beispiel des so populären Fliegenpilzes sei das Überleben eines archaischen Elements kurz skizziert: Der Fliegenpilz ist heutzutage als dekoratives Glückssymbol und als gefährlicher Giftpilz bekannt – nur wenige wissen, daß er in den sibirischen Kulturen als schamanische Droge eine Rolle spielte und vermutlich auch in der europäischen Hexerei. Beide Überlebensformen der Fliegenpilzsymbolik – die des Glücksbringers und die des Todbringers – beziehen sich aber direkt auf seinen rituellen Gebrauch: auf seine pharmakologische Wirkung wie auch auf das Tabu für Unbefugte, den Pilz einnehmen zu dürfen, weil sie daran sterben würden. Daß es sich bei diesem Tod aber nicht um einen physischen handelt, wird deutlich, wenn man diese Metapher auf ihren schamanischen Ursprung bezieht.

Das Land der Toten, das Jenseits, ist für den Schamanen nämlich schon zu Lebzeiten zugänglich, durch die nur ihm eigene Fähigkeit zur Seelenreise, der Loslösung der Seele vom Körper während seiner Ekstase.

»Tod« und »Wiedergeburt« sind auch weitverbreitete Metaphern für die persönliche Wandlung, die psychische Transformation eines Menschen. Nach dem Sterben des alten Selbst folgt eine Zwischenperiode und schließlich die Wiedergeburt einer neuen Identität. Eine besondere Bedeutung hatte die »Tod und Wiedergeburt«-Symbolik für die Lehrzeit des Schamanen. Jedes Volk besaß bestimmte Vorstellungen darüber, welche mystischen Erlebnisse der Schamanen-Novize zu durchleben hatte, um die Gabe zu erlangen, mit den Geistern zu kommunizieren. Ein wesentliches und weitverbreitetes Motiv war dabei die persönliche Begegnung mit dem Tod: In den Visionen der sibirischen Schamanen-Novizen zerrissen und zerstückelten die Geister seinen Körper, fraßen sein Fleisch, untersuchten ihn auf seine Schamanentauglichkeit und setzten ihn neu zusammen. Deshalb findet man auf vielen Schamanentrachten häufig Skelettdarstellungen, die auf die Meisterung dieser gefahrvollen Erlebnisse und die Fähigkeit, das Land der Toten bereisen zu können, verweisen.

Todesmythologien und Jenseitsgeographien, in denen die Helden oder Protagonisten einer Geschichte in die Welt des Todes eintreten und wieder zurückkehren, lassen sich auch in Kulturen nachweisen, in denen Schamanen schon längst verschwunden waren: Das tibetische und ägyptische Totenbuch und ebenso die mittelalterliche Tradition der ars moriendi, der Kunst des Sterbens, vermitteln uns, was wir als Sterbende zu erwarten haben, wenn sich das Bewußtsein oder die Seele, losgelöst vom Leib, auf den Weg in einen anderen Seinsbereich macht. Da in diesen Kulturen und Zeiten noch bekannt war, daß der Bewußtseinszustand des Sterbens auch im Leben erfahrbar ist, konnten diese Texte zugleich als Leitfaden für die Meditation oder Initiation verwendet werden. (In den 60er Jahren erschien deshalb ein Ratgeber als Weisung für psychedelische Reisen, z. B. mit LSD, auf der Basis des »Tibetanischen Totenbuches«.*)

Die moderne Nahtodes- und Bewußtseinsforschung belegt, daß die in den alten Totenbüchern geschilderten Erfahrungen tatsächlich stattfinden.

Zwei Publikationen über das Sterben und den Tod erreichten in den 60er und 70er Jahren Millionenauflagen: »On Death and Dying« von Elisabeth Kübler-Ross (1969) und »Life after Life« von Raymond A., Moody (1975). Vor allem Moody hatte zahlreiche Interviews mit Menschen geführt, die als klinisch tot galten, reanimiert wurden und ins Leben zurückkehrten. Der große Erfolg beider Bücher resultierte aber aus der gemeinsamen These von einem Leben nach dem Tod, die sie mit den regelmäßig beschriebenen Erfahrungen von Himmel (als Ort der Gerechten oder Paradies) und Hölle (als Ort für die Bösen) beim Eintreten des biologischen Todes begründen. Viele der Charakteristika der Nahtodeserlebnisse ähneln sowohl der schamanischen, als auch der psychedelischen Erfahrung: Ein Sterbender kann oft hören, wie ihn der Arzt für tot erklärt. Es folgt ein meist als unangenehm empfundenes Geräusch, ein lauter Krach, ein tiefes Brummen, ein Läuten. Unmittelbar darauf findet sich der Sterbende in einem langen Tunnel wieder. Gleichzeitig überkommt ihn meist das Gefühl, sich außerhalb seines Körpers zu befinden. Er kann sich und seine Umgebung – z. B. den Operationstisch, auf dem er liegt – von außen beobachten. Er bemerkt, daß er sich frei bewegen kann. Schließlich verläßt er den Tunnel, an dessen Ende in der Regel ein sehr helles und strahlendes Licht leuchtet. In diesem Licht erscheint ein Wesen, das ihn auffordert, sein Leben als Ganzes zu bewerten. In einer blitzschnellen Rückschau (»wie in einem Film«) läuft nun das Leben vor ihm ab.

---

* Leary, Timothy, Richard Alpert und Ralph Metzner: Psychedelische Erfahrungen, Weilheim 1971.

Freudige Ereignisse tauchen ebenso auf wie peinliche Szenen. Freunde und Verwandte erscheinen, ihn zu begrüßen. Eine Welle von Freundlichkeit, Zuwendung, Herzensgüte und Liebe überflutet den Sterbenden. Er nähert sich einer Grenze, einer Schranke, die dieses Leben offenbar vom jenseitigen trennt. Da für ihn die Zeit des endgültigen Übergangs noch nicht gekommen ist, wird ihm bedeutet, daß er zurückkehren müsse. Er sträubt sich gegen die Rückkehr, da seine bisherigen Erfahrungen faszinierend, oft sogar phantastisch waren. Trotz dieses inneren Widerstandes kehrt er – häufig durch den Tunnel – zurück. Er vereinigt sich wieder mit seinem physischen Körper und lebt weiter.

Neueren Forschungen der Biophysiker und Hirnforscher zufolge sind Nahtodeserfahrungen nicht nur emotional, sondern auch biochemisch nachweisbar und ähneln den Erlebnissen, die psychedelische Substanzen (LSD, Psilocybin) hervorrufen. In beiden Formen veränderten Bewußtseins entstehen labyrinthartige Strukturen in der Hirnrinde durch die Wechselwirkung von neuronaler Hemmung und Aktivierung. Diese chemischen Zustände im Gehirn werden im Bewußtsein des »Sehenden« bildlich wahrgenommen. Sie erscheinen als Strudel, Wirbel, Spiralen oder Mandalas – symbolische Archetypen der schamanischen Transformation, die auch in unterschiedlichsten Kulturen als Pforte in die andere Welt visuell umgesetzt worden sind. An manchen sibirischen Schamanenmänteln hängen Spiegel, mit denen man ins Jenseits blicken kann, oder runde Metallscheiben mit Loch, die den Eingang in die andere Welt symbolisieren. Auf den Garnbildern der mexikanischen Huichol-Indianer ist die »nearika«, auch »Gottesauge« genannt, der Eingang zur anderen Welt, dort, wo es nach dunkler Passage wieder hell wird. Das Gottesauge deutet die Passage durch konzentrische Farbgebung mit meist hellem Zentrum an. In einer malerisch umgesetzten Vision der Heiligen Hildegard von Bingen, einer christlichen Ekstatikerin und Heilerin, ist Gott – entsprechend der Hierarchie der

Geistwesen – von neun Engelschören umgeben. Gott erscheint als leuchtende Scheibe im Mittelpunkt. Im Bild »Aufstieg ins Empyreum« von Hieronymus Bosch (ca. 1450 bis 1516) gelangt die Seele eines Verstorbenen am Ende ihrer Reise vor einen langen dunklen Tunnel, an dessen Ende ein gleißend helles Licht strahlt. In der Illustration von Gustave Doré zu Dantes Vision des Paradieses (19. Jh.) wird dieser Tunnel, vor dem Dante und Beatrice am Ende ihrer Reise stehen, von unzähligen Engeln geformt – im Zentrum das gleißende Licht, Gottes Thron.

Eine weitere Transformationsmetapher oder -geschichte in der schamanischen Mythologie ist das Bild von der »Reise zum Ort der Kraft oder der Vision« oder der »Reise in die anderen Welten«. Welche Bedeutung solche Bilder für uns heute haben können, beschreibt Ralph Metzner:

»Mythen enthalten oft in Gleichnissen Berichte über transformierende Erfahrungen. Sie gleichen den Geschichten, die Forschungsreisende zukünftigen Möchtegernreisenden erzählen und die in symbolischer Form Hauptmerkmale der inneren Landschaften beschreiben, die vom Bewußtseinsreisenden durchquert wurden. Manchmal spielen sie mit ihren Metaphern in warnender und inspirierender Weise auf innere Konflikte an, die gelöst werden wollen, deuten auf die zu erduldende Mühsal, die zu überwindenden Hindernisse, die zu gewinnenden Belohnungen, die zu verwendenden Werkzeuge, die zu findenden Verbündeten und die zu schauenden Visionen hin.«*

Jeder wird sich hier sofort an viele Märchen erinnern, in denen solch abenteuerliche Reisen in andere Welten eine Rolle spielen. Märchen sind oft die aufgeschriebenen Reste wesentlich älterer Mythen, deren wichtigste strukturelle Merkmale sie meist beibehalten

---

* Metzner, Ralph: Der Brunnen der Erinnerung. Von den mythologischen Wurzeln unserer Kultur, Braunschweig 1994.

haben. Oft spielen sich die märchenhaften Begegnungen und Erlebnisse – wie in der schamanischen Kosmologie – in den drei Ebenen der Ober-, Mittel- und Unterwelt ab. Die Wesen der Ober- und Unterwelt erscheinen häufig auch in der Erdenwelt. Unterweltsdämonen werden im Märchen zum Teufel, zum Troll, zum boshaften Zwerg oder Drachen. Die Wesen der höheren Welt werden oft als überirdisch schön, mit Leuchtkraft oder Himmelslichtern ausgestattet, beschrieben. Erdgeister sind Feen, Hexen und Tierherren. Nicht selten irrt der märchenhafte Held umher, bis er endlich auf ein sprechendes Tier trifft, das sein Volk beruft oder befragt. Und irgendein Fuchs, Rabe, Wolf oder Karpfen weiß schließlich um das geheime Reich und kann dem Helden als Wegweiser oder auch als Reittier dienen.

Die mythischen Strukturen und archaischen, schamanischen Elemente der Märchen sind so stark, daß sie sich bis in die Welt der phantastischen und futuristischen Romane und deren Verfilmungen gehalten haben. Auch in den Science-Fictions unserer Tage finden wir – oft sehr trivialisiert – Darstellungen von Zeit- und Jenseitsreisen sowie utopischer und phantastischer Welten:

In H. G. Wells Buch »The Time Machine« von 1960 reist man mit einem seltsamen Vehikel in verschiedene Jahrhunderte. In Jules Vernes »Die Reise zum Mittelpunkt der Erde« (Verfilmung 1962) steigen die Helden durch einen geheimen Tunnel in die Erde hinein und geraten in eine phantastische Welt. In Stanley Kubricks Werk »2001 – A Space Odyssey« (1968) beeindruckt eine etwa zehnminütige Szene, in welcher der Hauptdarsteller in ein schwarzes Loch des Weltraums fällt und durch einen sich kaleidoskopisch verändernden Tunnel bunter Farben durch Dimensionen und Zeiten reist, bis er schließlich an einem surrealen Ort – vielleicht im Jenseits – ankommt, denn dort trifft er seinen toten Kollegen. »Time Tunnel«, eine amerikanische Serie aus den 60er Jahren, benutzt als Rahmenstruktur zur Darstellung verschiedener Abenteuer (Wildwest,

Piraten, Ritter ...) einen spiralförmigen Tunnel, durch den man nicht nur in verschiedene Zeiten und Welten reisen, sondern auch die Protagonisten beobachten kann.

Ein Held namens Luke Skywalker (»Himmelsgeher«) muß im legendären Zukunftsmärchen »Star Wars« (1977) eine schöne Prinzessin aus den Fängen böser Mächte befreien. Ungezählt sind die Elemente der schamanischen Seelenreise, die in der 70er-Jahre-Serie »Raumschiff Enterprise« (Star Trek) und in den gleichnamigen Spielfilmen zum festen Repertoire gehören: Transformation durch Auflösung und Wiederverkörperung, Reisen durch die Zeit und Reisen in völlig fremde Welten und, wie es im Vorspann programmatisch heißt, Begegnung mit Monstren, mit skurrilen Wesen und geisterhaften Erscheinungen. Stets müssen Abenteuer bestanden und fremde, bösartige Mächte mit übermenschlichen Fähigkeiten zum Wohl der Menschheit überwunden werden.

Nicht zufällig stammen die meisten der oben angeführten Filme aus den 60er und 70er Jahren. Die darin enthaltenen archetypischen Symbole der schamanischen Transformation und die Möglichkeit, sie erfahren zu können, waren in dieser Zeit wieder verstärkt ins Bewußtsein vieler Menschen geraten. Das Interesse an Spiritualität wuchs und wurde offenbar besonders durch den Konsum von LSD und anderen bewußtseinsverändernden Substanzen gesteigert. Die daraus hervorgehende intensive Auseinandersetzung mit östlichen und anderen außereuropäischen »Stammesreligionen« könnte die ideologische Basis für die inzwischen etablierten Praktiken der Neo-Schamanen und neuen Hexen geliefert haben.

Schamanische Werkzeuge und Verbündete

Kraft kann von Kraftobjekten vermittelt und in diesen gespeichert werden – nun sind wir bereits tief drinnen in der schamanischen Welterfahrung. Trommel, Rassel, Bergkristall – das sind so ein paar klassische Kraftobjekte, und sie beziehen ihre Kraft nicht allein aus ihrer materiellen Struktur, sondern aus der Verbindung zu ihrem Besitzer – besser: Benutzer –, aus dem ständigen Kontakt mit ihm und der Tatsache, daß mit ihnen bewußt gearbeitet wird. Es ist ein Bewußtwerdungsvorgang auf Gegenseitigkeit. Kraft entwickelt sich durch Zuwendung dem Kraftobjekt gegenüber, und auch das Kraftobjekt – Stein, Trommel, Tier – entwickelt sich unter dieser Zuwendung weiter, heißt es doch »Alles, was ist, ist lebendig« (oder »hat eine Seele«)!

Paul Uccusic

Tatjana Sem

Die sibirische Schamanentracht

Zu den Attributen eines großen Schamanen zählten das Kostüm mit Gehängen, die Trommel, ein Schlegel, Amulette, Stäbe sowie Darstellungen starker Schutzgeister in Gestalt eines Bären, Elches, Tigers oder Vogels. Der Schlegel diente den Ewenken zur Erkennung, Prophezeiung und Weissagung.

Das Wichtigste im Schamanentum der Ewenken war nach Meinung des großen Schamanen Docholotko aber die Trommel. In ihr sammelten sich die Hilfsgeister, sie war das Boot, mit dem der Schamane auf dem Fluß und unter der Erde reiste, sie war ein Vogel für den Flug in den Himmel, ein Rentier oder ein Pferd, um damit in den Himmel oder auf der Erde zu reiten. Die Trommel selbst bildete einen Vorfahren bzw. seinen Kopf ab. Schunmyn berichtete Makarenko, daß der Schamane zunächst auf den Scheitel, sodann ans Ohr schlägt und lauscht, was die Trommel sagt. Deshalb wurde die ewenkische Trommel auch *ninmnganki* (»der Erzählende«) genannt. Die Hilfsgeister und der wichtigste Führer und Geleiter durch die Welten – der Vorfahre des Schamanen – zeigten ihm die Wege über die Trommel.

Im Gewand konzentrierten sich alle Lebenskräfte des Schamanen und seiner Vorfahren, es galt als Hauptattribut für die Verwandlung in sein Doppelgängertier, das ein Rentier, Bär, Vogel, Tiger oder ein Wolf sein konnte. Wenn sich der Schamane in dieses Kostüm hüllte, erlangte er die Kraft, alles sehen zu können und, halb Mensch, halb Geist, in die verschlossenen Welten der anderen Wirklichkeit einzudringen. Diesen Vorgang stellt man sich als »Flüge im Universum« vor. Im REM [Russischen Ethnographischen Museum] sind

23 vollständige Ausstattungen schamanischer Kleider der Ewenken erhalten, mehr als aus irgendeinem anderen Volk Sibiriens, die es ermöglichen, die Semantik der rituellen Kleidung detailliert zu charakterisieren. Das Gewand als Ganzes symbolisierte wiederum das Universum in seinem vertikalen Aufbau: Kopfbedeckung und oberer Teil des Kaftans – die Oberwelt, mittlerer Teil des Kaftans und die Gürtel – die mittlere Welt, unterer Teil des Kaftans und das Schuhwerk – die Unterwelt. Zog der Schamane diese rituelle Kleidung an, schloß er Raum und Zeit des Kosmos auf der Ebene von drei Ringen und zwei Stützen ab. Über eine solche Macht verfügten jedoch nicht alle großen Schamanen, die sich in der Regel auf zwei oder drei Symbole der Kraft beschränkten. Der erste Ring ging durch den Kopf und symbolisierte die Achse des Universums, die durch den Polarstern den Ausgang in die Oberwelt und den Weg zurück ermöglichte. Der zweite Ring bildete den Gürtel – das symbolische Zentrum des Universums und der Welt. Der dritte Ring wurde von einem Paar Schuhe geschlossen, das in den Vorstellungen der ewenkischen Folklore als Stütze des Lebens im ganzen Weltall diente. Das System der drei Ringe wurde durch zwei Stützen ergänzt, die die Verbindungen aller drei Welten und somit auch das Universum selbst bildeten. Die Vorderachse wurde durch das Brusttuch symbolisiert und stellte das Brustbein, die inneren Organe und die Atmung dar – die Lebenskräfte des Menschen. Die hintere Achse ging von der Kopfbedeckung über die Wirbelsäule des Schamanen bis in den Schwanz am Gewand und symbolisierte einen Gebirgsrücken bzw. den Schamanenfluß, der den Kosmos durchzieht.

Die ewenkischen Schamanen der dritten Weihung, die alle Wege des Universums beherrschten, demonstrierten ihre Stärke und auch ihr Schutzsystem mit speziellen Zeichen auf der Schulterbekleidung: Streifen mit Gehängen auf dem Rücken oder an den Schößen des Kaftans. Auf den Gewändern der Schamanen der zweiten Weihung bildeten die Gehänge an den Streifen die drei, fünf, sieben oder neun Schichten des Universums nach. Die angehängten Kreise, Kreuze oder Ringe sollten als zweidimensionale Modelle den Zugang zum Universum eröffnen. Die Zeichen selbst wurden auch in Farben ausgedrückt: außen weiß, in der Mitte rot und innen schwarz oder dunkelblau. Die Symbolik der drei Farben entspricht der Spektralstruktur der Sonne. Auf dem rituellen Frauengewand einer großen Schamanin der Manegren aus der Sammlung Solov'ëvs sind die Zugänge zu den drei Welten des Universums gekennzeichnet; auch gibt es eine Figur des Donnerschleuderers und Lebensüberbringers sowie männliche und weibliche Fruchtbarkeitssymbole in Form von verschiedenartigsten Schellen. Kleine Spiegel symbolisieren die Seelen ungeborener Kinder, kleine Beutel dagegen stellen die Aufbewahrungsorte für die Seelen der Naturkräfte dar.

Die Weihung der schamanischen Attribute sowie die Anerkennung des Schamanen in der Kategorie der höchsten Weihung wurden beim alljährlichen Frühlingsfest durchgeführt. Während der Feierlichkeiten vollführte der Schamane gemeinsam mit den anderen Sippenmitgliedern einen rituellen Kreistanz – einen Flug zur höchsten Gottheit. Der Schamane ersuchte den Herrn des Himmels um die Fruchtbarkeitskraft der Natur und prophezeite den Menschen die Dauer ihres Lebens.

Malidoma Patrice Somé

Afrikanische Medizinobjekte

In der Morgendämmerung kamen wir an. Guisso war schon wach und meditierte, vielleicht über andere Fälle, aber offenbar erwartete er uns schon. Er saß auf dem »Galiguo«, dem Teil des Daches, der auf den Hof hinausgeht, und ließ die Beine übers Sims baumeln. Als er uns sah, wie wir von dem alten englischen Fahrrad abstiegen und sein Anwesen betraten, stand er auf, hustete und stieg die Leiter herunter, um uns zu begrüßen. Er deutete auf ein altes, holzgeschnitztes Möbel in einer vom schwachen Sternenlicht erhellten Ecke. Es sah wie ein Stuhl aus. Zwar besaß das Ding noch drei Beine, war aber so gebrechlich, daß es sich kaum aufrecht halten konnte. Mein Vater setzte sich darauf, während ich mich an die Lehmwand lehnte und eine Stufe als Sitz benützte. Wir befanden uns in der Zangala [fensterloses Lehmhaus]. Alles war rauchgeschwärzt von dem andauernd brennenden Feuer. Rechts befand sich eine Anzahl gewaltiger Tonkrüge, einige hellglänzend, andere weißlich von Hefeüberresten.

Es war noch dunkel. Man konnte kaum mehr erkennen als die lustig tanzenden Flammen. Irgendwo im Schatten schnarchten Guissos Frauen und Kinder. Doch hörte das auf, sobald das Wahrsagen begann. Der Haupteingang zu dieser riesigen Zangala sah wie ein großes Dreieck aus, der untere Teil gut einen halben Meter breiter als die Spitze. Er reichte vom Boden bis zur Decke und wurde niemals geschlossen.

Ich warf einen Blick auf Guisso, der wie in Trance gar nicht mehr bei uns war. In seinem Körper schien er alle seit Erschaffung der Welt vergangenen Jahre mit sich herumzuschleppen, Jahre, die unablässig an ihm zehrten. Er opferte sich völlig für sein Volk, weshalb er immer müde wirkte. Mit seinen dünnen, knochigen Beinen, die jetzt seltsam unter dem Rumpf verschlungen waren, sah er wie die Materialisation einer unirdischen Kraft aus. Sein Körper roch nach Tod, doch das Licht in den Augen war ungeheuer lebendig. Er war die personifizierte Spiritualität, ein Mann der Natur und des Planeten Erde mit ungeteilter Hingabe an seine Aufgabe.

»Die Kontomon, die Geister, weckten mich mitten in der Nacht und befahlen mir, wach zu bleiben«, begann Guisso nach langem Schweigen. »Ich bestand darauf, sie sollten mir sagen, warum, aber sie sind unglaublich stur, sie weigerten sich.«

Es war das erstemal, daß er sprach, seit wir den Raum betreten hatten. Die ganze Zeit hatte er mit Muscheln und Medizinobjekten hantiert, drehte sie hin und her, legte einige dicht neben sich, andere weiter weg. Von Zeit zu Zeit stieß er ein unzufriedenes Grunzen aus. Ich beobachtete ihn mit wachsendem Interesse.

Diese Medizingegenstände waren meistenteils Dinge, die jemand, der nicht Bescheid wußte, glatt übersehen hätte. Sie sahen einfach zu natürlich, zu trivial aus, um Aufmerksamkeit zu erregen. Was konnte schon ein alter Knochen oder ein Stein, den man überall finden konnte, groß bedeuten?

Es gab Knochen, Steine und zerbrochene Metallstücke – Reste von Blechkannen, kaputte Fahrradteile und weitere unidentifizierbare Metallteile, manche winzig, andere etwas größer, doch alle geheimnisumwittert. Für den alten Mann steckte die Kraft gerade im Trivialen, im scheinbar Schwachen und Wertlosen.

Als seine Instrumente schließlich an Ort und Stelle lagen, ergriff Guisso ein altes Holzstück in Form eines V, die rechte Seite halb so lang wie die linke. Er hob es in die Höhe, starrte wie träumend vor sich hin und legte den Stock dann auf eine runde Holzplatte, nicht größer als ein Teller, deren Untersatz im Fußboden eingegraben war. Er und mein Vater saßen einander gegenüber. Guisso brummte wieder, nieste laut, räusperte sich, wandte das Gesicht zur Eingangstür und spuckte etwas aus, das durch die Tür in den Hof flog.

Endlich begann er zu sprechen.

»Die Geister benehmen sich immer so. Es kümmert sie nicht, ob wir müde sind oder nicht.«

Mein Vater murmelte zustimmend und sagte: »Sie sollten das in Zukunft berücksichtigen, wenn sie dir etwas auftragen.«

Diese Bemerkung veranlaßte Guisso, noch mehr zu klagen. »Ich gehöre nicht mehr mir selbst – ich wünschte, es wäre anders! Aber es ist lange her, seit ich das letztemal an mich selbst denken konnte.«

Vater hatte offenbar nicht viel dazu zu sagen. Er stieß nur ein bestätigendes »Uun« hervor.

In der linken Hand hielt nun Guisso seine Geisterglocke. Es war ein einfaches Stück Metall, geschmiedet in Form eines Bechers und mit einem Klöppel in der Mitte. Die Glocke klang, wie wenn sie unter Wasser geläutet würde. In der rechten hatte Guisso einen Kürbis, ein Tierschwanz war daran festgebunden. Der Kürbis enthielt Perlen und Steine.

Plötzlich schüttelte Guisso das alles mit einer Kraft, die ich ihm gar nicht zugetraut hätte. Er sprach mit klarer und mächtiger Stimme in einer mir unbekannten Sprache, die aber jede Zelle meines Körpers in Erregung versetzte.

Guisso schwitzte. Er wand sich in Konvulsionen und sah aus, als schwebe er zwischen seinem Sitz und der Decke. Man hätte schwören können, eine fremde Kraft hatte von ihm Besitz ergriffen. Weit vorgebeugt, die Augen starr auf das Stück Holz gerichtet, sprach er, als hätte er eine ungeheure Menschenmenge als Zuhörer. Die Rassel und die Glocke waren so laut, daß sie seine Stimme fast übertönten.

Nun war es zu Ende. Guisso war schweißgebadet. Er legte Glocke und Kürbis nieder und ergriff den V-förmigen Stock, um zweimal mit ihm auf die Holzplatte zu schlagen. Vater rückte näher heran, hob die Hände und sprach ebenfalls ein Bittgebet, dann umfaßte er den Stock unterhalb der Stelle, wo ihn Guisso hielt. Kaum hatte er den Stock berührt, als dieser sich samt den Händen der beiden Männer in die Luft erhob, einen dreifachen Kreis beschrieb und dann mit einem scharfen Knall auf die Holzplatte schlug. Der Dialog mit der anderen Welt hatte begonnen.

Wieder stieg der Stock empor und klopfte dann wie wild auf die Holzplatte, bis Guisso etwas sagte, was wie ein Befehl aufzuhören klang. Die Hände der beiden Männer waren offensichtlich nicht in der Lage, die unvorhersehbaren Bewegungen des Stockes zu steuern, obwohl sie ihn mit aller Kraft festhielten. Auf jedes Wort, das aus Guissos Kehle drang, folgte eine Bewegung des Stockes.

Wieder erhob sich der Stock und landete diesmal auf Guissos Medizinobjekten. Suchend tastete er eine Weile umher und deutete schließlich auf ein trockenes Hühnerbein. Guisso ergriff es und legte es zur Seite. Er rief: »Lauf!« Von neuem stieg der Stock in die Höhe und stürzte sich auf etwas, was wie eine Patronenhülse aussah. Sodann deutete er nacheinander auf eine Hühnerfeder, eine Schachtel aus Metall, einen Stein und viele andere Dinge. Jedesmal nahm sie Guisso und legte sie beiseite. Endlich stand der Stock aufrecht auf dem Fußboden und regte sich nicht mehr, auch nicht auf Guissos Befehl.

»Ist das alles?« fragte Guisso. Der Stock erhob sich in die Luft und schlug zweimal auf die Holzplatte. Inzwischen wußte ich, daß das »ja« bedeutete. Es war nicht schwer gewesen, das herauszukriegen. Denn jedesmal, wenn der Stock auf dem Boden tanzte, statt auf die Holzplatte zu schlagen, entstand in der Atmosphäre eine Art Unsicherheit und jedesmal, wenn er zweimal auf die Holzplatte schlug, Freude und Zufriedenheit. Guisso wiederholte seine Frage noch fünfmal. Jedesmal antwortete der Stock auf dieselbe Weise.

Guisso war nun überzeugt, ergriff den ersten Gegenstand und fuhr mit der Befragung fort. Stundenlang ging das Wahrsagen mit immer wachsender Intensität weiter. Es fiel mir schwer, immer voll dabei zu sein, denn ich verstand nicht alles. Die fehlenden Sprachkenntnisse verhinderten, daß meine Neugierde befriedigt wurde. Als die Sitzung vorüber war, war es heller Tag. Wir begaben uns in einen anderen Raum neben der Zangala. Dieser Raum sah wie ein geheimes Medizinzimmer aus und war noch so dunkel wie eine Wolkennacht. Guisso bespritzte mich mit Wasser aus einem Tonkrug. Das Wasser stank furchtbar. Erst später fand ich heraus, daß in dem Dorf jede gute Medizin so schlecht riecht wie die andere Welt.

Den übrigen Tag verbrachten wir damit, eine unglaubliche Menge Hühner in einem Heiligtum zu opfern. Einige der toten Hühner warfen wir in eine Schüssel, andere wurden mit verschiedenen Wurzelmischungen und schwarzer Medizin gekocht. Am Nachmittag nahmen wir eine Mahlzeit. Das Hühnerfleisch war dermaßen mit Medizin angereichert, daß es mir nicht schmeckte – vom Seminar her war ich an einfache Nahrung gewöhnt. Guissos Familie schloß sich uns an, und jeder außer mir aß mit großem Appetit.

Gegen Abend gingen wir erneut in den Medizinraum, und Guisso salbte mich, unaufhörlich redend, mit verschiedenen Flüssigkeiten. Auch schnitt er mir einmal in den Arm und rieb etwas unerträglich Brennendes in die Wunde. Dies alles war Teil eines Schutzrituals, und ich ertrug es stoisch. Als wir nach Hause zurückkamen, war bereits Nacht.

In den darauffolgenden Tagen hatte ich das Gefühl, als vollziehe sich eine Wandlung in mir. Es war, als hätte ich ein Mittel gegen Seelenschmerz eingenommen. Ich war nicht mehr so reizbar wie früher und träumte nachts nicht vom Seminar, sondern von meinem Ritual bei Guisso.

Reinhard Flatischler

Die Symbolik der Trommeln

Trommeln sind nicht nur die am höchsten entwickelten Rhythmusinstrumente, sie sind auch Wesen, mit denen ein Trommler kommunizieren können muß. Im Rhythmus wird aus der Partnerschaft Trommler-Trommel eine Einheit – ein gegenseitiges Aufladen im Kreise eines Energiestromes. Nur so ist es zu erklären, daß Menschen fähig sind, über viele Stunden ohne Unterbrechung beim Trommeln im Fluß eines Rhythmus zu bleiben. In den meisten Trommeln finden wir eine Symbolik verborgen, die uns daran erinnert, daß Rhythmus aus der elementaren Urkraft des Pulsierens zwischen zwei Polen entsteht. Anhand von Beispielen einiger Trommeln verschiedener Kulturkreise wird uns dies deutlich:

Das Wesentliche in tibetischer Musik ist die Wirkung, die sie auf den Menschen hat. In ihr gibt es keine Virtuosität oder den Maßstab einer herkömmlichen Ästhetik. Ihre Klänge und Rhythmen bleiben für immer im Inneren eines Menschen, der sie gehört hat. Die Trommel, die mich in Dharamsala am meisten berührt hat, ist die *Damaru*. Sie ist aus der Schädeldecke einer Frau und eines Mannes gefertigt. Die beiden Schädeldecken sind am Scheitel aneinander befestigt und mit Menschenhaut überzogen. An zwei Schnüren hängen Knöchelchen, die beim Hinundherdrehen der Trommel zugleich auf die männliche und die weibliche Seite schlagen. Dadurch entsteht ein Klang, in dem die beiden Energien vereint sind.

Dieselbe Symbolik finden wir im Aufbau der koreanischen *Tschanggo* wieder: Die beiden Schalen des Holzkorpus entsprechen den beiden Schädelhälften. Die Mitte des Korpus, der aus einem Stück gearbeitet ist, ist offen und verbindet beide Seiten. Das Anschlagen eines Felles bewirkt daher das Mitschwingen des anderen und umgekehrt. Die linke Seite der Tschanggo, die die weibliche Schädeldecke symbolisiert, heißt »*Kungpyön*«. In der schamanistischen Tradition wird sie als Tor zum Jenseits bezeichnet. Die rechte Seite dagegen wird »*Tschepyön*« genannt und bedeutet das Tor zum Diesseits. Der beim Spielen entstehende Klang stellt die Verbindung zwischen den beiden Toren her.

Erinnern wir uns an die Fähigkeit der beiden Hälften unseres Großhirns: Die linke Gehirnhälfte hat die Möglichkeit, intellektuell zu argumentieren und rationell zu erfassen, die rechte hingegen ist der intuitive Teil unseres Wachbewußtseins und der Sitz unserer künstlerischen Gestaltungsgabe. Da die Gehirnhälften jeweils mit der Körperhälfte der anderen Seite verbunden sind, drückt sich das Rationale im Spielen des *Tschepyön* aus, das Intuitive im Klang des *Kungpyön*. Welche Seite auch angeschlagen wird, stets schwingen beide Felle, und es entsteht ein Klang, in dem beide Energien vereint sind.

Auch die *Pakhawaj*, die neben der *Mridangam* die älteste Trommel Indiens ist, hat einen ähnlichen Aufbau: Wenn die linke *Bayan*-Seite angeschlagen wird, klingt stets die rechte *Dayan*-Seite mit und umgekehrt. Werden beide Felle angeschlagen, so verbindet sich der Klang beider Seiten im Holzkorpus, und das Holz beginnt kräftig mitzuresonieren. Dies bewirkt auch den mächtigen Klang dieser Trommel.

Pakhawaj heißt »der Klang der Vogelschwinge«. Dies beschreibt sehr treffend das Gefühl, das beim Spielen aller Trommeln entsteht, die wie die *Pakhawaj* einen horizontalen Klangfluß haben und mit der Hand geschlagen werden. Die Schlagenergie geht bei solchen Trommeln nicht zum Boden, sondern die linke Hand schlägt nach rechts und die rechte nach links. Dieser Bewegungsvorgang läßt beim Spielen solcher Trommeln ein sehr freies Gefühl in den Armen entstehen.

Die Wirkung einer *Pakhawaj* auf die Immanenzrhythmen des

Menschen ist symbolisch in eine Legende gefaßt: Als Shiva einen Dämonen besiegt hatte, begann er voller Freude einen mächtigen Tanz. Er tanzte so heftig, daß die Erde zu beben begann und die Menschen in Angst und Panik gerieten. Für sie schien das Ende der Welt gekommen zu sein. Ganesha jedoch sah Shiva tanzen. Er formte aus der blutigen Erde um den Dämonen einen Trommelkörper. Aus der Haut des Dämonen machte er die Felle und aus seinen Eingeweiden die Bespannung. So formte er langsam die erste *Pakhawaj*. Sobald er sie gebaut hatte, begann er zum Tanz des Shiva zu spielen. In seinem Spiel aber wurde er allmählich immer langsamer und Shiva, der sich auf die Trommelbegleitung eingelassen hatte, folgte dem Langsamerwerden. So gelang es Ganesha, mit der von ihm gebauten *Pakhawaj Shiva* zu beruhigen, und es kehrte wieder Frieden und Ruhe unter den Menschen ein.

Auch die afro-kubanische *Bata* ist eine solche Trommel. In ihr finden wir aber neben einer Verbindung der Zweiheit von links und rechts auch die Drei wieder: Sie existiert in drei Formen, die stets zusammen gespielt werden: *Iya*, die größte, ist die Mutter; *Itotele*, die mittlere, ist der Vater; und *Ogonkolo*, die kleinste, ist das Kind. In den *Batas*, den Trommeln der kubanischen *Santeria*, verbindet sich somit die Zweiheit mit der Dreiheit in einem gemeinsamen Klang.

Elena Avila, Joy Parker

Der Altar der Curandera

Als ich mein Behandlungszimmer erstmals einrichtete, da machte ich den Anfang mit meinem Altar; denn ein Curandero braucht einen Altar, weil dieser als Konzentrationspunkt für das Heilige dient. Nachdem ich Hunderte physisch oder emotional verletzter Menschen an meinen Altar geführt habe, weiß ich, wie wahr dies ist. Für mich ist er die symbolische Quelle der göttlichen Energie, die durch mich hindurchfließt, mir Kraft und einen Einblick in die Probleme der Menschen gibt. Das allererste, was ich beim Besuch eines neuen Patienten tue, ist, ihn an den Altar zu führen, an dem wir dann gemeinsam beten, um den Gott, wie er ihn sich vorstellt, zu bitten, die Heilung zu unterstützen.

Traditionell ist der Altar eines Curandero nach Osten ausgerichtet, also dem Sonnenaufgang, dem Ort des Neubeginns zugewandt. Obgleich es der Überlieferung zufolge bestimmte vorgeschriebene Gegenstände gibt, die man darauflegt, wie etwa Darstellungen der vier Elemente, spiegelt doch ein jeder die einzigartige Persönlichkeit desjenigen wider, der ihn eingerichtet hat. Mit der beeindruckendste Teil meines Altars ist das Triptychon dahinter, welches mein Freund George Chacon für mich gestaltet hat. Auf jedem seiner drei Teile ist ein Aspekt weiblicher Energie abgebildet, und jedes dieser Bilder ist für meine Arbeit von tiefgreifender Bedeutung.

Auf der linken Leinwand ist Coyolxauhqui dargestellt, eine aztekische Göttin, die einmal mit der Erde assoziiert wurde, nun aber mit dem Himmel in Verbindung gebracht wird. Für die Azteken repräsentiert sie den Mond. In der Legende heißt es, daß der Mond gemeinsam mit seinen vierhundert Brüdern, den Sternen, einen Kampf mit dem großen Krieger Huitzilopochtli, der Sonne, anzettelte, um Gleichgewicht und Harmonie im Kosmos zu erneuern. Dieser Kampf wurde auf dem Hügel der Schlange ausgetragen, wo Huitzilopochtli Coyolxauhqui tötete und in fünf Stücke zerteilte. Coyolxauhqui war hinfort Bestandteil der Sternbilder. Ihr verdanken wir es, daß wir uns heute an dem Gleichgewicht von Tag und Nacht erfreuen können. Sie ist die Kraft, die in dem Raum zwischen Himmel und Erde wohnt und alles ins Gleichgewicht bringt, was sich zwischen diesen beiden Orten ereignet. Mit ihrer linken Hand überträgt sie die im Herzen des Himmels geborene göttliche Energie auf die Menschen.

Wenn ich meine Klienten, insbesondere Frauen, vor den Altar führe, dann weise ich auf Coyolxauhqui und sage: »Siehst du, sie ist fragmentiert, so wie wir uns oft fühlen. Sie steht für die Dualität, für Licht und Dunkel, die wir alle in uns tragen.«

Für mich symbolisiert Coyolxauhqui die Vorstellung, daß alle Frauen mehr als einen Aspekt in ihrem Wesen führen. Eine Frau hat viele Namen, kann zahlreiche Rollen spielen und fühlt sich oft so, als geschähen viele verschiedene Dinge gleichzeitig in ihrem Inneren. Wir sind keine einfachen Wesen, wir sind komplex. Doch diese Göttin vermag all unsere Dualitäten unter Kontrolle zu halten, egal, wie schwer es uns auch fällt, sie miteinander zu versöhnen. Sie kann uns helfen, all unsere Paradoxa anzunehmen.

Als Schwangere ist Coyolxauhqui ein Symbol der Kreativität. Alle Frauen sind lebendige Verkörperungen der schöpferischen Kraft, und jede weiß über die Transformationen der Mutterschaft Bescheid, ob wir nun Kindern aus Fleisch und Blut das Leben schenken oder Kinder des Herzens gebären: Kunst, Musik, Tanz, Malerei oder Bücher. Wenn wir unsere ganz persönlichen Schlachten schlagen, dann fühlen wir alle mitunter die *descoyuntada* der Göttin – »Verrenkung« und Erschöpfung. Doch sie lehrt uns auch, daß wir transformiert daraus hervorgehen, wenn wir den Geburtsvorgang dessen, was immer wir auch zur Welt bringen müssen, durchstehen.

Als Göttin, die für den Kampf gerüstet ist, lehrt sie Frauen, wie schön es sein kann, die eigene innere Kriegerin wiederzugewinnen. Ihre weiteren Namen lauten: die die Maske der Klapperschlange trägt, die himmlische Tänzerin, universelle Mutter, Mutter der Dualitäten und Mutter, die im Dunkeln leuchtet. Hieraus habe ich für mich fünf Namen abgeleitet: Tochter der Dualitäten, wütendes mißhandeltes Kleinmädchen-Ich, zweiköpfiges Schlangen-Ich, meine unheimliche Energie und Frau, die im Dunkeln leuchtet. Wir trennen diese Aspekte immer von unserem Selbst: Verstand, Körper, unsere Gefühle, den Geist und die Seele. Auch wenn es zutrifft, daß jeder dieser Gesichtspunkte über einen eigenen Kern verfügt, so sind sie in Wahrheit doch alle eins. Coyolxauhquis Wesen als die Mutter der Dualität kommt in vielen Dingen zum Ausdruck: Göttin, die zugleich im Mond und in den Sternbildern wohnt, Tag und Nacht, männlich und weiblich, Krieg und Frieden, Schöpfung und Geben, Geburt und Opfer, der zyklische Kampf der Nacht mit dem Tag und des Tages mit der Nacht. Wir alle tragen diese Energien in uns, und Coyolxauhqui lehrt uns, sie anzuerkennen, zu heilen und ins Gleichgewicht zu bringen.

Die mittlere Leinwand meines Altarbilds zeigt die Jungfrau von Guadalupe. Für mich steht sie für zwei Welten, die zusammenfinden, für das Ringen meines Volkes, der Mestizen, darum, christliche und indianische Glaubensvorstellungen zu einem zu verschmelzen. Außerdem ist sie für mich das Symbol der Vereinigung von Himmel und Erde, die Jungfrau Maria, weibliche Energie, die Vermittlerin, die die Bitten meiner Klienten direkt zu Gott bringen kann. Zugleich gilt sie auch als Tonantzin, die aztekische Erdgöttin, die uns daran erinnert, daß wir ein Teil der Erde sind und uns um sie kümmern sollten. Die Jungfrau von Guadalupe trägt in der Taille einen Strick. Für die Indianer bedeutet dies, daß sie schwanger ist. Dieser Umstand erinnert uns auf wunderbare Weise an die Existenz von Neuanfängen, an das Hervorbringen neuer Möglichkeiten.

Auf der rechten Leinwand meines Triptychons ist der Neumond dargestellt, da er einen guten Zeitpunkt symbolisiert, um mit der eigenen Heilung zu beginnen. Immer wenn Sie in Ihrem Leben eine Wiedergeburt anstreben, sich dazu entschlossen haben, Veränderungen einzuleiten, sollten Sie eine Zeremonie während des Neumonds abhalten. Darüber hinaus symbolisiert der Mond ebenfalls weibliche Energien und erfüllt, wie die Jungfrau, eine Vermittlerfunktion.

Auf dem Altar selbst habe ich mehrere Darstellungen, die für jene Energien und Kräfte stehen, die ich bei der Heilarbeit um Hilfe anrufe. So wie die weibliche Energie auf dem Altarbild dargestellt ist, so verfüge ich auch über Darstellungen, die für die männliche Energie stehen. Zu den wichtigsten zählt Jesus als Säugling und ein Kreuz, welches seinen Tod symbolisiert. Für mich war er einer der größten Propheten, die je auf dieser Welt wandelten. Er lebte unter uns als armer Mann, litt so wie wir und starb am Kreuz für uns. Ich sage meinen Klienten immer, daß wir – gleich, welche Vorstellung von Gott wir auch haben – nicht sinnlos leiden sollen. Leiden ist ein Bestandteil des Lebens, doch wie alles andere befindet es sich im Fluß, erfaßt uns und läßt uns auch wieder los. Es ist nicht dazu bestimmt, ständig in unserer Seele zu wohnen. Menschen sterben, Katastrophen ereignen sich, Krankheiten verursachen Traurigkeit, doch wenn wir das akzeptieren, was wir nicht ändern können, und dann weitergehen, sind wir imstande, unnötiges Leiden loszulassen.

Ein weiteres wichtiges Bild auf meinem Altar ist ein aztekischer Krieger, der eine Adlerfeder in der Hand hält. Mehrere ältere Curanderos haben darauf hingewiesen, daß sie diesen Krieger neben mir haben stehen sehen; er ist unbedingt einer meiner spirituellen Beschützer und Führer.

Ich habe eine kleine Statue des Chacmool, eines Regengottes der Maya. Ich erwarb meinen Chacmool in der präkolumbischen Maya-Ruinenanlage in Chichén Itzá, als ich mich das erste Mal auf der

Halbinsel Yucatán aufhielt. Für mich symbolisiert er meine Mayaherkunft. Er liegt mit angezogenen Knien, erhobenem und nach rechts gewandtem Kopf auf dem Rücken und stützt sich mit den Ellbogen ab, wobei er mit den Händen eine ovale (Opfer)schale auf seinem Bauch festhält, die genau die richtige Größe für das Ei hat, das ich bei meinen *limpias* [spirituelle Reinigung] verwende. Wenn ich nach dem Ei greife, dann sehe ich jedesmal das Gesicht des Regengottes und weiß, daß er die Energie des Eies transformiert hat.

Da ich auf meinem Altar keine Darstellung der Sonne habe, eines in meiner Kultur sehr bedeutsamen männlichen Symbols, beginne ich meine Zeremonien immer im Osten, dem Ort der aufgehenden Sonne.

Ich habe stets frische Blumen auf meinem Altar, weil sie positive Energien anziehen und ein Teil der Erde sind. Pflanzen und frische Schnittblumen, die wir in unserem Zuhause und insbesondere im Schlafzimmer, wo wir schlafen und uns erholen, aufstellen, führen uns Heilenergie zu.

Auf dem Altar jedes Curanderos finden sich Gegenstände, welche die vier Elemente darstellen: Erde, Wasser, Luft und Feuer. Diese Elemente lehren uns, wie wir Gifte und schädliche Gefühle aus unserem Körper entlassen und wie wir uns reinigen und erden können. Auf meinem Altar symbolisieren Steine, Kristalle, Kopalharz und Holzkohle die Erde. Unser Globus ist ein Organismus wie unser Körper und muß Nahrung aufnehmen und Gifte ausscheiden ebenso wie wir. Ich erkläre meinen Klienten, daß wir den Schöpfer bitten müssen, uns von den Giften angesammelter negativer Energien ebenso zu reinigen, wie wir unseren Körper auch durch Urin und Stuhlgang von Abfallstoffen befreien. Wenn wir dies tun, dann kehren wir an den angemessenen und ausgeglichenen Ort in uns selbst zurück. Die Erde lehrt uns, wie wir ihr unsere Schwere überlassen, uns in ihrem Schwerpunkt verwurzeln und spirituell nähren können.

Ich habe immer ein mit Wasser gefülltes Gefäß auf meinem Altar, um mich und meine Klienten daran zu erinnern, daß die Meere und Flüsse in unserem Inneren ebenso präsent sind wie außerhalb von uns – das Gesamtwasser eines Erwachsenen beträgt bis zu 60 Prozent seines Körpergewichts und ist damit Hauptbestandteil unseres Körpers. Flüssigkeiten nähren jede einzelne unserer Zellen: Die Arterien transportieren mit Sauerstoff versetztes Blut zu unseren Herzen, und unsere Venen tragen das um Sauerstoff verminderte Blut wieder fort. Wir bitten unseren Schöpfer um klare innere Ozeane, die uns Nahrung bringen und Gifte abtransportieren. Weil unsere Gefühle »wässerig« sind, erinnert uns dieses Element auch daran, daß wir unsere Emotionen frei fließen lassen sollten. Wie Babys, die in einem Augenblick schreien und im nächsten lächeln und gurgeln, sollten auch wir uns nicht zu sehr an unseren Gefühlen festklammern.

Luft oder der Wind wird auf meinem Altar durch die Adlerfeder symbolisiert. Der Mensch kann nicht mehr als etwa drei oder vier Minuten leben, ohne zu atmen. Wenn wir einatmen, dann saugen sich unsere Lungen voll mit lebenerhaltendem Sauerstoff, und wenn wir ausatmen, dann stoßen wir das Abfallgas Kohlendioxid aus. In der Vorstellung meiner Tradition verbindet uns der Wind mit dem Himmel und symbolisiert unseren aufwärts gerichteten Wunsch, uns mit Gott zu verbinden, mit der Lebenskraft dieses riesigen Universums, das wir als unser Zuhause bezeichnen.

Die brennende Kerze auf meinem Altar und der Rauch des Kopalharzes, das ich bei den Zeremonien verbrenne, repräsentieren das Element Feuer. Menschen tragen »Feuer« in sich, weil ihre Körper Hitze und Energie erzeugen müssen, um Leben aufrechtzuerhalten, um die Nahrung, die wir aufnehmen, zu verbrennen, was wiederum die Zellen mit Energie versorgt. Unser Körper brennt vor Fieber, wenn wir uns von einer Krankheit reinigen, und wir fühlen uns von einer angenehmen Hitze durchströmt, wenn wir Leidenschaft spüren und uns dem Liebesspiel hingeben. Wir können Feuer nutzen, um zu zerstören, oder aber dazu, um Wärme, Heilung und Zuneigung zu schaffen. Die zerstörerischen Feuer des Zorns vermögen alles zu vernichten, was auf unserem Weg liegt, doch wenn wir den Schöpfer bitten, uns dabei zu helfen, das Feuer zum Schmelzen unseres kleinlichen Egos und unserer destruktiven Muster zu nutzen, dann kann es zu einer großartigen reinigenden Kraft werden.

Alvaro Estrada

Maria Sabina und die heiligen Pilze

Eines Tages erkrankte mein Onkel, Emilio Cristino, so stark, daß er nicht mehr aufstehen konnte. Ich war ein Kind von fünf, sechs oder sieben Jahren. Ich habe nie erfahren, was für eine Krankheit er hatte. Großmutter Estefania war sehr in Sorge und ging hinaus, um einen *Weisen* zu suchen, der Juan Manuel hieß. Er sollte den Onkel heilen.

Der *Weise*, Juan Manuel, war ein älterer Mann, und er kam nach Einbruch der Dunkelheit in unsere Hütte. Er trug ein Bündel aus Bananenblättern bei sich, das er mit sehr großer Vorsicht behandelte. Ich kam näher heran. Ich wollte sehen, was er in dem Bündel trug. Aber der *Weise*, Juan Manuel, nahm es ganz schnell in seine Hände und erlaubte nicht, näher zu kommen. Er warf mir einen strengen Blick zu und sagte: »Niemand darf jetzt sehen, was ich mitgebracht habe. Das ist nicht gut. Ein neugieriger Blick kann das zerstören, was ich bei mir habe.« Die Neugierde hielt mich wach. Ich sah, wie der *Weise*, Juan Manuel, die Bananenblätter auseinander rollte. Er nahm eine Menge Pilze heraus, frisch und groß, groß wie ein Handteller. Ich hatte die Pilze schon gesehen, im Wald, oben auf dem Berg, wo ich die Hühner und Ziegen hütete. Dort gab es viele Pilze. Ihre braune Farbe hob sich stark gegen die grünen Weiden ab.

Der *Weise*, Juan Manuel, war gekommen, um Onkel Emilio Cristino zu heilen. Zum ersten Mal war ich Zeuge einer *velada**, bei der die *ninos santos* genommen wurden. Verstanden habe ich das erst später. Ich sah, wie der *Weise*, Juan Manuel, die Kerzen anzündete und

* Velada (eigentlich: Aufbleiben, Nachtwache) ist die Bezeichnung für die Zeremonie mit den Pilzen.

mit den »Herren der Berge« (los duenos de los cerros) und den »Herren der Quellen« (los duenos de los manantiales) sprach. Ich sah, wie er die Pilze aufteilte und paarweise* zählte, und wie er jedem Anwesenden, auch dem Kranken, davon gab.

Etwas später, als es völlig dunkel war, sprach er. Er sprach und sprach. Seine Stimme klang sehr schön. Sie gefiel mir. Manchmal sang der *Weise*. Er sang und sang. Ich verstand seine Worte nicht genau, aber sie gefielen mir. Seine Sprache war ganz anders als die, die wir tagsüber sprechen. Es war eine Sprache, die mich in ihren Bann zog, ohne daß ich sie verstand. Es war eine Sprache, die von den Sternen erzählte, von Tieren und von anderen Dingen, die mir unbekannt waren.

Die Nacht war schon vor langer Zeit angebrochen, doch ich verspürte keine Müdigkeit. Ich saß ganz regungslos auf meiner Petate und verfolgte mit großen Augen diese *velada*. Oh ja, eines verstand ich. Es waren die Pilze, die den alten Juan Manuel dazu gebracht hatten, zu singen. Nach Mitternacht zündete der *Weise* eine Kerze an und stellte sie auf den Boden. Ich sah, daß er tanzte, und er erzählte, daß er Tiere sehe, Gegenstände und Personen. Nein wirklich, ich konnte das alles nicht restlos verstehen. Der *Weise* sprach ohne Unterlaß. Er brannte Weihrauch ab und rieb die Unterarme des Kranken mit San Pedro** ein.

---

* Die Pilze werden paarweise gegessen. Man sagt, sie treten nur als Paare auf, wobei ein Pilz der Mann, der andere die Frau ist. (A. d. Ü.)

** *San Pedro* ist ein Tabak (nicotina rustica) der zerrieben und mit Kalk, manchmal auch mit Knoblauch vermischt wird. Sein Gebrauch ist zeremoniell und man schreibt ihm die Kraft zu, gegen böse Einflüsse und gegen Zauberei wirksam zu sein. Er wird in einem Stoffsäckchen wie ein Skapulier getragen. Dieser Tabak ist identisch mit dem *piciete* oder *piziate*, wobei das Wort sicherlich eine Deformation des altmexikanischen Ausdrucks *picietl* (Nahuatl) darstellt. (Maria Sabina bezeichnet den Tabak als *San Pedro*, weil er vom Heiligen Petrus erschaffen worden sein soll. A.d.Ü.)

Gegen Morgen hin richtete sich der kranke Onkel, der unterdessen schon nicht mehr so schwach aussah, ein wenig auf. Der *Weise*, Juan Manuel, hatte ihn mit seiner Sprache belebt. Der Onkel stellte sich ganz hin. Das hatte er schon seit einigen Tagen nicht mehr getan. Seine Krankheit hatte ihn bettlägrig gemacht. Zwei Wochen später war Onkel Emilio Cristino wieder voll bei Gesundheit.

Seit der *velada*, bei der der *Weise*, Juan Manuel, den Onkel geheilt hatte, waren einige Tage vergangen. Maria Ana und ich paßten oben bei den Bäumen auf unsere Hühner auf, damit sie nicht den Sperbern oder den Füchsen zum Opfer fielen. Wir saßen unter einem Baum, und plötzlich sah ich ganz nah bei mir, in Reichweite meiner Hand, einige Pilze stehen. Es waren dieselben Pilze, die der *Weise*, Juan Manuel, gegessen hatte. Ich erkannte sie genau. Meine Hände gruben ganz behutsam einen Pilz aus und dann noch einen. Ich nahm sie nah, ganz nah zu mir heran und betrachtete sie. »Wenn ich dich esse und dich und auch dich, ich weiß, dann werdet ihr mich schön singen lassen«, sagte ich zu ihnen. Ich erinnerte mich, daß die Großeltern mit tiefer Ehrfurcht von diesen Pilzen sprachen. Deshalb wußte ich, daß sie nicht böse waren.

Ich dachte nicht mehr lange darüber nach. Ich führte die Pilze zum Mund und kaute sie. Ihr Geschmack war nicht sehr angenehm. Im Gegenteil, sie schmeckten bitter und nach Wurzeln und Erde. Ich aß sie ganz auf. Maria Ana, meine Schwester, sah mir zu und tat das gleiche.

Nachdem wir die Pilze gegessen hatten, überfiel uns eine leichte Übelkeit und ein Schwindelgefühl, so als wären wir betrunken. Aber diese Übelkeit verging, und danach waren wir sehr zufrieden. Ein wenig später fühlten wir uns ganz wohl. Das war eine neue Kraft für unser Leben. So empfand ich es.

Wenn wir in den folgenden Tagen Hunger hatten, aßen wir die Pilze. Und wir hatten nicht nur einen gefüllten Magen, sondern auch einen zufriedenen Geist. Die Pilze bewirkten in uns, daß wir zu Gott beteten, er möge uns nicht so leiden lassen. Wir erzählten ihm, daß wir ständig Hunger hätten und daß uns ständig kalt sei. Wir hatten nichts: nur Hunger und Kälte. Ich wußte nicht, ob die Pilze wirklich gut oder böse waren. Nicht einmal, ob man sie essen konnte oder ob sie giftig waren, wußte ich. Aber ich spürte, daß sie zu mir sprachen. Nachdem ich sie gegessen hatte, hörte ich Stimmen. Stimmen, die von einer anderen Welt kamen. Es war wie die Stimme eines Vaters, der Ratschläge erteilt. Die Tränen liefen uns in Bächlein über das Gesicht, so als weinten wir über die Armut, in der wir lebten.

Am nächsten Tag aßen wir die Pilze wieder, und ich hatte eine Vision: Ein Mann erschien. Er war gut gekleidet. Er war groß wie ein Baum. Ich hörte die geheimnisvolle Stimme, die sagte: »Das ist dein Vater, Crisanto Feliciano.« Mein Vater, der schon seit einigen Jahren tot war, gab mir die Ehre, ihn kennenzulernen. Der stattliche Mann, mein Vater, sprach. Er zeigte auf mich und sagte die folgenden Worte: »Maria Sabina, knie nieder, knie dich hin und bete!« Ich kniete nieder und betete. Ich sprach zu Gott, mit dem ich mich jedesmal mehr vertraut und dem ich mich jedesmal näher fühlte. Ich empfand, daß alles, was mich umgab, Gott war. Da merkte ich auch, daß ich viel sprach, und daß meine Worte wunderschön waren.

Maria Ana und ich aßen die Pilze immer wieder. Wir aßen sie viele viele Male. Manchmal kamen mein Großvater und meine Mutter zu uns herauf und hoben uns vom Boden auf, wo wir hingestreckt lagen oder knieten. »Was haben sie getan?« fragten sie. Sie nahmen uns auf die Arme und trugen uns ins Haus. Wir lagen in ihren Armen und lachten und sangen und weinten weiter. Niemals schimpften sie uns oder gaben uns gar Schläge dafür, daß wir Pilze gegessen hatten. Denn sie wußten, daß es gefährlich war, einen Menschen zu schimpfen, der die *cositas* gegessen hatte. Das kann nämlich entgegengesetzte Gefühle in ihm wecken, und es ist möglich, daß der bestrafte Mensch merkt, wie er verrückt wird.

In der folgenden Regenzeit, als die Pilze wieder zurückgekommen waren, aßen wir sie weiter. Einige Zeit später erfuhr ich, daß sie wie Gott waren; daß sie einem Weisheit verliehen; daß sie Krankheiten heilten; und daß unser Volk sie vor vielen vielen Jahren zu sich genommen hatte; daß sie Macht besaßen; daß sie das Blut Christi waren.

Jahre später, als ich das zweite Mal Witwe war, gab ich mich für immer der Weisheit hin, um Menschen von ihren Krankheiten zu heilen und um immer in der Nähe Gottes zu sein. Den Pilzen soll man Ehrfurcht erweisen. Im Inneren fühlte ich, daß sie mit mir verwandt waren. Sie waren wie meine Eltern, sie waren mein Blut. Es ist wahr, ich bin mit meinem Schicksal geboren, dem Schicksal, eine *Weise* zu sein. Ich bin eine Tochter der *ninos santos*.

Ich ging niemals zur Schule, wo man lesen und schreiben und Spanisch sprechen lernt. Meine Eltern beherrschten nur die Sprache der Mazateken. Ich habe nie eine andere Sprache gelernt. Außerdem wußte ich nicht, was die Schule war, noch wußte ich, daß es sie gab. Und wenn es sie gegeben hätte, wäre ich nicht hingegangen, weil wir gar keine Zeit hatten. Früher hat man viel gearbeitet. [...]

Viele Jahre nachdem ich Witwe geworden war, ich weiß nicht genau wie viele Jahre es waren, erkrankte meine Schwester, Maria Ana, zum ersten Mal. Sie hatte Schmerzen im Leib. Es waren stechende Schmerzen und so stark, daß sie sich krümmte und stöhnte. Jedes Mal, wenn ich sie sah, war es schlimmer. Wenn sie sich besser fühlte, nahm sie die Hausarbeit wieder auf. Aber eines Tages verlor sie die Beherrschung über sich und fiel auf der Straße in Ohnmacht. Ihre Ohnmachtsanfälle traten danach immer häufiger auf.

Ich hatte große Angst um ihre Gesundheit und holte Wunderärzte herbei, um sie heilen zu lassen, aber mit Betrübnis mußte ich zusehen, daß ihr Leid immer größer wurde. Eines Morgens erhob sie sich nicht mehr von ihrem Lager. Sie zitterte am ganzen Körper und stöhnte. Ich machte mir Sorgen wie nie zuvor. Ich rief mehrere

Wunderärzte zu Hilfe, aber es war zwecklos. Sie konnten meine Schwester nicht heilen.

Als ich an diesem Nachmittag wieder zu meiner Schwester ging, stellte ich sie mir tot vor. Meine einzige Schwester tot. Nein, das durfte nicht sein. Sie durfte nicht sterben. Ich wußte, daß die *ninos santos* Macht besaßen. Ich hatte sie als Kind gegessen, und ich erinnerte mich, daß sie nichts Böses bewirkten. Ich wußte, daß unser Volk sie gegessen hatte, um Krankheiten zu heilen. Daraufhin faßte ich einen Entschluß. In derselben Nacht noch wollte ich die Pilze essen. Und das tat ich dann auch. Meiner Schwester gab ich drei Paar. Ich selbst aß viele. Ich wünschte, sie würden mir eine ungeheure Kraft verleihen. Ich möchte nicht lügen, aber ich werde wohl an die dreißig Paar von den *derrumbes** gegessen haben.

Als die *ninos* in meinem Körper arbeiteten, betete ich und bat Gott, er möge mir helfen, Maria Ana zu heilen. Ganz allmählich merkte ich, daß ich mit umso größerer Leichtigkeit sprechen konnte, je länger ich sprach. Ich ging näher an die Kranke heran. Die *ninos santos* führten meine Hände zu ihrem Leib, und ich preßte ihre Lenden. Ganz sanft massierte ich sie dort, wo nach ihren Aussagen die Schmerzen saßen. Ich sprach und sang. Ich fühlte, daß mein Gesang schön war. Was die *ninos* mir sagten, das gab ich weiter. Ich fuhr fort, den Leib und die Lenden meiner Schwester zu drücken und zu pressen, und plötzlich trat eine starke Blutung ein. Wasser und Blut traten aus, so als würde sie gebären. Ich hatte keine Angst, denn ich wußte, daß ›der Kleine, der aus dem Boden sprießt‹ *(el pequeno que brota)* sie durch mich heilte. Die *ninos santos* gaben mir Ratschläge, und ich führte sie aus. Ich versorgte meine Schwester, bis die Blutung nachließ. Dann hörte sie auf zu stöhnen und schlief ein. Meine Mutter setzte sich zu ihr und paßte auf sie auf.

---

* Variante der halluzinogenen Pilze (*derrumbe* = der Abgrund).

Ich konnte nicht schlafen. Die *santitos* arbeiteten weiter in meinem Körper. Ich erinnere mich, daß ich eine Vision hatte: Einige Personen von hohem Ansehen erschienen vor mir und flößten mir Respekt ein. Ich wußte, daß das die Grundexistenzen (los Seres Principales) waren, von denen meine Vorfahren gesprochen hatten. Sie saßen um einen Tisch, auf dem viele beschriebene Papiere lagen. Ich wußte, daß es wichtige Papiere waren. Es waren mehrere Grundexistenzen, so ungefähr sechs bis acht. Einige schauten mich an, andere lasen in den Papieren auf dem Tisch, wieder andere schienen etwas zu suchen unter all den Papieren. Ich wußte, daß sie nicht leibhaftig waren. Ich wußte, daß es eine Offenbarung war, die mir die *ninos santos* gewährt hatten. Plötzlich hörte ich eine Stimme, eine Stimme, die sanft und streng zugleich war. Wie die Stimme eines Vaters, der seine Kinder liebt, sie aber mit Härte erzieht. Eine weise Stimme, die zu mir sagte: »Das sind die Grundexistenzen.« Ich verstand. Die Pilze sprachen zu mir. Ich empfand ein grenzenloses Glücksgefühl. Auf dem Tisch der Grundexistenzen erschien ein Buch, ein geöffnetes Buch, das immer größer wurde, bis es so groß war wie ein Mensch. Auf seinen Seiten standen Buchstaben. Es war ein weißes Buch, so weiß war es, daß es einen blendete.

Eine der Grundexistenzen sprach zu mir und sagte: »Maria Sabina, dieses ist *das Buch der Weisheit*. Es ist *das Buch der Sprache*. Alles, was in ihm geschrieben steht, ist für dich bestimmt. Das *Buch* gehört dir. Nimm es und arbeite damit.« Ich war zutiefst bewegt und rief aus: »Das also gehört mir. Ja, ich nehme es.«

Das *Buch* lag vor mir. Ich konnte es wohl sehen, aber nicht berühren. Ich wollte es streicheln, doch meine Hände griffen ins Leere. Ich beschränkte mich darauf, es zu betrachten, und in diesem Augenblick begann ich zu sprechen. Da merkte ich, daß ich *das Heilige Buch der Sprache* las. Mein *Buch*. Das *Buch* der Grundexistenzen. Ich hatte die Vollkommenheit erlangt, ich war nicht mehr nur ein einfacher Adept. Sie hatten mir das *Buch* gegeben, als Auszeichnung, gleichsam als eine Ernennungsurkunde. Wenn man die *ninos santos* nimmt, kann man die Grundexistenzen* sehen, nur dann und so, und nicht anders.

Die Pilze sind nämlich heilig. Sie geben einem *Weisheit*. Die *Weisheit* ist die *Sprache*. Die *Sprache* steht in dem *Buch*. Das *Buch* händigen einem die Grundexistenzen aus. Und die Grundexistenzen erscheinen einem aufgrund der starken Kraft der *ninos*.

Ich habe die Weisheit des *Buches* gelernt. Danach, in meinen späteren Visionen, erschien das *Buch* nicht mehr, denn ich bewahrte seinen Inhalt bereits in meinem Gedächtnis.

Die *velada*, bei der ich meine Schwester, Maria Ana, heilte, gestaltete ich so, wie die alten Mazateken es taten. Ich verwendete Kerzen aus purem Wachs und Blumen, Lilien und Gladiolen, man kann aber auch alle anderen Blumenarten verwenden, sie müssen nur Farbe und Duft tragen, außerdem benutzte ich Kopalharz und *San Pedro*. In einem Kohlebecken brannte ich das Kopalharz ab und in den Rauch steckte ich meine Hände, in denen ich die *ninos santos* hielt. Bevor ich sie aß, sprach ich zu ihnen und bat sie um ihre Gunst. Ich bat sie darum, uns zu segnen, ich bat sie darum, uns den Weg zu zeigen, die Wahrheit, die Heilung, ich bat sie darum, uns die Kraft zu geben, dem Übel nachzuspüren, um ihm ein Ende zu bereiten. Ich sagte zu den Pilzen: »Ich werde euer Blut trinken, euer Herz werde

---

* Übereinstimmend mit den Erklärungen, die uns die alten Leute von Huautla gegeben haben, sind die *Seres Principales* (Grundexistenzen, Grundwesen, Grundwesenheiten) Persönlichkeiten, die ein Gemeindeamt innehaben, oder aber man versteht darunter den Titel, den man einer Person gibt, die eine wichtige Stellung bekleidet. Im Mazatekischen sagt man: *chotaa-tji-tjon*. Bezüglich der Visionen von Maria Sabina sind die *Seres Principales* Personifikationen der Pilze, die sie gegessen hat. Die Pilze verwandeln sich in »Persönlichkeiten, die mit wichtigen Papieren umgehen«. Jemand in Huautla hat uns gesagt, daß die *Seres Principales* gleichsam *Schatten* oder *Personen* seien, die man normalerweise als Bauern gekleidet *sieht*, deren Gewandung einem aber in der Trance leuchtend und bunt erscheint.

ich zu mir nehmen, denn mein Gewissen ist rein und sauber wie das eure. Laßt mich die Wahrheit schauen. Mögen San Pedro und San Pablo mir beistehen.« Sobald ich mich schwindlig fühlte, löschte ich die Kerzen. Die Dunkelheit hilft einem dabei, auf den Grund der Dinge zu sehen. [...]

Maria Ana wurde gesund. Sie wurde für immer gesund. Zur Zeit lebt sie mit ihrem Mann und ihren Kindern in der Nähe von Santa Cruz de Juarez.

Vom Zeitpunkt der Heilung an hatte ich den vollen Glauben in die *ninos santos* gewonnen. Die Leute hatten bemerkt, wie schwierig es gewesen war, meine Schwester zu heilen. Viele Leute haben es erfahren und wenige Tage danach kamen sie, um mich aufzusuchen. Sie brachten ihre Kranken mit. Sie kamen von weither. Ich heilte sie mit der *Sprache* der *ninos*.

Wolf-Dieter Storl

Pflanzengeister

Eines Tages stellte mir eine Studentin einen alten Indianer vor. Die junge Frau sagte, sie sei eine adoptierte Cheyenne und Besitzerin eines Medizinbeutels. Sie hatte dem Ältestenrat des Stammes von meinen Vorlesungen über Heilkräuter am Sheridan College berichtet, und nun schickten sie einen der ihren, den Sonnentanzpriester und Ältesten der Dog Soldiers Bill Tallbull, um mich über die fremden Kräuter und Sträucher zu befragen, die mit den weissen Siedlern ins Land gekommen waren und nun hier und da neben den einheimischen Arten wuchsen.

Tallbull, beileibe kein Bilderbuchindianer, war nicht allzu gross, eher rundlich, und eine fettige Brille sass auf einer knolligen Nase, die sein von schweren Zeiten gezeichnetes Gesicht zierte. Wir mochten einander sofort. Bald kam er öfters zum Mittagessen oder zum *ranch breakfast*, wo wir uns an Brathühnchen, Elchsteak oder Wapitihirschbraten gütlich taten. Die Vegetarier unter den Lesern mögen erschaudern, aber aus Erfahrung wussten wir, dass die Prärieindianer als Nachfahren der Grosswildjäger Fleischgerichte über alles mögen und als Freundschaftsgeste entgegennehmen.

»Deswegen halten wir uns so viele Hunde, die träumen nämlich vom Fleisch. Ihre Träume werden wahr. Dann ist auch Fleisch für uns da«, sagte er und fügte augenzwinkernd hinzu, »und wenn kein Fleisch kommt, dann kochen wir Hundesuppe!«

Nach solchen Mahlzeiten machten wir uns auf in die Wildnis. Wir durchwanderten die mit würzig duftenden Beifussarten, hell leuchtenden Sonnenblumen, stacheligen grauen Gänsefussgewächsen und dürren Gräsern bewachsene Karststeppe. Manchmal führte unser Weg in die mit Gelbkiefern (*Pinus ponderosa*) bewaldeten Vorgebirge der Big Horn Mountains und in die Täler, in denen Erlen, Espen und mächtige Cottonwood-Pappeln die Anwesenheit von Quellen, Bächen und Biberkolonien verrieten. Dabei achteten wir auf jene Pflanzen, die einst als blinde Passagiere im Saatgut oder in den Mantelsäumen der Weissen mit eingewandert waren. Ich erläuterte ihm ihren Gebrauch in der europäischen Volksheilkunde.

Er probierte Baldrianwurzeln und stellte zu seiner Zufriedenheit fest, dass er nach dem Trinken eines Kaltwasserauszugs tief und gut geschlafen hatte. Auch Kenntnisse über den herzwirksamen Weissdorn, über Königskerze und Spitzwegerich als Lungenheilkräuter und über das Kunigundenkraut (*Eupatorium cannabium*) zur Vorbeugung gegen Grippe nahm er gerne entgegen, denn diese Leiden – Herzbeschwerden und Erkältungen – seien auch erst mit den Weissen erschienen. Er war froh, seinem Stamm damit in den kommenden Wintern helfen zu können.

Meine Frau durfte ihm Gerichte aus Wildgemüse und Gartenunkräutern wie Melde, Wegerich oder Burzelkraut (*Portulaca oleraceae*) vorsetzen. Bei der Brennesselsuppe wurde er stutzig. »Wo sind die Nadeln geblieben?« fragte er, nicht ohne eine Spur Misstrauen in der Stimme.

Als Gegenleistung sozusagen für mein eifriges Dozieren erwartete ich, dass er mir seinerseits die magisch-medizinischen Anwendungen der einheimischen Pflanzen offenbare, war aber zunehmend enttäuscht, wie wenig er enthüllte. Erst allmählich erinnerte ich mich daran, dass die Indianer nicht gern ihr Wissen preisgeben. Das Wissen um die Pflanzen ist Privatwissen, es wurde ihnen persönlich von einem Pflanzengeist in der Vision oder von einem anderen Schamanen geschenkt. Von materiellen Gegenständen, Werkzeugen, Tassen und Tellern, trennen sie sich leicht – man kann sich sogar ohne weiteres in ihr Auto setzen und damit wegfahren. Aber das von ihren Schutzgeistern offenbarte Wissen wird selten geteilt, schon gar nicht mit neugierigen Weissen. Trotzdem lernte ich viel. Wir kauten das geronnene, alte Harz der Ponderosa-Kiefern wie Kaugummi. Es duftete nach Mandarinen und schmeckte würzig. Er zeigte, wie man aus dem Saft des Eschenahorns (*Acer negundo*) Zucker gewinnt, aus der Rinde der Traubenkirsche (*Prunus virginiana*) ein starkes Abführmittel bereitet und aus der pfeffrigen Pferdeminze (*Monarda fistula*) einen schweisstreibenden Tee kocht. Letztere werden zur Vorbereitung für das Schwitzbad benutzt.

»Wenn die blasentreibende Hitze in der Schwitzhütte zu stark wird, kann man zur Erleichterung diese Wurzel kauen«, erklärte er, während er mit einem spitzen Stein eine Lakritzenwurzel (*Glycyrrhiza lepidota*) aus der Erde buddelte. Vier Hitzegrade gibt es in der Schwitzhüttenzeremonie. Die jüngere Generation, meinte er eher abschätzig, sei da viel zu verweichlicht, sie kaue schon bei den ersten Hitzegraden verzweifelt an der Wurzel herum. Auch Wacholder- und Beifussarten, die man zum Ausräuchern von bösen Geistern benutzen kann, oder duftende Kräuter, die man im Schwitzzelt auf die glühend heissen Steine legt, zeigte er mir.

Allmählich merkte ich auch, dass er mit meinem eifrigen Botanisieren nach der linnaeischen Methode, mit dem Aufzählen von Staubblättern, Stempeln und Blütenblättern, und erst recht mit der lateinischen Doppelbenennung, überhaupt nichts anzufangen wusste. Er nahm die Pflanzen ganz anders wahr als jemand, der sich sein Wissen aus Büchern oder im Botanikstudium angeeignet hat. Langsam begriff ich, dass die Indianer *mit* den Pflanzen reden, nicht nur *über* sie. Sie sehen die Pflanzen als beseelte Wesen, nicht als Dinge.

An einer Stelle stiessen wir auf einige blühende Schierlinge (*Conium maculatum*). Ich war mir sicher, diese ausgeprägte Giftpflanze würde ihn beeindrucken. Die unangenehm nach Mäuseharn riechende Ausdünstung, die kränklich anmutenden, rötlich-lila gesprenkelten Stengel und die entvitalisierten, weisslichen Blätter tragen die Signatur von Siechtum und Tod. Ich war erpicht darauf, ihm zu erzählen, dass ein auf die Hoden appliziertes Pflaster aus den Blättern einer Kastration gleichkäme, dass der Philosoph Sokrates mit dem Saft dieses Doldenblütlers umgebracht wurde, dass Schierlingssamen in den Hexensalben Verwendung fanden. Tallbull hörte gar nicht zu. »Wir Cheyenne meiden diese Pflanze. Einer aus unserem Volk hat einmal ein Stück Wurzel gekostet, seither ist er teilweise gelähmt und nicht mehr richtig im Kopf!« Das war sein einziger Kommentar.

Ein anderes Mal stiessen wir auf eine grüne Schlingpflanze, die schlangenähnlich über die benachbarten Büsche und niedrigen Äste der Bäume kroch. Die herzförmigen Blätter der Liane lagen wie die Schuppen eines Reptils übereinander. Erfreut ging ich auf die seltene Stechwinde (*Smilax*) zu und wollte sie untersuchen. Der Indianer jedoch sprang einige Schritte zurück, als habe er eine wahrhaftige Giftschlange gesehen, und schwieg. Er war sichtlich erleichtert, als wir weitergingen. Am selben Abend träumte meine Frau, die uns bei dieser botanischen Exkursion begleitet hatte, von dieser Pflanze. Das Gewächs verwandelte sich tatsächlich in eine Schlange, eine giftgrüne Riesennatter. »Hier, wo ihr wohnt, lauert Gift!« zischte das Reptil ihr ins Ohr. Wir wohnten zu der Zeit in einer alten Blockhütte, einem Relikt aus der Pionierzeit. Tatsächlich hatte man die Balken eifrig mit DDT und anderen Holzschutzmitteln getränkt, damit die Termiten den Bau nicht in einen Haufen Sägemehl verwandeln würden. Es stimmte, seit wir in diese Hütte gezogen waren, fühlten wir uns von Tag zu Tag unwohler. Auch bei schlechtem Wetter hatte sich unser Hund geweigert, drinnen zu schlafen – das hätte uns ein Zeichen sein sollen. Nachdem wir ausgezogen waren, ging es uns gesundheitlich allmählich wieder besser.

Das Erlebnis öffnete mir die Augen. Ich hatte mir eingebildet, der alte Indianer sei gekommen, um von mir, dem weissen College-Professor zu lernen. Langsam beschlich mich die Vermutung, dass ich eigentlich der Lehrling war. Ich liess ab von meinen ethnozentrischen Vorurteilen und liess es gelten, wenn er sagte, dass Pflanzen

»green people«, ein grünes Volk, seien, dass sie ebenfalls in Stämme gegliedert sind, dass sie nicht nur botanische Objekte darstellen. Unser Geplauder führte mich in neue Dimensionen.

Ebenso wie Menschen und Tiere, erklärte er mir, haben die Pflanzen eine, aus *vier* Teilen bestehende »Seele« (*Hematasuma*), die ewig ist, aber zeitweise in Erscheinung treten kann. Das gilt vor allem für wildwachsende Pflanzen. Die Hematasuma der domestizierten Gewächse der weissen Farmer seien dagegen schwächlich und verkümmert. Ihnen fehlen Seelenteile. »Der hochgezüchtete Hybridmais hat vielleicht nur noch zwei Seelenteile«, mutmasste Tallbull, »er kann nicht mal mehr ohne Hilfe, ohne Dünger und Pflanzenschutzmittel, wachsen. Solche Pflanzen haben keine Kraft, sie können keine Kraft geben, und wer sich nur von ihnen ernährt, wird selber Seelenteile einbüssen, bis auch er nur noch aus zwei oder drei Teilen besteht.« Ein gewisses Unbehagen beschlich mich. Unwillkürlich musste ich an die Pläne der Nahrungsmittel-Multis denken, die im biotechnologischen Wettlauf Milliarden ausgeben, um genmanipulierte Nutz- und Kulturpflanzen zu erzeugen.

»Die Pflanzen-*Hematasuma* geben sich selber von sich aus zu erkennen und enthüllen dem Medizinmann ihre Heil- und Zauberkräfte. Sie ›adoptieren‹ den Medizinmann gewissermassen als ihren Sohn oder Neffen. Nicht der Mensch, sondern die Pflanzen selber sind es, die das Ritual des Sammelns und Heilens bestimmen!«

Ich konnte nur staunen, denn bis dahin hatte ich die Pflanzen als völlig passive Wesen betrachtet, als willenlose Träger zufällig nützlicher Molekularkombinationen und als Produkte der natürlichen Auslese. Was ihre Rolle in Mythe und Sage betrifft, sah ich sie als willkürlich gewählte Versatzstücke im Spiel des Symbolisierens.

»Die Pflanzengeister erlegen dem Medizinmann Speise- und Verhaltensvorschriften auf, die er unbedingt beachten muss, wenn er sie nutzen will.« Bei diesen Worten begriff ich, dass die wahre Pflanzenkunde eigentlich gar nicht von einem anderen Schamanen, geschweige denn aus einem Buch erworben werden kann, sondern nur vom Pflanzengeist selber oder von einem anderen *Maiyun*, einem machtvollen Geistwesen. Es handelt sich in der Beziehung zur Pflanze um ein ganz persönliches Verhältnis.

Bill Tallbull unterschied verallgemeinernd zwischen den oberen Geistern (*Maiyun*), die hoch oben am Himmel wohnen, wo die Adler fliegen, und den unteren Geistern, die unmittelbar auf der Erde leben. Will sich ein solcher Geist einem Menschen zeigen, dann kann er beispielsweise in eine Sonnenblume schlüpfen und einen blauen Lichtstrahl aussenden. »Viele erschrecken, wenn sie so etwas sehen«, sagte der alte Sonnentanzpriester, »aber der Geist will nur mit ihnen in Verbindung treten. Wer dieses Leuchten wahrnimmt, dem möchte der Geist etwas von seiner Kraft schenken. Als Dank muss man ihm immer etwas Tabak geben. Ein Päckchen Bull Durham oder einige Züge von der Zigarette genügen im Notfall auch. Man kann den Geistern auch Decken schenken, kleine Stoffstreifen, damit sie es schön warm haben.«

Wieder begriff ich etwas, was ich noch nie zuvor bedacht hatte, nämlich, dass ein wahrer Pflanzenkundiger hellsichtig sein muss. Tallbull erklärte, dass diese Hellsichtigkeit, falls nicht von Geburt an vorhanden, in der Visionssuche in der Wildnis erworben werden kann. Aber das ist nicht leicht. Vier Tage und vier Nächte sollte der Visionssucher allein in der Wildnis ausharren, ohne zu essen, ohne zu trinken, ohne zu schlafen. Falls sich am letzten Tag noch kein helfendes Geistwesen – oft in der Gestalt eines sprechenden Tieres – eingestellt hat, kann er etwas Blut oder ein Fingerglied opfern und wie ein armes verlassenes Kind um Mitleid flehen. Vielleicht werden dann die Geister gnädig und offenbaren sich.

Alberto Villoldo

Krafttiere

Schlange

Jeder Tier-Archetyp strahlt eine andere Art von Energie aus. Im Süden symbolisiert die Schlange Wissen, Sexualität und Heilung. Als der möglicherweise am weitesten verbreitete Archetyp hat die Schlange schon immer die Heilkraft der Natur repräsentiert. Der Merkurstab oder Caduceus besteht aus zwei Schlangen, die sich ineinander um einen Stab schlingen. Moses hatte einen Schlangenstab bei sich, als er die Israeliten durch die Wüste führte. In der westlichen Mythologie brachte uns die Schlange die Frucht vom Baum der Erkenntnis. Im Osten ist es die zusammengerollte Schlange der Kundalini-Energie.

Schlangen repräsentieren die ursprüngliche Verbindung zum Weiblichen und sind daher ein Symbol der Fruchtbarkeit und der Sexualität. Die Schlange repräsentiert jedoch nicht den Sex als solchen – dies ist eine weit verbreitete, aber dennoch falsche Vorstellung. Sie symbolisiert vielmehr die ursprüngliche Lebenskraft, die ständig auf Vereinigung und Schöpfung aus ist. Denk daran, dass jede Zelle in deinem Körper sich ständig teilen und fortpflanzen will. In der Natur ist die Fruchtbarkeit das kreative Prinzip des Kosmos. Wir können das kreative Prinzip des Südens herbeiholen, wenn wir den Archetypus der Schlange anrufen. Wenn ich mit einem Klienten arbeite, der seine Lebenslust verloren hat und keine Energie und keinen Enthusiasmus mehr verspürt, verbinde ich ihn mit der Energie des Südens und schicke ihn in Begleitung des Spirits der Schlange nach Hause. Ich weiß, dass dadurch seine Lebensgeister wieder erwachen.

Jaguar

Das Tier des Westens ist der Jaguar. Er erneuert und transformiert das Leben im Regenwald. Während die Schlange die Heilkraft repräsentiert, die nach und nach immer tiefer wirkt, steht der Jaguar für plötzliche Transformation, Leben und Tod. Es mag uns seltsam anmuten, dass die transformierende Kraft im Universum mit dem Tod verknüpft sein soll, doch für die amerikanischen Ureinwohner haben beide Energien denselben Ursprung. Was über längere Zeit existiert, verändert und erneuert sich ständig. Was sich nicht verändert, verschwindet. Sie wissen, dass es einen stabilen Zustand immer nur für eine bestimmte Zeit gibt, weil alles im Universum in Bewegung ist.

In Nordamerika zünden die Schamanen das Unterholz an und setzen damit die unkontrollierbaren Kräfte des Jaguars frei. Dadurch kommen sie einem Feuer durch Blitzschlag zuvor, das den gesamten Wald vernichten könnte. Sie anerkennen, dass Chaos und Ordnung, Ausdehnen und Zusammenziehen der natürliche Lebenszyklus ist.

Wenn wir krank werden, haben wir nicht nur die Möglichkeit, wieder gesund zu werden, sondern können sogar den Quantensprung zu einem größeren Wohlbefinden machen. Heilen ist nicht nur eine Methode, mit deren Hilfe Symptome beseitigt werden. Durch wirkliche Heilung können wir immer bessere Gesundheitszustände erlangen. Ich habe mit 60- und 70-jährigen Klienten gearbeitet, die sich nie zuvor im Leben wohler gefühlt hatten. Dies ist die Energie des Jaguars. Ein eingefahrenes System lässt sich nicht so leicht verändern. Wenn alles in Ordnung ist, sind die Menschen in der Regel zufrieden. Sie sind nur bereit, sich zu verändern, wenn es ihnen schlecht geht. Krisen bieten daher große Chancen. Wenn wir die Energien des Jaguars aufnehmen, können wir unseren Körper transformieren, sodass er schneller heilt und langsamer altert. Je länger ich lebe, desto mehr bin ich davon überzeugt, dass wir – wie die Katzen – neun Leben haben. Am Schluss von jedem dieser Leben (andere Menschen nennen sie vielleicht Lebensstufen oder Lebensphasen) ist es wichtig, das alte Selbst zu begraben und los[zu]lassen, um danach wie ein Jaguar in die Zukunft zu springen. Andernfalls beschäftigen wir uns noch Jahre mit einem Selbst, dem wir schon lange entwachsen sind.

Die Dschungelkatze ist der Diener des Regenwalds und hütet den Eingang des Todes. Der Jaguar hilft das zu zerreißen, was sterben muss, damit das Neue geboren werden kann. Ein Wirbelsturm verkörpert die chaotische Energie des Jaguars, ein Bienenstock oder eine Ameisenkolonie hingegen in ihrer Komplexität und Schönheit seine organisatorische Kraft. Die Jaguar-Energie wirkt sowohl auf der Ebene des Individuums als auch auf der eines Dorfes oder einer größeren Organisation. Manchmal muss eine Ehe aufgelöst werden, damit die beiden Partner gesund bleiben und überleben. Ein anderes Mal muss ein Dorf verlassen werden, damit die Dorfbewohner an einem anderen Ort gedeihen können. Über ganz Amerika verstreut gibt es immer wieder Beweise dafür, dass Dörfer ohne einen für uns offensichtlichen Grund aufgegeben wurden. Die Menschen taten so etwas als Antwort auf die zyklische Natur von Chaos und Ordnung. Die Anasazi, die Maya und die Inka verließen in periodischen Abständen ihre Wohnstätten, um sich woanders neue Dörfer zu bauen.

Vor ein paar Jahren geriet ein Waldbrand in unmittelbarer Nähe von Machu Picchu außer Kontrolle. Tagelang bekämpfte die Feuerwehr die Flammen, die einen Bergkamm nach dem anderen erfassten und bereits eine Fläche von über 4000 Hektar vernichtetet hatten. Es war gerade Trockenzeit, in der es in diesem Teil der Anden niemals regnete. Als das Feuer bis auf wenige 100 Meter an Machu Picchu herangekommen war, hielt eine Heilerin eine Zeremonie an den Ruinen ab. Alle beteiligten sich an dem Ritual, selbst die Archäologen. Als die Flammen die Stadt des Lichts der Inka erreicht hatten, zog sich der Himmel plötzlich zu und ein gewaltiger Regen löschte das Feuer. Die Schamanin meinte, dass der Spirit des Regenwaldes in Gestalt eines Jaguars ihr geantwortet und den Regen geschickt habe. Ich persönlich glaube, dass das Land durch die Zeremonie wieder ins Gleichgewicht kam und sich dadurch der Regen einstellte.

Auf Bali wird von einem Dorf erzählt, in dessen Umgebung es sechs Jahre lang nicht geregnet hatte. Keiner der ortsansässigen Schamanen war in der Lage, den Regen zurückzubringen, denn sie waren zu sehr in das lokale Muster verstrickt und konnten es daher nicht beeinflussen. Die Felder verdorrten, und die Dorfbewohner waren es leid, von der Großzügigkeit ihrer Nachbarn zu leben. Schließlich wurde eine Schamanin aus einem Dorf, das zwei Berge entfernt lag, um Hilfe gebeten. Als sie ankam, fiel ihr sofort das allgemeine Elend auf. Sie bat die Dorfbewohner um eine Hütte, in der sie fasten und meditieren konnte. Nach drei Tagen trat sie wieder aus der Hütte, der Himmel hing voller schwarzer Wolken, und Donnerschläge hallten durch das Tal. Einen kurzen Augenblick später brach der Regen los. Das ganze Dorf lief zusammen, um zu feiern. Alle tanzten wild im Regen. Als die Dorfältesten die Schamanin fragten, was sie getan habe, antwortete sie: »Als ich ankam, war euer Dorf so im Ungleichgewicht, dass auch ich aus dem Gleichgewicht kam. Ich musste mich daher in eine Hütte zurückziehen und fasten und beten. Als ich wieder im Gleichgewicht war, kehrte auch das Dorf ins Gleichgewicht zurück und der Regen kam.«

Wenn ich mit Klienten arbeite, die sich in der Krise befinden und keinen Lebensmut mehr haben, schicke ich sie mit der Jaguar-Energie nach Hause. Oft glauben meine Klienten, dass es sich dabei bloß um eine Metapher handele. Aber ich bin mir sicher, dass das Jaguar-Prinzip »Tod oder Leben« ihnen helfen wird, die Teile in sich sterben zu lassen, die sterben müssen. Gleichzeitig hilft ihnen der Jaguar, neue Hoffnung zu schöpfen und aus dem Chaos heraus zu einem neuen Gleichgewicht zu finden. Die Jaguar-Energie kann herbeigerufen werden, um die unkontrollierte Ausbreitung eines Krebsgeschwürs oder eines Waldbrands aufzuhalten. Sie hilft einer sterbenden Person, Frieden zu finden in dem Chaos, das den Sterbeprozess begleitet, und geleitet sie zurück in die Spirit-Welt.

Die Bewohner des Regenwalds verehren den Jaguar auch deswegen, weil er die schweren Energien im Leuchtenden Energiefeld transformieren kann. Es heißt, wenn der Jaguar in eine Zeremonie hineinspringt, verschlingt er die negativen Emotionen wie Wut, Angst und Kummer. Der Jaguar ist eine spirituelle Putzkolonne, die dicke und schwere Energien in leichte verwandelt. Als Hüter allen Lebens beschützt er den Raum, in dem eine Zeremonie durchgeführt wird, vor allen negativen Energien, die sonst in den Heilkreis eindringen könnten. Wenn Klienten spirituellen oder psychologischen Schutz brauchen, verbinde ich sie mit der Energie des Jaguars. Oft berichten sie dann, eine große Katze in ihren Träumen zu sehen. Um mit dieser Energie zu heilen oder Gleichgewicht ins Leben zu bringen, müssen wir persönlich mit dem Spirit des Jaguars vertraut sein.

Kolibri

In der nördlichen Richtung repräsentiert der Kolibri den Mut, den man haben muss, um sich auf eine erlebnisreiche Reise zu begeben. Kolibris fliegen jedes Jahr über den Atlantik von Brasilien bis hinauf nach Kanada. Auf den ersten Blick scheint der Kolibri nicht gut für einen Transatlantikflug ausgestattet zu sein. Seine Flügel haben nicht die majestätische Spannweite eines Adlers, und sein kleiner Körper kann keine großen Nahrungsreserven anlegen. Dennoch antwortet er jedes Jahr auf den uralten Ruf, sich auf einen langen Flug zu begeben. Sein Verhalten ist vergleichbar mit dem eines Lachses, der ins Quellgewässer des Flusses zurückkehrt, in dem er geboren wurde. Wenn ich mit Klienten arbeite, die sich auf die erlebnisreiche Reise des Lebens begeben, helfe ich ihnen dabei, sich mit der Energie des Kolibris zu verbinden. Es handelt sich dabei nicht nur um eine inspirierende Metapher für eine Reise, sondern um eine energetische Verbindung mit diesem Naturprinzip. Wenn wir von den Energien dieses Archetypus durchdrungen werden, starten wir zu unserer eigenen Erlebnisreise, die uns schließlich zurück zu der Quelle führt, wo unser Spirit seinen Ursprung hat. In jenem angestammten Blumenmeer trinken wir dann aus vollen Zügen den Nektar unserer Leben.

Die Nord-Energie hilft uns, die große Reise zu beginnen, auch wenn noch so viel dagegen zu sprechen scheint. Wenn wir nicht über genug Zeit, Geld oder Wissen verfügen, um das umzusetzen, was wir vorhaben, gibt uns der Kolibri den Mut und die Gewissheit, dass wir es schaffen werden.

Den Archäologen zufolge kamen die ersten Amerikaner vor tausenden von Jahren auf einer Landbrücke über die Beringstraße. Sie durchquerten Alaska und besiedelten das Gebiet, das heute aus Kanada und den USA besteht. Was trieb die frühen Siedler an, das zugefrorene Schelfeis zu überqueren, um in die Neue Welt zu kommen? Warum blieben sie nach dieser großen Wanderung nicht in Nordamerika, wo sie alles Lebensnotwendige in Hülle und Fülle vorfanden? Warum machten sie sich stattdessen auf den entbehrungsreichen Weg durch die trockenen Wüsten von Mexiko, um den Rest des amerikanischen Kontinents zu besiedeln? Lebende Wesen lieben es, die Welt zu entdecken und auszukundschaften. Dieser Instinkt steckt in jedem von uns. Wenn wir uns dem Ruf des Kolibris verschließen, fangen wir an zu sterben. Wenn wir unsere Bequemlichkeit über unseren Entdeckungsdrang stellen oder den Wunsch der Seele zu wachsen missachten, beginnen wir zu verkümmern. Wenn wir aber den großen Instinkt, zu lernen und zu entdecken, in uns erneut erwecken, verschwinden Verdruss und Langeweile und unser Leben wird wieder spannend.

Adler

Der Osten wird vom Adler oder Kondor repräsentiert, der visionäre Kraft und Klarheit verleiht. Der Adler überschaut das gesamte Panorama des Lebens, ohne sich in den Einzelheiten zu verlieren. Die Energien des Adlers unterstützen uns darin, eine übergeordnete Vision für unser Leben zu finden. Die Augen des Kondors sehen in die Vergangenheit und in die Zukunft, sie helfen uns zu erkennen, woher wir kommen und wohin wir gehen.

Wenn ich mit Klienten arbeite, die in Traumata der Vergangenheit stecken geblieben sind, versuche ich sie mit den Energien des Adlers oder des Kondors zu verbinden. Wenn seine Energie in das Heilungsgeschehen eingreift, entsteht bei den Klienten oft eine neue Klarheit und Lebenszuversicht. Es handelt sich dabei nicht um intellektuelle Einsicht, sondern um einen Ruf, der zuerst noch schwach und kaum wahrnehmbar ist. Er weckt die Lebensgeister und zieht die Klienten aus ihrem Leid, sodass sie wieder für das Schicksal offen sind.

Jeder Mensch hat zwar eine Zukunft, aber meiner Meinung nach haben nur wenige Menschen ein Schicksal. Ein Schicksal zu haben bedeutet, voll das ganze menschliche Potenzial auszuleben. Man braucht dafür kein berühmter Politiker oder Schriftsteller zu werden, das eigene Schicksal muss einfach eine höhere Bedeutung und einen tieferen Sinn haben. Auch als Straßenfeger kann man ein Schicksal haben. Andererseits kannst du der Chef einer großen Firma sein und ein Leben führen, dem es an Bedeutung mangelt. Man kann sich selbst dem Schicksal öffnen, aber das erfordert eine große Portion Mut. Andernfalls läuft das Schicksal an uns vorbei und führt uns nicht zu der Erfüllung, die diejenigen kennen, die sich in unwegsames Gelände vorwagen. Der Adler ermöglicht es uns, über den Dingen zu schweben, die unser Leben einengen und unsere Energie und Aufmerksamkeit in Anspruch nehmen. Er verleiht uns die Flügel, die wir brauchen, um uns über das alltägliche Abstrampeln hinauszuheben und die Höhen zu erklimmen, die dem Himmel nahe sind. Adler und Kondor repräsentieren das selbst-transzendierende Prinzip der Natur.

Biologen haben herausgefunden, dass das Prinzip der Selbst-Transzendierung die Evolution vorantreibt. Lebende Moleküle versuchten ihr Selbstsein dadurch zu transzendieren, dass sie zu Zellen werden, dann zu einfachen Organismen, die sich zu Gewebeformen weiterentwickeln, dann zu Organen und schließlich zu komplexen Wesen wie Menschen oder Walen. Jedes Durchgangsstadium enthält schon in sich den nächsten transzendierenden Sprung. Zellen enthalten Moleküle, gehen jedoch über sie hinaus. Organe bestehen aus Zellen, sind aber viel höher entwickelt. Wale verfügen zwar über Organe, können aber nicht auf der Ebene dieser Organe beschrieben werden, da das Ganze stets mehr ist als die Summe seiner Teile.

Das transzendierende Prinzip, das der Adler verkörpert, geht davon aus, dass man Probleme ab einer bestimmten Stufe am besten dadurch löst, dass man seinen Blickwinkel verändert. Die Probleme der Zelle werden am besten von Organen gelöst, während Organe am besten in Organismen wie Schmetterlingen oder Menschen aufgehoben sind. Das gleiche Prinzip ist in unserem Leben wirksam, wie es das Modell der russischen Puppe veranschaulichen mag. Die materiellen Bedürfnisse entsprechen der winzigen Figur im Innern der Puppe. Die größere emotionale Puppe umgibt diese kleine Puppe, und beide zusammen werden von der äußeren spirituellen Puppe umschlossen. Dieses Beispiel macht deutlich, dass wir emotionale Bedürfnisse nicht mit materiellen Dingen befriedigen können, wohl aber auf spirituelle Weise. Wenn wir eine Stufe höher gehen, umfasst die Lösung auch unsere emotionalen Probleme. Wir erheben uns mit den Schwingen des Adlers über die scheinbaren Ausweglosigkeiten des Lebens und betrachten das Leben aus einer neuen Perspektive.

Schamanisches im Alltag

Um eine Lösung für ein Problem zu finden

Wenden Sie sich gen Osten, denken Sie an das Problem und sprechen Sie: »Großvater Sonne, du kommst jeden Tag, um die Dunkelheit zu vertreiben. Ich bitte dich, dein Licht zu spenden, damit ich sehe, wohin mein nächster Schritt mich führt.«

Bear Heart

Luisa Francia

Kraft schöpfen

Bevor du in einen schamanischen Heilprozeß eintauchst, den du vielleicht mit schulmedizinischen Methoden mischen mußt, solltest du alle deine Kräfte sammeln und dich ganz auf deine Stärken konzentrieren, denn es hat wenig Sinn, eine Heilung mit zerrissenen Kräften und Zweifeln anzufangen. Wenn du dich heilen willst und dabei denkst: Das kann ich eh nicht!, solltest du lieber noch ein bißchen warten und ärztliche Hilfe in Anspruch nehmen. Das Wichtigste für eine Heilung, wie auch immer sie zustande kommen soll, ist, daß du ganz hinter der Entscheidung stehst, die du getroffen hast. Denn auch die Ärztin/der Arzt kann dich nur heilen, weil du daran glaubst. Bevor du diese Entscheidung triffst, schare deine Energiespender um dich.

Glücksmomente sammeln:
Erinnere dich an alles, das dich froh und glücklich macht, an alles, das dich je erfreut, in Ekstase versetzt hat. Steigere dich hinein, versuch das Glücksgefühl zu spüren, zu riechen, zu schmecken und präge dir Symbole dieser glücklichen Situationen und Augenblicke ein. Ich ging zum Beispiel als Kind mit meiner Mutter und meiner Schwester in die Berge. Dort war ich sehr glücklich. Wenn ich heute an Silberdisteln, knorrige Kiefern oder graue Felsen denke, kann ich dieses Glücksgefühl abrufen. Ein anderes Beispiel: Ich war allein in Paris, ich hatte unbedingt dorthin fahren wollen, aber die Reise verlief nicht so, wie ich es mir vorgestellt hatte. Eines Tages saß ich ziemlich frustriert in einem Straßencafé am Boulevard Daumesnil. Ich hob die Kaffeetasse zum Mund, und da geschah es: Ein Straßenkehrer öffnete den Hydranten, verschob das Lumpenbündel, das

den Wasserstrom regulieren sollte, die Sonne glitzerte auf dem Wasser. Diesen Augenblick habe ich als Glücksblitz, als Erleuchtung empfunden. Wann immer ich mir den Hydranten, den Straßenkehrer und die Tasse Kaffee vorstelle, durchfließt mich dieses Glücksgefühl.

Alle deine Stärken zusammentragen:
Mag sein, daß es tausend Dinge gibt, die du nicht kannst, bei denen du dich blöd anstellst oder die du nie lernen wirst, vergiß es. Sammle alle Eigenschaften, und seien sie noch so fragmentarisch, die du an dir magst, alle Dinge, die du kannst und gern tust. Ich zum Beispiel pflücke gern ein paar wilde Blumen, stelle sie in eine Vase und schaue sie an. Ich schaffe es immer, sie so zusammenzustellen, daß sie mir große Freude bereiten. Du magst sagen, das sei keine Stärke oder auch keine Kunst. Ganz im Gegenteil, das ist eine meiner größten Stärken, weil es mir gelegentlich mehr bedeutet als eine kluge Diskussion, bei der ich meinen Standpunkt klarmachen kann (was ich ganz gut kann). Schönheit, an der ich mich erfreue, Schönheit, die ich in meiner Umgebung schaffe, ist eine Stärke, die mich nährt. Ich kann nicht besonders gut schifahren, aber ich fahre sehr gern, das empfinde ich auch als Stärke. Ich fahre zudem selten, wenig ambitioniert und nie, wenn viele Menschen fahren. Dann sehe ich die Berge ringsum und weiß, wie hoch ich auch hinauffahren werde, ich schaffe es, wieder hinunterzufahren, irgendwie, ohne Eleganz, aber sicher, dieses Gefühl macht mich glücklich, und ich weiß, daß auch Glücksgefühl eine Stärke ist. Ich kann sehr gut Spaghetti al pomodoro kochen, was eine echte Kunst ist, weil das ein sehr einfaches Gericht ist, das in den meisten Restaurants beschissen schmeckt, weil sie dort denken, etwas Einfaches muß gleichzeitig schlecht sein. Und ich kann gut auf meiner Meinung beharren, wenn ich weiß, daß sie für mich wichtig ist – auch eine Stärke. Ich kann das Leben leichter machen, weil ich mir vorstellen kann, daß Sorgen, Probleme und

Schwierigkeiten wie Wasser auf Fett von mir abtropfen. Und was kannst du alles?

Hausaltar/Reisealtar:

Dieser Altar ist gar nicht religiös gemeint, er ist ein Symbol der Dinge und Kräfte, die du liebst und gern um dich hast. Die meisten Frauen haben so einen Hausaltar ohnehin. Du kannst dir zum Zweck der Heilung aber auch extra einen anlegen. In einer ruhigen Ecke deiner Behausung stellst du entweder ein Bild oder eine Figur einer Göttin oder einer Frau auf, die du magst, du kannst natürlich auch einen Stein oder eine Muschel nehmen. Um diesen Mittelpunkt gruppierst du Sand, Erde, Steine, Blüten, Stoff, Silberpapier, Seidenpapiere, Fotos, Perlen – was dir so einfällt, ganz nach deinem Geschmack. Du kannst eine Kerze anzünden, du kannst auch deinen Heilwunsch aufschreiben und unter einen Stein legen. Ein Hausaltar hat den Vorteil, daß es ein Ort ist, der zu nichts nützlich ist und deshalb Ruhe in das tägliche Treiben bringt. Davor zu sitzen und einfach alles abfließen zu lassen, ist schon eine Wohltat.

Der Reisealtar kann eine kleine Schachtel, ein Beutel, eine Pillendose, ein altes Portemonnaie sein. Darin trägst du kleine Fetische, Fotos, eine Haarlocke, ein Steinchen, eine kleine Muschel, etwas Erde oder was immer dir Kraft bringt. In Tibet gibt es wunderschöne silberne Amulettkästchen, in denen heilige Dinge an einem Band um den Körper getragen werden. Auch Amulettschatullen, die um den Hals getragen werden, können sehr hüsch und wirksam sein. Die Ureinwohner Amerikas tragen kleine Medizinbeutel um den Hals, in denen sich Steine, Krallen, Kraftgegenstände ihrer ersten Visionssuche befinden. Der Reisealtar kann von dir selbst zusammengestellt sein, aber du kannst dir auch von einer Person, die du [als] heilsam empfindest, einen Kraftbeutel oder ein Amulettkästchen machen lassen. Die Bezahlung dafür sollte ein Tausch sein.

Glücksnest:

Ich habe zu all diesen Kraftspendern noch ein Glücksnest, das ist eine alte Spanschachtel, in der ich Dinge aufbewahre, die für mich Glück symbolisieren. Ein Delphin aus Gummi, eine uralte Tarotkarte »Glück« von meiner Oma, ein Bernstein, ein kleiner Lederbeutel, ein Kristall, eine Briefmarke aus Tibet, ein Vogelnest, eine rote Vogelfeder aus Afrika …

Das Glücksnest kannst du beleben, indem du das Glück einlädst, dort Platz zu nehmen. Du mußt es ihm natürlich schön gemütlich machen …

Reinhard Bögle

Schamanismus und Yoga

Mit einem ersten Zittern fing alles an. Beziehungen und Bewegungen organisierten sich von da an zu Erlebnissen und Erfahrung.

In Nepal nennt man die Schamanen »Zitterer«, denn auf diesem Gebiet sind sie Spezialisten. Ihr »Zittern« ist vielleicht vergleichbar mit dem Anschlagen einer Trommel oder der Bewegung, die der Wind erzeugt, wenn er durch die Blätter eines Baums streicht. Allerdings bringt das »Zittern« der Schamanen – anders als in den genannten Beispielen – ein zur Eigenresonanz fähiges, produktives Ungleichgewicht hervor. Diesem Zittern, dieser Vibration, liegt der Übergang aus einem in Ruhe befindlichen Gleichgewicht in ein sich entwickelndes dynamisches Ungleichgewicht zugrunde. Nach allgemeiner Einschätzung ist Yoga in diesem Zusammenhang entstanden. Die Yogis und Yoginis, die die grundlegenden Beziehungen zu sich selbst, zu den anderen, zur Natur zu begreifen suchten, sind eine Variante in der vielgestaltigen Welt des Schamanismus.

Etwa zwei Millionen Jahre lang lebten die frühen Menschen als Sammler und Jäger. Hier wurzelt die älteste Tradition, sich systematisch und methodisch mit Körper und Geist zu beschäftigen, etwas, das wir auch im Yoga wiederfinden. Yogis und Yoginis waren gute Beobachter von Pflanzen (zum Beispiel von Lotosblumen, Bäumen), von Tieren (zum Beispiel von Ochsen, Hunden, Kobras), von Naturrhythmen (Tag, Nacht, Jahreszeiten) sowie von Menschengruppen und von menschlichen Erfindungen (zum Beispiel der Erfindung des Rads). Im Yoga wurden die Beobachtungen in eine Sprache und in eine praktische Methode umgesetzt, die nicht mehr einzig an die Gebräuche und Sitten der lokalen Lebensgemeinschaften gebunden waren, sondern von jedem Menschen verwendet werden können. »Passend verbinden« (*yui*) – damit beschäftigt sich Yoga. Ein Bild dafür ist der fahrende Ochsenkarren: Das Joch verbindet die Kräfte der Ochsen mit dem Rad und ermöglicht es somit dem Wagenlenker, sie für die menschlichen Ziele einzusetzen.

Schamanen und Yogis wussten um Gesundheit und Krankheit. Sie waren Fachleute, die die Logik von Gesundheit und Krankheit verstanden haben. Yoga-Übungshaltungen und -Bewegungen (Asanas) finden sich daher schon in über zweitausend Jahre alten Ayurveda-Texten. Yoga wird dort als Mittel genannt, um die Erfahrung, gesund zu sein, zu erreichen.

Die Asanas sind der Natur abgeschaut und beruhen auf angewandten Naturgesetzen. So gibt es ein Hunde-Asana, ein Baum-Asana, ein Dreiecks-Asana. Es gibt Asanas, um den gezielten Energieeinsatz zu üben, ein Kopf-Asana (Kopfstand), ein Rumpf- und Glieder-Asana (Schulterstand) und einen Lotossitz, ein Kobra- und Fisch-Asana, ein Boots- und ein Bogen-Asana. Niemand auf der Welt kennt sich wohl so gut aus mit den Bewegungen und dem Ausruhen der Atmung, mit dem Zittern der Atmung, den noch ruhigeren Bewegungen der Atmung und den durch sie beobachtbaren Beziehungen (Pranayama) wie die Yogis. Der gesamte mentale Bereich – die Sinne, das Denken, Fühlen und Aufmerksamsein – ist von ihnen ausgiebig in Selbst- und Denkexperimenten erforscht worden.

Wie kann die konzentrierte Ruhe erlebt und verstanden werden, die ähnlich der ist, die vor dem ersten Zittern, der ersten Bewegung war? Wie kann das deutlich hörbare und dennoch ruhige Geräusch der eigenen Atmung über das innere Ohr gehört und doch nicht beeinflusst werden? Diesen Fragen und Aufgaben hat sich Yoga gestellt. Ausgegangen wird vom Menschen, der nicht nur angenehme Erfahrungen macht – und daher etwas braucht, um die Grundlage seiner Erfahrung sozusagen wieder auf null zu stellen und unvoreingenommen einen Neuanfang zu finden. Viele Denktraditionen und übende Verfahren sind in der Folge davon beeinflusst worden. Yoga hat eine eigene Tradition entwickelt. Es handelt sich um eine Erlebnis- und Denktradition, die sich von den ersten, die dazu fähig waren und es verstanden haben, über eine Vielzahl von Menschen einiger hundert Generationen bis zu den heutigen Yogakennern erstreckt. Dabei war sie, wie der Yogakenner T. K. V. Desikasar sagt, immer abhängig von der Kapazität des Lehrers, von der Kapazität des Lernenden und von der Beziehung, die zwischen beiden möglich war.

Besonders interessant ist, dass diese mental-emotionale Geschichte und Tradierung des Konkreten an den für Yoga wichtigen Punkten viel genauer ist, als Bücher oder Abbildungen es sein können. So versuchte B. K. S. Iyengar das Utthitatrikon-Asana (Aufgerichtetes Dreiecks-Asana) in Bildern und in Worten zu dokumentieren. Nach einigen Jahren Arbeit und Hunderten von Fotos ließ er die Idee als undurchführbar fallen. Er hat dieses Asana in über sechzig Jahren praktisch unterrichtet, vielen Menschen gezeigt und gelehrt und Lehrer dafür ausgebildet.

Die Lehrsituationen und Bilder, die im Yoga verwendet werden, wie etwa der Baum, ermöglichen es jedem aufs Neue, der Natur abzuschauen, was zu tun ist. Dies ist ein wichtiges Stilmittel des Lernens von Yoga. Ähnlich ist das Konzept des inneren Lehrers/der inneren Lehrerin ein im Yoga ausgeprägter Weg des Lehrens und Lernens geblieben. In vielen Schamanismus-Traditionen spielt der innere Lehrer/die innere Lehrerin ebenfalls über Träume und innere Erlebnisse eine große Rolle. Zuerst ist der äußere Lehrer wichtig; im Laufe der Jahre gewinnt der innere Lehrer immer mehr an Bedeutung, etwa wenn im Yoga das Bein, das sich besser strecken kann, zum »Lehrerbein« wird und so dem anderen Bein das Strecken beigebracht wird, bis beide es ähnlich gut beherrschen. Auf diese Weise entsteht eine neue Ausgangssituation für etwas ganz anderes, zum Beispiel für eine freiere Atmung. Von Beginn an wurde die Bedeutung von Lernen in der schamanischen, yogischen Tradition als eine natürliche und ständige Aktivität des Menschen angesehen, die nur geringfügig durch eine geeignete äußere Lernumgebung, die der Lehrer darstellt, beeinflusst wird.

Ähnlich ist es mit den Yogatexten, die später entstanden sind. Von Generationen von Fachleuten sprachlich perfekt ausgearbeitet, dienen sie dem lebendigen Gedächtnis als Arbeitsmittel; sie wurden von Lehrern erklärt und zwischen Schülern und Lehrern diskutiert. Doch wie könnte jemand, der das Beginnen der Bewegungen und das Beruhigen nicht kennt, dies aus einem Text oder Bild herauslesen? Wie könnte jemand, der nie Mangos gegessen hat, aus Beschreibungen verstehen, wie diese Früchte schmecken?

Eine der philosophischen Grundannahmen geht davon aus, dass Leiden in der Welt ist und dass Mittel zu suchen sind, das Leiden zu beeinflussen. Dazu dient die schamanische, yogische Analyse, die in der Samkhya-Philosophie genau beschrieben ist. Ein wichtiger Lernprozess besteht darin, die Teile zusammenzuzählen und dann passend neu zusammenzusetzen. Dies ist ein Vorgang, der unmittelbar auf eine Neustrukturierung von Körper und Mentalem verweist und der durch den Lernprozess selbst methodisch herbeigeführt wird. Die erste Aufgabe ist daher, die Teile zu beobachten und zu entdecken. Zum Beispiel die Knochen im lebendigen Menschen beobachten und entdecken, während man auf einem Bein steht: die Beinknochen spüren, verstehen, erleben, was sie sind – und sie dann, wenn jeder Teil einzeln verstanden worden ist, passender wieder zusammenzusetzen. Dies verlangt neue, nützlichere, geeignetere Ideen und Konzepte. Künstlerisch knapp hat dies Joseph Beuys formuliert, als er sagte: »Ich denke mit dem Knie.«

Schamanisches ist nicht Religion. »Wir haben keine Religion. Uns gab es schon viel früher«, sagt die heute in Nepal lebende Schamanin Parvati Rai. Der Schamane und Schamanenforscher Jabrane Sebnat äußert sich ähnlich: »Es ist keine Religion, es ist eine Art zu leben, die auf Erfahrung basiert und auf dem Sammeln von Energien aus natürlichen Quellen.« Die beiden Mittel, um zu gültigen Erkenntnissen zu gelangen, sind nach der Philosophie und Praxis des Samkhya und Yoga erstens die eigene Wahrnehmung und zweitens die im Zusammenhang mit ihr durch Rückschlüsse und Logik entwickelten mentalen Modelle.

Ein wichtiges schamanisches Element ist die Erzeugung von Hitze; im Yoga wird dies *Tapas* genannt. Nach den Lehren des Ayurveda ist es *Pitta* oder genauer der *Agni* genannte Teil von *Pitta*, der für die Umwandlung zuständig ist. Die Hitzeentwicklung des Feuers dient als Muster für diesen Prozess. Das Lernfeuer (*sadhaka pitta*) wird in logisch durchdachter, methodischer Form auf die Erzeugung balancierter Erfahrungen und verbesserter mentaler Modelle angewandt. Und selbst diese Modelle sind möglicherweise vorübergehend, wenn neue Erfahrungen zu integrieren sind und neue mentale Modelle erforderlich werden.

Dieses Denken charakterisiert der wohl wichtigste Schamanenforscher Claude Lévi-Strauss als »Wissenschaft vom Konkreten«. Sie ist der abstrakten Wissenschaft gleichwertig; sie ist nur von anderer Art. Erfahrungen des Konkreten werden in Begriffen des Konkreten beschrieben. Im Yoga und auch im Ayurveda hat sich dies bis auf den heutigen Tag in präziser Weise erhalten. Die konkreten Erfahrungen werden an Orten wie Handgelenk, Knie, Wade oder Brustkorb gemacht, und aus den Beobachtungen werden neue Modelle entwickelt. Diese »frischen« Erfahrungen und Gedanken sollen den »welken« ein Gegengewicht entgegensetzen, so beschreiben es die Yogatexte. Das Studium der Texte und das Lernen mit einem Lehrer sind eine dritte, nur noch relativ wichtige Quelle.

Die Methoden der Schamanen waren vielfältig, und noch vielfältiger sind die Methoden, die sich im Weiteren daraus entwickelt haben. Mit familien- und gruppenaufstellungsartigen Treffen und individuellen Erlebnisprozessen, stundenlangen Gruppentänzen, gemeinsamen Essen und anderem mehr versuchen die Schamanen,

Energie zu sammeln. Die Kampftechniken, die aus der indischen Kunst des Kalarippayat stammen – wie Shaolin, Karate, Taekwon-Do –, oder der indische Tanz sind weitere Formen. Und natürlich Yoga, das methodisch und logisch wohl differenzierteste Mittel, das den Prozess auf das Einfachste konzentriert hat und inzwischen weltweit verwendet wird.

Das Ziel dieses (inneren Selbst-) Lernprozesses ist frei sein (*mukti*, *moksha*). Dies haben die Schamanen angestrebt, dies ist auch das erklärte Ziel der Yoginis und Yogis: frei sein von Krankheit, frei sein für die Gefühle, die Körperwahrnehmung, die eigenen Erfahrungen, Wünsche und Bedürfnisse – mit dem Mut, etwas zu tun, das auch einmal missglückt und so neue Lernprozesse in Gang setzt. Dazu gehört auch mehr Freiheit in der sozialen Gruppe und im Konfliktfall die Entwicklung neuer Werte. Daher sagen die Yogis: Man kann nur meditieren in einer Gesellschaft, in der auch die anderen Menschen glücklich sind.

Gabrielle Roth

Rhythmus und Tanz

Stell dir vor, daß du alleine in deinem Zimmer bist. Du stehst völlig still da, ruhig wie die Nacht. Ein sanfter Trommelschlag setzt ein, und du spürst, wie sich dein Atem hebt und senkt, sich ausdehnt und zusammenzieht. Du läßt deinen Kopf nach vorne fallen, spürst sein Gewicht; laß ihn um deine Schultern kreisen, bewege ihn nach oben und unten, von der einen zur anderen Seite. Schwere, langsame Bewegungen, die in deine Schultern gleiten. Jetzt deine Ellbogen. Langsame, schwere Bewegungen, die in der Luft Formen schneiden. Dann sind deine Hände an der Reihe und fahren ihren Tanz auf. Deine Hüften werden von dem um sich greifenden Feuer erfaßt, sie drehen und wenden sich immer wieder im Kreis. Deine Knie beugen und strecken sich, umschreiben kleine und große Bögen. Und schließlich gleiten, stampfen, steppen deine Füße – experimentieren mit einem Dutzend von Gehmöglichkeiten. Nun sind alle Teile deines Instrumentes gestimmt.

Der langsame Trommelschlag fängt deine Füße ein, und du gehst mit diesem *fließenden* Rhythmus, steigerst ihn, treibst ihn: Einatmen, Heben, Ausdehnen, Öffnen; dann Ausatmen, Senken, Zusammenziehen, Schließen. Immer wieder reitest du auf dieser Bewegungswelle, bis du dich wie eine wach werdende Katze streckst. Langsam wirst du von der Musik eines einsamen Saxophons erfaßt, und du wirst zu einem Kontinuum von Bewegung mit unendlich vielen Formen, wenn du dich auf und ab bewegst, aufgehst und untergehst wie eine volle Sonne. Du atmest tief ein und aus, in deinen Bewegungen gibt es keine scharfen Kanten, sondern nur Kurven, endlose kreisende Bewegungen, die ineinander übergehen. Dein Körper ist ein Meer von Wellen geworden – eine kraftvolle, gleichbleibende rhythmische Bewegung, die in der Erde verwurzelt ist, entspannt und zentriert, in allen Richtungen *fließend*.

Der Schlag der Trommeln steigert sich, die pulsierende Energie ergreift deinen Körper, und du beginnst dich in einer scharfen, klar umrissenen Weise *im Stakkato* zu bewegen, jede Bewegung hat ihren Anfang und ihr Ende. Deine Arme und Beine werden Schlaginstrumente. Du bist nun der Inbegriff des *Stakkato*, dein Körper dreht sich in eckigen Bewegungen, Arme blitzen auf, Füße stampfen, eins mit deinem Puls, du ernährst dich von der Luft, atmest in einer Bewegung aus, atmest mit der nächsten Leben ein.

Dein Körper ruckt und zuckt und stößt um sich, gerät in ein Muster und wiederholt es immer wieder, bis es stirbt und ein neues Muster geboren wird.

Jetzt steigert sich der Takt, das Tempo wird schneller. Du gehst über die Schneide in das *Chaos*. Du wirst von einem uralten Ritus erfaßt, stürzt immer tiefer in dich hinein, ein endloser Strom intuitiver Bewegungen. Dein Körper dreht sich im Kreis, biegsam wie eine berauschte Stoffpuppe, die Wirbelsäule bewegt sich wellenförmig, der Kopf ist locker, die Hände fliegen in der Luft, die Füße sind im Takt gefangen.

Du bist elektrisiert, angetörnt, angeschlossen an etwas Größeres als du selbst. Du bist vibrierend, sprühend, lebendig.

Nach dem Höhepunkt des Chaos werden die Trommeln sanfter, und dein Körper taucht in den trance-ähnlichen Zustand des *lyrischen* Rhythmus ein – geerdet und doch schwebend. Die Leichtigkeit des Seins bewegt deine Füße, dein Tanz ist getragen von der Anmut der Luft. Dein Körper zieht langsame Schleifen wie ein Vogel im Wind, hüpfend, springend, auf- und abtauchend.

Schließlich kehrt die *Stille* in deinen Tanz ein und ruft dich in die Räume zwischen den Tönen, zwischen den Knochen, zwischen den Bewegungen. Dein Körper verwandelt sich in viele Gestalten, hält sie eine Zeitlang und spürt ihre Schwingung, läßt sie dann wieder gehen. Deine Aufmerksamkeit richtet sich auf deinen inneren Tanz, dorthin, wo alles lebendig ist, wach, bewußt. Du hast dich in den Tanz hinein aufgelöst, und der Tanz ist in dir. Stell dir vor, wie du ruhig dasitzt und nichts tust, einfaches Sein.

Die Rhythmen existieren nicht nur im Tanz; sie leben in jedem Aspekt unseres Daseins. Denke an deine schönsten sexuellen Erfahrungen. Oft bleiben wir beim Sex in einem Rhythmus hängen, doch manchmal reiten wir die Welle bis zum Ende. Sinnlich und langsam, sanft und zärtlich *fließen* die Energien im Vorspiel zusammen. Dann erwacht die Leidenschaft, und ein pulsierendes *Stakkato* beginnt. Du verlierst die Kontrolle und gibst dich dem orgasmischen Rhythmus des *Chaos* hin, jenseits aller Gedanken und Ängste. Dann folgt das süße Schwelgen im traumhaften *lyrischen* Zustand, der schließlich in das sinnliche Nachglühen der seligen *Stille* übergeht.

Oder erinnere dich an die Rhythmen bei der Geburt eines Kindes. Die Wehen setzen mit einer sanften, wellenförmigen Bewegung in der Gebärmutter ein, gehen über in starke, stechende Kontraktionen; schwellen zu unerträglichen, den ganzen Körper umfassenden Schmerzen an und dann schließlich die letzten Preßwehen, die das Kind herausdrücken und die Freude durch jede Zelle jagen lassen und schließlich die ekstatische Stille, die in der Umarmung mit deinem säugenden Kind ihren Höhepunkt findet.

Im Laufe der Jahre habe ich herausgefunden, daß diese Rhythmen – fließend, Stakkato, Chaos, lyrisch und Stille – die veränderliche Struktur, die DNA, unseres körperlichen Seins darstellen. Wir wissen aus der Physik, daß sich alles in Bewegung befindet und die einzige Möglichkeit, die Wirklichkeit wahrhaftig zu verstehen, besteht darin, in Begriffen der Bewegung zu denken. Rhythmus, Schwingungen, Frequenzen – die Sprache der ständigen Bewegung, des ständigen Wandels.

Die Herausforderung liegt also darin, sich dieser Rhythmen bewußt zu werden, sie voll und ganz zu erleben, in sie einzutreten. Wir müssen lernen zu erkennen, in welchem Rhythmus wir uns befinden, wie wir auf ihm reiten können, wie wir ihn verändern können; zu spüren, in welchem Rhythmus sich andere befinden und wie die verschiedenen Rhythmen sich gegenseitig ergänzen oder im Widerspruch zueinander stehen. Wir müssen herausfinden, welcher Rhythmus in uns vorherrschend ist – sind wir ein fließender Typ oder ein chaotischer? Welche Rhythmen sind für die Menschen in unserem Leben charakteristisch? Wir müssen uns auf die wellenförmigen Rhythmen der einzelnen Zeitabschnitte – unserer Tage, Wochen, Monate, Jahre – einstimmen.

Jeanne Achterberg

Biofeedback

Die klinischen Aspekte von Biofeedback erfordern, daß der Patient lernt, »etwas« mit seinem Geist zu tun, um eine bewußte Kommunikation mit dem Körper zu erreichen. Dieses »etwas« bezieht sich nicht auf Worte, sondern auf Vorstellungsbilder, die die verschiedenen sensorischen Systeme und die Motorik (Seh- und Hörsysteme, Bewegungsgefühl und Tastsinn) beschäftigen. [...] Die Biofeedbackinstrumente zeigen dem Patienten an, ob das innere Bild die gewünschte Wirkung hatte oder nicht, das heißt, ob die Temperatur gestiegen oder gefallen ist, die Spannung der Muskulatur oder die Gehirnwellen sich verändert haben. Biofeedback ist für jede Art des Lernens wichtig. Ohne Rückmeldung über unsere Leistung würden wir nie lernen, wie man Fahrrad fährt oder eine mathematische Aufgabe löst, geschweige denn, wie wir unsere Physiologie verändern können.

Biofeedback enthält auch schamanische Aspekte: Rituale werden durchgeführt, die Versuchsperson tritt in einen veränderten Bewußtseinszustand ein, unternimmt eine Reise in andere Realitäten und betritt einen Bereich, in dem Informationen über die Heilung zugänglich sind. Die Reise ist jedoch ausschließlich eine innere und führt nicht zur Unter- und Oberwelt der Schamanen.

Die Nutzung der Technologie auf dem Gebiet der imaginären Heilung gibt dem Schamanismus eine völlig neue Perspektive. Schon immer waren es nur wenige kühne Menschen, die Schmerzen und Gefahren mutig die Stirn boten, sich ganz ihrer Berufung verschrieben und mit ihrer Fähigkeit der transpersonalen Heilung anderen halfen. Nun jedoch scheint es, als könnten wir mit unserem neuen Wissen über das Kommunikationssystem Körper- Geist und mit Hilfe der richtigen Übung – wie sie durch die neuen technologischen Entwicklungen möglich wird – willentlich einen veränderten Bewußtseinszustand herbeiführen und unsere eigenen Heilmechanismen in Gang setzen. Der traditionelle Heilungsschamanismus ist möglicherweise nach über 20 000 Jahren überholt.

Nun spricht nicht jeder Mensch gleich gut auf die Biofeedbacktherapie an. Die Überprüfung der Gründe in den Fällen mit negativem Ergebnis deutete auf menschliche, nicht auf technologische Schwierigkeiten hin. Bei allen Diagnosen läßt sich eine durchschnittliche Erfolgsquote von etwa 60 Prozent feststellen. Die Kliniken und Laboratorien, die diese Ergebnisse ermitteln, arbeiten mit bestens ausgebildeten Ärzten und einer kombinierten Behandlungsmethode, bestehend aus Biofeedback, Patientenerziehung und Meditation. Einen Menschen einfach nur an eine Maschine anzuschließen, wird keine Resultate bringen. Der Therapeut oder behandelnde Arzt muß – wie auch der Schamane – selbst durch seine eigenen, inneren, imaginären Landschaften gereist sein, um diesen »Weg ohne Worte« lehren zu können.

Bei Untersuchung der Charakteristika jener Personen, die nicht auf Biofeedback ansprechen, ergaben sich gleich mehrere Gemeinsamkeiten: Biofeedback erfordert die Mitarbeit von hochmotivierten Personen, die bereit und fähig sind, viel Zeit und persönliche Anstrengung auf ihre Gesundheit zu verwenden – und dies ist weder einfach noch billig. Zuversicht, Glaube und Vertrauen in den Lehrer sind notwendig. Doch diese grundlegenden Voraussetzungen einmal postuliert, scheint die Fähigkeit zur Erlangung der bewußten Kontrolle über die Physiologie, wie auch jede andere Fähigkeit, in allen Bevölkerungsschichten gleichmäßig vertreten zu sein.

In einer unserer kürzlich durchgeführten Untersuchungen wollten wir feststellen, worauf die individuellen Unterschiede bei der Erlernung der Biofeedbackmethoden beruhen, und es sieht so aus, als lägen sie an der Fähigkeit, die Imagination zu gebrauchen. [...]

Menschen, die ihrer Phantasie nicht freien Lauf lassen konnten, sich selten an ihre Träume erinnerten und als eher unkreativ bezeichnet wurden – sie hatten die meisten Schwierigkeiten mit Biofeedback-Reaktionen. Diese Erkenntnisse waren bei unserer Untersuchung jedoch zufälliger Natur, da es unsere eigentliche Absicht war, Biofeedback mit den üblichen Modalitäten der Physiotherapie zu vergleichen, und zwar mit Hilfe einer Gruppe von Frauen, die an rheumatischer Arthritis litten. Durch die Anwendung von Biofeedback sollten sie hauptsächlich lernen, sich zu entspannen. Die Biofeedbackgruppe war überaus erfolgreich mit Maßnahmen, die zur Verminderung von Schmerzen, Ängsten und Schlafstörungen führten. Doch die erfreulichsten und ermutigendsten Ergebnisse stammen aus der Analyse der Senkungsgeschwindigkeit des Blutes, die erstellt wird, um die Krankheitsaktivität zu messen: Am Ende der Untersuchungsperiode waren die Blutsenkungswerte aller Biofeedback-Versuchspersonen wieder normal.

Die Frauen, die ihre Imagination einsetzen konnten, erzielten die besten Ergebnisse, besonders wenn es um die Vorstellung des gewünschten Heilungsergebnisses ging. Dies, und die allgemeinen Resultate auf diesem Sektor, lassen den Schluß zu, daß die eigentliche Funktion von Biofeedback darin liegt, die Imagination zu schulen. Als Folge davon ist darin die Kommunikation mit den Systemen des Körpers über die imaginären Bahnen möglich. [...]

Irving Oyles Vorstellungsprotokoll

Die grundlegenden Anweisungen lauten wie folgt:

1. Finden Sie einen ungestörten Ort, machen Sie es sich bequem, schließen Sie Ihre Augen.
2. Konzentrieren Sie sich auf die Atmung; atmen Sie ein, und zählen Sie 1000, 2000, 3000, 4000; atmen Sie aus, und zählen Sie rückwärts, 4000, 3000, 2000, 1000.
3. Stellen Sie sich beim Einatmen vor, daß in Ihrem Körper vorn ei-

ne Welle der Energie aufsteigt und sich nach oben bewegt; beim Ausatmen stellen Sie sich vor, daß die Welle Ihren Kopf erreicht, sich über ihn hinweg nach hinten und am Rücken entlang wieder abwärts bewegt und an Ihren Fersen austritt.

4. Stellen Sie sich einen wunderschönen Ort mit all seinen Charakteristika vor, Laute und Gerüche usw., und stellen Sie sich weiterhin vor, wie sich Ihr Körper in dieser Umgebung fühlt. Fahren Sie mit der Atemübung fort, lassen Sie die Energie ungehindert fließen, und verweilen Sie in Ihrer Phantasie ca. fünfzehn Minuten an diesem Ort. Lassen Sie nicht in Ihrer Konzentration auf die Atmung nach, und lassen Sie die Energie fließen.
5. Schauen Sie sich an diesem schönen Ort nach einer Kreatur um, es könnte ein Tier, ein Mensch oder auch eine Pflanze sein. Dieses Lebewesen ist Ihr Verbündeter, Ihr Geistführer, Ratgeber, Psychoanalytiker.
6. Schließen Sie Freundschaft mit ihm, fragen Sie nach seinem Namen, lassen Sie dabei nicht in der Atemkonzentration nach. Verbringen Sie einige Zeit mit diesem imaginären Wesen, besprechen Sie ihr Problem mit ihm, und hören Sie auf seinen Rat.
7. Fragen Sie, ob es Sie täglich treffen möchte.
8. Um die Abmachung zu besiegeln, verlangen Sie einen Machtbeweis – entweder in Form einer Erleichterung der Symptome oder der Antwort auf eine Frage.

Die Instruktionen, die Oyle »Bedienungsanleitung für den Biocomputer« nennt, gehören zu den frühesten und vertrauenswürdigsten Heilmethoden, die der Menschheit bekannt sind. Sie sind in den Höhlen dargestellt, die unsere Vorfahren während des Paläolithikums bewohnten, und wurden uns in Liedern und Totems überliefert. Aus eigener Erfahrung möchte ich Ihnen raten, diese Übung nicht leichtfertig auszuführen. Ein etwas verändertes Sensorium als Folge der Atemübungen, die verschiedenen Wirklichkeitsstufen, die

die Psyche in das Zwielicht des Bewußtseins einwebt, und all die Dinge, die ins Bewußtsein rücken, nachdem sie in den Tiefen des Unterbewußtseins eingebettet lagen (manchmal aus gutem Grund) – dies sind die Ingredienzen für eine manchmal erschreckende, immer hochemotionale Erfahrung. Vielleicht möchten Sie ähnlich wie die Indianer verfahren, die die Authentizität des Verbündeten auf die Probe stellen: Fordern Sie ihn/sie auf, in den nächsten Tagen in irgendeiner Form in der alltäglichen Wirklichkeit zu erscheinen.

Daan van Kampenhout

Ein Altar für die Familienseele

Im schamanischen Kontext werden nicht nur unsere direkten Verwandten, wie unsere Eltern, Großeltern und so weiter, als unsere Vorfahren gesehen, sondern auch die Familienmitglieder, die früh verstorben sind und diejenigen, die keine Kinder hatten. Aus diesem Grund sprechen traditionelle Schamanen oft von den »früheren Generationen« anstelle von den Vorfahren. Hierin sind alle Menschen eingeschlossen, die vor uns gelebt haben und auf die eine oder andere Art Teil unserer Familie waren.

In der systemischen Arbeit benutzen viele Begleiter die Bezeichnung »Familienseele«. Damit meinen sie ein Bewusstsein, das auch alle Mitglieder früherer Generationen einer Familie enthält. Diese Familienseele ist eine aktive Kraft, die unser Leben beeinflusst: Was in den Leben der früheren Generationen positiv war, wird zu Stärke, die uns unterstützt, Ungelöstes dagegen manifestiert sich als Störungen. Die Individuen, die die Familienseele ausmachen, sind in unserem heutigen Leben anwesend. Sie können uns sowohl segnen als auch Schwierigkeiten bereiten.

Die spirituelle Kraft eines Schamanen oder Medizinmannes, der gestorben ist, kann nach seinem Tod in einer nachfolgenden Generation wieder auftauchen. Nach eigenen Aussagen traditioneller Menschen, mit denen ich gesprochen habe, können die Kräfte der Schamanen oder Medizinmänner bei direkten Abkömmlingen und Familienmitgliedern bis zu sieben Generationen später wieder zum Vorschein kommen. Das Gleiche gilt für alle spirituellen Kräfte, die Menschen in ihrem Leben entwickelt haben. Auch hiervon können spätere Generationen profitieren. Das folgende einfache Ritual kann man ausführen, um die Stärke, Fähigkeiten und Kräfte, die uns von der Familienseele übermittelt werden, zu empfangen. Hierfür baut man einen Ahnenaltar oder einen Familienseelenaltar. Ein derartiger Altar benötigt keinen komplizierten oder ausgiebigen Aufbau.

Zuallererst wähle einen Platz in deinem Haus aus, der relativ ungestört ist, zum Beispiel ein freier Platz auf dem Bücherregal oder auf einem kleinen Schränkchen. Im Wesentlichen wird der Altar aus verschiedenen kleinen Objekten erstellt, die entweder Familienmitgliedern früherer Generationen gehörten oder sie repräsentieren. Dazu gehören möglicherweise Fotos, Ringe oder Schmuck, persönlicher Besitz oder Symbole. Deine Eltern, Großeltern und andere Familienmitglieder, mit denen du eine besondere Verbindung hast oder deren Leben oder Schicksale eine spezielle Bedeutung für dich haben, können jeweils mit einem einzelnen Objekt oder Foto repräsentiert werden. Die anderen Familienmitglieder können dagegen mit einem allgemeinen Symbol vertreten sein. Wenn zum Beispiel die Familie deiner Mutter aus Ungarn stammte, kannst du eine kleine Landkarte von Ungarn zufügen.

Nachdem der Altar zu deiner Zufriedenheit aufgebaut ist, stellst du noch zusätzlich einen Kerzenständer und eine kleine Tasse dazu. Jetzt kannst du eine gewisse Zeit lang jeden Tag für die Familienseele eine weiße Kerze brennen lassen und etwas frisches Wasser in die Tasse geben. Dabei kannst du selbst entscheiden, über welchen Zeitraum das Ritual gehen soll, möglicherweise einen Monat, drei Monate, ein halbes Jahr oder sogar ein ganzes Jahr. In dieser Zeit zündest du jeden Tag eine Kerze an und opferst ein paar Tropfen frisches Wasser. Solltest du in dieser Zeit in Urlaub gehen oder durch andere Umstände für einige Tage nicht zu Hause sein, zähle die Tage, an denen du weg sein wirst. Bevor du dann auf Reisen gehst, zündest du eine Kerze für jeden Tag, den du fort bist, an. Du kannst auch mehrere Kerzen gleichzeitig brennen lassen. Nenne dann einfach den entsprechenden Tag, für den du die jeweilige Kerze anzündest.

Solch ein Altar wird von der Familienseele benutzt, um sich zu reinigen und zu stärken. Hierdurch können die von ihr stammenden guten Dinge einfacher zu uns kommen und Verstrickungen, die ein Erbe unserer Familien sind, etwas leichter gelöst werden.

Michael Harner

Tabak-Fallen

Schädliche Kraft-Eindringlinge herauszusaugen ist, wie wir gesehen haben, eine fortgeschrittene schamanische Technik, die beträchtliche Vorbereitungen erfordert. Eine viel einfachere Technik sind »Tabak-Fallen«, wie sie von mir genannt werden; sie sind die Umarbeitung einer Methode, die ich von einem Lakota Sioux Medizinmann aus Süddakota erlernte. Diese Methode basiert auf dem Prinzip, daß die eingedrungenen Geister Tabak lieben und davon angezogen werden. Das stimmt überein mit der Jívaro Ansicht, [...] daß der Schamane *tsentsak*, die für Krafteindringungen verantwortlichen Geister, ständig mit Tabakwasser tränkt. Die Sioux-Methode benutzt Tabakstränge oder Miniatur-Stoffsäckchen, die Tabak enthalten.

Für Tabak-Fallen werden die Stränge als Köder benutzt, um die eingedrungenen Geister, die im Körper einer kranken Person sein können, anzulocken und zu fangen. Eine Art, wie dies gemacht wird, besteht darin, daß man einen Kranz von Tabaksträngen um den Patienten legt, der auf dem Erd- oder Fußboden liegt. Wenn dann der Schamane damit beschäftigt ist, schädliche Kraft-Eindringlinge aus dem Patienten zu entfernen, hat er als Hilfe auch die Tabakstränge, um die Geister herauszuziehen. Wenn seine Extraktionsarbeit getan ist, rollt er die Tabakstränge sorgfältig zu einem Ball zusammen und bringt diesen sofort an einen entfernten Ort. Dort wird der Ball auseinandergenommen, und die Tabakstränge werden derart über die Zweige eines Baumes gehängt, wie das mit Flittergold auf einem Weihnachtsbaum gemacht wird. Das geschieht deshalb, damit sich die Geister weit entfernt von den Menschen, denen sie schaden könnten, verteilen.

Eine andere von mir manchmal angewandte Technik besteht darin, die Tabakstränge zu benutzen, um eine ganze Gruppe von Personen zu reinigen, die in einem Kreis zusammensitzen. Bei dieser Methode wird der Strang an dem einen Ende des Kreises von der Person links vom Schamanen gehalten. Der Schamane entrollt den Strang dann ganz um den Kreis im Uhrzeigersinn, wobei er bei jeder Person genügend freies Spiel läßt, daß sie ein Tabakband daran befestigen kann. Als nächstes wird ein großes Stück roten Stoffes in derselben Richtung im Kreis herumgereicht, von dem jeder mit einer Schere ein kleines Viereck für sich abschneidet und Stoff und Schere weiterreicht. Ein Päckchen reinen Tabaks (gewöhnlich Bull Durham) wird herumgereicht, aus dem jeder eine Prise auf sein kleines Stoffviereck tut und die Seiten zu einem Beutel zusammenfaltet. Konzentriert nimmt dann jeder Teilnehmer ruhig seinen schlimmsten persönlichen Schmerz und projiziert ihn in seinen Tabakbeutel. Dann bindet jeder im Kreis den Beutel an das Band. Wenn das geschehen ist, steht der Schamane auf und geht außerhalb des Kreises um die Gruppe herum, indem er seine Rassel schüttelt. Dies geschieht zur Unterstützung, um den Schmerz, die Verletzung, die Krankheit, das Unglück aus den Betreffenden in ihr Tabakband zu schütteln, das sie vor sich halten. Der Schamane umkreist weiter die Gruppe und schüttelt seine Rassel, bis er spürt, daß er in den schamanischen Bewußtseinszustand eintritt.

Sobald der Schamane an seinen Platz zurückkehrt und seine Rassel hinstellt, beginnt für ihn der schwierigste Teil der Arbeit. *Dazu muß er sicher sein, daß er mit Kraft gefüllt ist, so daß keiner der schmerzhaften, krankheitsverursachenden Geister, die in den Tabakstrang projiziert wurden, in ihn eindringen kann.*

Indem er sein Kraftlied singt, ergreift er ein Ende des Tabakstranges und schreitet langsam in die Mitte des Kreises. Er legt dieses Ende sorgfältig auf den Boden und singt weiter. Dann beginnt er langsam und mit großer Sorgfalt, den Strang aus den Händen der

Personen im Kreis zu ziehen, indem er ihn auf den Boden innerhalb des Kreises im Uhrzeigersinn in einer immer weiterwerdenden Spirale niederlegt. Bei dieser Prozedur kann der Schamane die Erfahrung machen, daß Wellen von Verzweiflung, Unglücklichsein und Schmerz über ihn hinwegspülen, während er langsam die miteinander verbundenen Tabakbänder niederlegt. Er spürt den Schmerz, den er von den Menschen im Kreis hinwegnimmt. Das kann eine fast überwältigende emotionale Erfahrung sein. Wenn schließlich das letzte Ende des Tabakstranges auf dem Boden liegt, singt er weiter sein Kraftlied, um sich selbst zu beschirmen. Dann wickelt er auf dem Boden kniend langsam und sorgfältig die Spirale zu einem Ball auf, indem er mit dem äußeren Ende beginnt. Während er das tut, kann er weiter intensiv die Gefühle von Schmerzen, Kränkung und Unglück der Zirkel-Teilnehmer spüren.

Sobald der Schamane damit fertig ist, nimmt er den Ball vom Boden auf und trägt ihn mit ausgestreckten Armen schnell hinweg aus dem Kreis an einen mindestens 400 Meter entfernten Ort. Dort entrollt er den Ball und drapiert die Bänder auf einem Baum. Er schließt seine Augen, stößt die den Baum umgebende Kraft von sich und geht sofort wieder weg. Die anderen können ihn aus der Ferne beobachten. Dann kehren alle wieder an ihren ursprünglichen Platz zurück, setzen sich im Kreis zusammen und geben sich die Hände, während sie das Kraftlied singen.

Johanna Wagner

Die Rufe-Es-Methode

Mein Leben verläuft wieder in ruhigen Bahnen. Ich besitze einen neuen Paß, meine europäische Mitarbeiterin hat das Wunder eines postwendend zugesandten neuen Internationalen Führerscheins zustande gebracht, mein braver VW ist repariert.

Die Ibisse sind als Gruppe zusammengeblieben. Es macht mir viel Freude, sie zu beobachten. Über meine parapsychologischen Horror-Trips denke ich jetzt auch ruhiger. Wenn es hier Menschen gibt, die abscheuliche Imaginationen schicken können, so muß ich mich eben damit abfinden. Aber unmerklich beginnt etwas Neues: Was wäre, wenn ich, statt nach Westlands zu fahren und mein Abendbrot zu essen, weiterführe? Weiter nach Westen, zu den Wäldern jenseits der Grenze. Aus dem harmlosen Gedankenspiel wird Verlangen. Das Verlangen wird so stark, daß ich meine ganze Vernunft aufbringen muß, um mein Alltagsleben fortzusetzen. Nach Westen, zu den Wäldern jenseits der Grenze! Zu den Wäldern? Aber ich fürchte mich ja vor den Wäldern! Wir sind seit Generationen Menschen des offenen Landes. Wir fühlen uns nur wohl, wenn wir überblicken können, was um uns her vorgeht. Das verbindet uns seelisch mit Nomaden und Seefahrern. Was also soll ich in den Wäldern? Ich mag sie nicht. Für mich sind Wälder nicht bergend, sondern verbergend.

Mein Großvater erzählte, daß man früher glaubte, die Katzen fürchteten sich deshalb vor dem Feuer, weil sie etwas zwinge, ins Feuer springen zu müssen. Ich hielt das für dummen Aberglauben. Nun kann ich diese Ambivalenz nachfühlen. Eines Abends finde ich mich – ohne Geld, ohne Visum, mit einem halbleeren Tank! – auf der Ausfallstraße nach Westen *hin zu den Wäldern jenseits der Grenze*. Ich reiße das Lenkrad herum, wende und fahre zurück. Das erfordert die gleiche psychische Kraft wie damals, als ich vom Sog der Ebbe weit ins offene Meer getragen worden war und zurück an die Küste zu schwimmen versuchte.

In der Nacht kommt *Es* wieder.

Ich beschließe, etwas Entscheidendes zu unternehmen. So geht das nicht weiter! Am anderen Morgen packe ich meine Bilanz ein. Vor ein paar Tagen hatte sie mir eine Mitarbeiterin aus Europa geschickt. Es ist eine erfreuliche Bilanz. Außerdem hatte man mir ein altes Foto nachgesandt, das man beim Aufräumen gefunden hatte: Eine Presseaufnahme, die mich als Teilnehmerin bei einem Bergrennen für Motorräder zeigt. Beides packe ich in meine Tasche und gehe zu meinem väterlichen Freund. Es ist mir jetzt ganz gleich, ob er einen anderen kulturellen Hintergrund hat oder nicht. Ich brauche einen Rat, ich brauche eine Erklärung, ich muß Klarheit haben.

»Ich bin nicht verrückt! Verrückte können keine Motorradrennen fahren. Verrückte haben kein Geschäft mit solchen Bilanzen!« sagte ich ihm statt jeder Begrüßung und werfe Bilanz und Bild auf den Schreibtisch.

»Wer sagt denn, daß Sie verrückt sind?« ist die erstaunte Gegenfrage.

»Ich sage es!« und höre meine vor Erregung überlaute Stimme. Und dann bricht alles heraus. Nichts verschweige ich. Alles wird wieder lebendig. Das blau glosende Feuer an meinem Hals, die fratzenhafte Krankenschwester mit den Apparaten im Hintergrund, ich als Tote, die lebendig wird und doch wieder nicht. Alles, alles, alles. Auch die Wände, die mich unerbittlich einschließen. Die Wände, die eigentlich Baumstämme, zugleich aber auch etwas Maschinelles sind. Und immer wieder das *Es*, welches alles dirigiert. Auch von den Wäldern spreche ich. Von den Wäldern, die ich fürchte und zu denen es mich gegen meinen Willen hinreißt, hinreißt wie das Feuer die Katze hinreißt, so daß sie mit vor Angst gesträubten Haaren hineinspringen muß. Ich berichte auch von gestern, wie ich nicht aufpaßte und mich plötzlich weit weg von Nairobi wiederfand, daß ich dem *Es* folgen mußte, weil es mich dazu zwang. Nun habe ich alles gesagt und fühle mich leer und ratlos. Leer, ratlos und zugleich unbeschreiblich zornig darüber, daß ein Unbekannter sein boshaftes Spiel mit mir treibt und ich keinen faßbaren Feind finde, gegen den ich mich wehren kann.

Mein väterlicher Freund hat meinen Ausbruch schweigend angehört. Noch heute kann ich mir den Ausdruck seines Gesichtes vergegenwärtigen. Es war der gleiche Ausdruck, den er bei der Beobachtung eines kranken Tieres zeigte: sehr ernst, sehr aufmerksam, sehr wach und sehr mitfühlend.

»Warten Sie, ich muß denken«, sagt er, bietet mir eine Zigarette an, und, sich zurücklehnend, raucht er selbst schweigend. Schließlich richtet er sich auf und spricht langsam und jedes Wort betonend: »Ich würde nicht jedem diesen Rat geben. Aber Sie sind furchtlos, intelligent und gleichen sehr meinem verehrten Vater. Auch er bewahrt trotz seines Jähzornes stets kühlen Kopf. Eigentlich gehören Sie zu uns Hamiten. Wir wachsen über uns hinaus, wenn wir uns bedroht fühlen. Auch wir helfen uns am besten selbst. Wie wir, die wir ganz Zorn gegen die Angreifer sind und doch gleichzeitig mit kaltem Kopf handeln, sollten auch Sie die Gefahr allein bewältigen. Nun hören Sie genau zu: fahren Sie jetzt nach Mombasa. Aber Sie sollten nicht in der Stadt in einem Hotel übernachten. Sie sollten an der Küste Ihr Zelt aufschlagen und dort einige Tage völlig allein verbringen. Wenn das Ding oder das Wesen oder wie immer Sie es nennen wollen, wiederkommt,sprechen Sie es höflich, aber bestimmt an. Haben Sie keine Angst, geraten Sie nicht in Panik und verlieren Sie nicht den Kopf vor lauter Jähzorn. Sprechen Sie so zu ihm: ›Ich sehe dich, ich fühle dich. Sage mir jetzt mit klaren Worten, was du von mir willst. Sage es in so klaren Worten, daß ich es verstehen kann.‹ Wenn Sie so sprechen, müssen Sie ganz bereit sein, mit ihm in Kontakt zu treten. Sie sollen mit Ihrer ganzen Intelligenz und der ganzen Stärke Ihres Gefühles verlangen – nicht erbitten, wohlgemerkt! –, sondern strikt verlangen, daß Es näher kommt und sich Ihnen erklärt. Sie werden dann erleben, daß alles gut wird. Ich sage Ihnen nicht, was geschehen wird, nachdem Sie *Es* gerufen haben. Ich gebe Ihnen keine anderen Anweisungen. Ich tue das deshalb nicht, weil Sie ganz auf sich allein gestellt handeln müssen. Alles andere wäre Suggestion, Beeinflussung. Wenn Sie mir vertrauen, folgen Sie meinem Rat.«

Ich fahre heim, packe meine Sachen, am Abend bin ich in Mombasa. Ich erreiche noch die letzte Fähre und schlage mein Zelt in der Nähe der Twigga-Lodge auf. In der Nähe der Lodge, aber doch weit genug entfernt, um allein und ungestört meine Bewährungsprobe bestehen zu können.

Einige Tage vergehen, und nichts Außergewöhnliches geschieht. Ich bin eine sichere Schwimmerin und liebe es, auch nachts zu schwimmen. Eines Nachts schwimme ich in Richtung der Riff-Barriere. Da taucht *Es* wieder auf. Es ruft mich ins offene Meer. Jetzt ist die Entscheidung da. Das weiß ich. Nicht laut, sondern in Gedanken sage ich sehr ruhig und sehr entschlossen: »Während des Schwimmens kann ich nicht mit dir sprechen. Ich schwimme jetzt an den Strand zurück. Dort erwarte ich dein Kommen. Du sollst kommen und mir mit klaren Worten sagen, was du von mir willst. Du sollst es so sagen, daß ich es verstehen kann!« Da ist nichts anderes auf der Welt als der Entschluß, jetzt eine Entscheidung zu erreichen. Ich schwimme zurück, aufmerksam die Wellen beachtend, denn ich möchte jetzt auf keinen Fall durch Unachtsamkeit von einer Welle überspült werden und nach Luft ringen müssen. Das wäre ablenkend. Ich fühle nichts. Ich warte und blicke in die Richtung, von der *Es* auftauchte, um mich zu rufen. Nichts geschieht. Ich bin ganz bereit zur Entscheidung.

Vergeblich. Die Nacht vergeht, nichts Außergewöhnliches geschieht. *Es* kam nie mehr wieder. Die Imaginationen verfolgten mich nicht mehr. Auch der Drang, »in den Westen zu den Wäldern« fahren zu müssen, war erloschen. Die Rufe-Es-Methode hatte sich als wirksam erwiesen. Ich lasse noch einige Tage vergehen. Gleichsam als Sicherheit, um dem *Es* Gelegenheit zu geben, doch noch aufzutauchen. Nichts geschieht. Während der Nacht vor meiner Abreise warte ich noch einmal am Strand. Nichts. Die Entscheidung war gefallen, alles ist endgültig vorbei.*

Nach Nairobi zurückgekehrt, brauche ich meinem väterlichen Freund nicht mit vielen Worten zu berichten. Es genügt zu sagen: »Ich danke für den besten Rat, den ich je in meinem Leben erhielt. Ich bin wieder ich, ein freier Mensch, der ein neues Leben beginnt!« [...]

Anmerkung des Verfassers:

1. Im Gegensatz zu der von meinem väterlichen Freund vertretenen Ansicht, daß die *Rufe-Es-Methode* nur manchen dafür Disponierten Erfolg verspricht, bin ich der Meinung, daß sie von jedem einigermaßen Robusten, Klardenkenden und Widerstandsfähigen erfolgreich angewandt werden kann. [...] Die Schädigung durch negative Einflüsse sollte aber nicht so weit fortgeschritten sein, daß der seelische Kern des Betreffenden bereits angegriffen ist.

Die seelische Einstellung bei Anwendung der *Rufe-Es-Methode* sollte sein: Beobachtung (bei Anspannung aller Sinnesorgane) der Umwelt, jedoch gleichzeitig: absolute Abwesenheit jeglichen Gefühles (also gefühlsleerer, gefühlsentleerter Zustand. D. h., man darf

---

* Später versuchten hin und wieder andere, ähnliche Phänomene bei mir hervorzurufen. Es genügte stets, die *Rufe-Es-Methode* anzuwenden, um eine negative Beeinflussung unwirksam *zu* machen Der Ablauf war dann durchaus undramatisch, ähnlich der Ausschaltung einer unliebsamen Störung bei der Arbeit: man stellt die schrillende Telefonklingel ab und wendet sich Wichtigerem zu.

keine Angst, keine Erwartung, keine Unsicherheit oder sonst irgendein Gefühl haben); außerdem soll man auch abwägendes, interpretierendes Denken unterlassen. Zum Beispiel: Man hört ein Geräusch. Nun denke man nicht etwa: Da ist ein Geräusch – Was mag das wohl sein? – Ob das *Es* jetzt erscheint? – Hoffentlich verhalte ich mich richtig. – Auch das ist falsch. Richtig wäre: Man hört das Geräusch und wartet, ob man noch anderes hören, sehen oder sonstwie wahrnehmen wird. Man wartet. Nicht: man erwartet! Man muß also so konzentriert beobachten, wie etwa ein traditioneller, alter Jäger oder ein Nomade.

2. Das *Es* wurde von mir nicht visuell wahrgenommen, etwa in Gestalt eines Wesens oder Dinges. Am ehesten ließe sich die Wahrnehmung seiner Existenz so beschreiben: mitunter hat man das untrügliche und gleichzeitig sehr unangenehme Gefühl, daß man von jemandem angestarrt wird, der hinter einem geht. Dreht man sich unvermutet um, bestätigt sich die Richtigkeit dieses Eindruckes. Viele werden auch schon erlebt haben, daß sie sich gedrängt fühlten, jemanden anzurufen. Die Telefonnummer war besetzt. Man legte den Hörer auf. Der Betreffende ruft einen nun selbst an. Es stellt sich im Gespräch heraus, daß er selbst einen gerade anrufen wollte, und daher sein Anschluß besetzt war. Das sind Alltagserlebnisse, die wohl jedem geläufig sein dürften. Dramatischer und seltener ist das untrügliche Gefühl, jemand sei im Zimmer, und es stellt sich heraus, daß sich wirklich ein Einbrecher in ihm befindet. Dies ließe sich noch mit instinktiven, nicht bewußt wahrgenommenen Sinneseindrücken erklären. Jeder Tropengewohnte wird aber schon erlebt haben, daß er nachts die Anwesenheit einer Gefahr fühlt, vorsichtig das Moskitonetz zurückschlägt, Licht macht und über sich eine Spinne oder ein anderes Tier sieht. Kombiniert man das Gefühl des Sich-zu-etwas-gedrängt-Fühlens (Telefonbeispiel) mit dem des Bedrohtseins durch etwas visuell nicht Wahrnehmbares (Einbrecher, Spinne) mit der szenisch ablaufenden Bildwahrnehmung, so ergibt sich

eine annähernde Beschreibung der Vorgänge in sachlicher Formulierung.

3. Zu der theoretischen Frage, was das *Es* nun wirklich war: Ich habe die Erscheinung und die Wirkung beschrieben. Die Frage nach der Ursache kann ich ehrlicherweise nicht beantworten. Die Spiritisten unter den Psychologen werden Geister vermuten, gläubige Anhänger des Islam Djinadi, Tiefenpsychologen westlicher Provenienz mögen andere Deutungen bevorzugen.

Prof. K. Lorenz beschrieb ein ähnliches Erlebnis und spricht von »Geistereffekt der eingeschliffenen Assoziationsbahnen«, Lama Kazi Dawa-Samdup würde sagen: »Es genügt vollends, daß du weißt, daß diese Schemen deine eigenen Gedankenformen sind«, Lama Govinda zitiert in ähnlichem Zusammenhang die Lankavatara-Sutra: »Durch die Tätigkeit des unterscheidenden Bewußtseins entsteht Irrtum und eine *objektive Welt* und mit ihr die Vorstellung eines *Ich*.«

Die Animisten unter den Parapsychologen hingegen hielten für evident, daß es sich um eine negative Stimmungs- und Bildübertragung auf dem Wege der Telepathie handelt.

Soweit ich mit der Materie vertraut bin, kann keine der vielfältigen Interpretationen bewiesen werden. Sie bleiben einstweilen Hypothesen. Ich maße mir nicht an, über ihre Wahrscheinlichkeit zu urteilen. Mein Beitrag zu dem Problemkreis beschränkt sich auf die Beschreibung der Phänomene, soweit sich nonverbale Erlebnisse überhaupt formulieren lassen, und auf die Beschreibung der mir bekannt gewordenen Gegenmaßnahmen, deren subjektive Wirksamkeit – und damit deren sozialen Nutzen – ich erprobte, ohne mich der einen oder anderen hypothetischen Interpretation anzuschließen.

Quellennachweis

Piers Vitebsky, »Mitten unter uns«, aus: *Schamanismus. Reisen der Seele, magische Kräfte, Ekstase und Heilung*. ©1995 Piers Vitebsky, © der deutschsprachigen Ausgabe 2001 Taschen, Köln.

Mircea Eliade, »Meister der Ekstase«, aus: *Schamanismus und archaische Ekstasetechnik*. ©1974 Suhrkamp Verlag, Frankfurt.

Olga Kharitidi, »Der innere Raum: die Lehren einer sibirischen Schamanin«, aus: *Das weiße Land der Seele*. © Olga Kharitidi, © der deutschsprachigen Ausgabe 1996 Paul List Verlag, München.

Serge Kahili King, »Maui, der erste Schamane Hawaiis«, aus: *Der Stadt-Schamane – ein Handbuch zur Transformation durch Huna, dem Urwissen der hawaiianischen Schamanen*. ©1990 Simon & Schuster, New York, und Serge Kahili King, © der deutschsprachigen Ausgabe 1991 Verlag Alf Lüchow, Freiburg.

Claudia Müller-Ebeling, Christian Rätsch, Surendra Bahadur Shahi, »Ganesha, Hüter der Schwelle«, aus: *Schamanismus und Tantra in Nepal. Heilmethoden, Thankas und Rituale aus dem Himalaya*. © 2000 AT Verlag, Aarau.

Marielu Lörler, »Das Erbe der Druiden und Odins Baum«, aus: *Hüter des alten Wissens. Schamanisches Heilen im Medizinrad*. © 2000 Schirner Verlag, Darmstadt.

Holger Kalweit, »Alle Dinge sind eins«, aus: *Die Welt der Schamanen. Traumzeit und innerer Raum*. S. 7–9. ©1984 Scherz Verlag, Bern/München/ Wien.

Klaus E. Müller, »Die Geister treffen eine Wahl«, aus: *Schamanismus*, Beck Wissen in der Beck'schen Reihe Nr. 2072, Verlag C.H.Beck, München – ISBN 3-406-41872-4.

Amélie Schenk, »Ein mongolischer Schamane erzählt«, aus: *Herr des schwarzen Himmels. Zeren Baawai – Schamane der Mongolei*. S. 31–35. © 2000 Scherz Verlag, Bern/München/Wien.

Karen McCarthy Brown, »Zwischen Haiti und New York«, aus: *Mama Lola. Voodoo in Brooklyn*. ©1991 The Regents of the University of California, © der deutschsprachigen Ausgabe 2000 Europäische Verlagsanstalt/Rotbuch Verlag, Hamburg.

Lucy Hwang, »Dem Gott gehören: koreanische Schamaninnen«, aus dem Beitrag: »Charakter des Schamanismus in Korea«, in: *Kultur des koreanischen Schamanismus* (hrsg. v. Shin-yong Chun). © 1998 Park Y Jeong Publishing Co., Seoul, © der deutschsprachigen Ausgabe 2001 IUDICIUM Verlag, München.

Schwarzer Hirsch, »Das Gesicht verwirklichen«, aus: *Ich rufe mein Volk. Leben, Traum und Untergang der Ogalalla-Sioux. Aufgeschrieben von John Neihardt*. © 1955 Walter Verlag, Olten/Freiburg im Breisgau.

Ad Borsboom, »Australische Traumzeit: die Innen- und Außenseite der Wirklichkeit«, aus: *Mythen und Spiritualität der Aborigines*. ©1996 Ad Borsboom und Uitgeverij J. H. Gottmer/H. J. W. Becht BV, Bloemendaal, © der deutschsprachigen Ausgabe 1998 Eugen Diederichs Verlag, München.

Bruce Chatwin, »Die Welt erschaffen und heilen«, aus: *Traumpfade*. The Songlines. Roman. Aus dem Englischen von Anna Kamp © 1990 Carl Hanser Verlag, München/Wien.

Carlos Castaneda, »Meere von Energie«, aus: *Die Lehren des Don Juan. Ein Yaqui-Weg des Wissens*. S. XVII–XXII © 1997 Carlos Castaneda, © des Vorworts der deutschsprachigen Ausgabe 1998 Fischer Taschenbuch Verlag GmbH, Frankfurt am Main.

Kenneth Meadows, »Kosmischer Baum und Medizinrad«, aus: *Das große Buch des Schamanismus. Der sanfte Weg zu Weisheit, Kraft und innerer Harmonie*. © der deutschsprachigen Ausgabe mvgVerlag (1. Auflage 1996) ISBN 3-478-71580-6.

Florinda Donner, »Der Kolibri, eine Heilung im Urwald Venezuelas«, aus: *Shabono. Eine Frau in der magischen Welt der Iticoteri*. © 2003 Hans-

Nietsch-Verlag by arrangement with HarperCollins Publishers, © der deutschen Übersetzung 1983 Paul Zsolnay Verlag, Wien.

Georg Nioradze, »Sibirische Schamanen«, aus: *Der Schamanismus bei den sibirischen Völkern*. © 1925 Strecker und Schröder, Stuttgart.

Arnold Mindell, »Heiler in Mombasa«, aus: *Den Pfad des Herzens gehen. Traumkörperarbeit – Schamanische Praktiken und moderne Psychologie*. ©1993 Harper, San Francisco, © der deutschsprachigen Ausgabe 1996 Verlag Via Nova, Petersberg.

Black Elk, »Unglaubliche Dinge passieren tatsächlich«, aus: *Black Elk, Schamane der Lakota. Seine Biographie hrsg. v. William S. Lyon*. S. 252–263. ©1990 Wallace Black Elk und William S. Lyon, © der deutschsprachigen Ausgabe 1998 Scherz Verlag, Bern/München/Wien.

Lama Anagarika Govinda, »Tibetische Orakel«, aus: *Der Weg der weißen Wolken*. S. 280–282, 286–289. © 1966 Lama Anagarika Govinda, © der deutschsprachigen Ausgabe 1973 und 1975 Scherz Verlag, Bern/München/Wien.

Tony Hillerman, »Listening Woman«, aus: *Das Labyrinth der Geister*. © 1978 Anthony C. Hillerman, Copyright für die deutsche Übersetzung von Friedrich A. Hofschuster © 1989 Rowohlt Taschenbuch Verlag, Reinbek bei Hamburg.

Knud Rasmussen, »Reise eines Eskimo-Schamanen zum Geist des Meeres«, aus: »Intellektual Culture of the Iglulik Eskimos, Bd. VII, Nr. 1, Report of the Fifth Thule Expedition, 1921–24«, in: *Über den Rand des tiefen Canyon. Lehren indianischer Schamanen* (hrsg. v. Dennis u. Barbara Tedlock). © 1975 Dennis Tedlock und Barbara Tedlock, © der deutschsprachigen Ausgabe 1978 Eugen Diedrichs Verlag, München.

Paul Devereux, »Seelenflug-Bahnen und -Symbole«, aus dem Beitrag: »Schamanische Landschaften«, in: *Rituale des Heilens. Ethnomedizin, Naturerkenntnis und Heilkraft* (hrsg. v. Franz-Theo Gottwald, Christian Rätsch). © 2000 AT Verlag, Aarau.

Hans Findeisen, »Eine jakutische Legende«, aus: *Die Schamanen. Jagdhel-*

fer und Ratgeber, Seelenfahrer, Künder und Heiler (von Hans Findeisen und Heino Gehrts). ©1983 Eugen Diederichs Verlag, München.

Juri Rytchëu, »Die Gespreizten Flügel«, aus: *Der letzte Schamane. Die Tschuktschen-Saga.* © 2000 Juri Rytchëu, © 2002 by Unionsverlag, Zürich. Aus dem Russischen von Antje Leetz.

Wolf-Dieter Storl, »Hexenritte«, aus dem Beitrag: »Die Hagezusse als Schamanin« in: *Hexenmedizin. Die Wiederentdeckung einer verbotenen Heilkunst – schamanische Traditionen in Europa* (hrsg. v. Claudia Müller-Ebeling, Christian Rätsch, Wolf-Dieter Storl). © 1998 AT Verlag, Aarau.

Nana Nauwald, »Heilende Trance«, aus dem Beitrag: »Bärenmedizin und Jaguarkraft – heilende Trance«, in: *Rituale des Heilens. Ethnomedizin, Naturerkenntnis und Heilkraft* (hrsg. v. Franz-Theo Gottwald, Christian Rätsch). © 2000 AT Verlag, Aarau.

Felicitas D. Goodman, »Körperhaltungen: der Weg zum Heiligen«, aus: *Wo die Geister auf den Winden reiten. Trancereisen und ekstatische Erlebnisse.* ©1993 Verlag Hermann Bauer, Freiburg im Breisgau.

Alexandra Rosenbohm, »Vom Mythos zur Science fiction«, aus dem Beitrag: »Von Sibirien nach Cybiria. Schamanische survivals und revivals«, in: *Schamanen – zwischen Mythos und Moderne* (von Alexandra Rosenbohm). ©1999 Militzke Verlag, Leipzig.

Tatjana Sem, »Die sibirische Schamanentracht«, aus dem Beitrag: »Schamanische Symbole und Rituale in Sibirien und dem Fernen Osten«, in: *Schamanen – zwischen Mythos und Moderne* (von Alexandra Rosenbohm). © 1999 Militzke Verlag, Leipzig.

Malidoma Patrice Somé, »Afrikanische Medizinobjekte«, aus: *Vom Geist Afrikas. Das Leben eines afrikanischen Schamanen.* ©1994 Malidoma Patrice Somé © der deutschsprachigen Ausgabe 1996 Eugen Diederichs Verlag, München.

Reinhard Flatischler, »Die Symbolik der Trommeln«, aus: *Die vergessene Macht des Rhythmus. TA KE TI NA – der rhythmische Weg zur Bewußtheit.* ©1984 Synthesis Verlag Siegmar Gehrken, Essen.

Elena Avila, Joy Parker, »Der Altar der Curandera«, aus: *Curandera. Eine mexikanische Schamanin berichtet.* ©1999 Elena Avila und Joy Parker, © der deutschsprachigen Ausgabe 2000 Wilhelm Goldmann Verlag, München.

Alvaro Estrada, »Maria Sabina und die heiligen Pilze«, aus: *Maria Sabina – Botin der heiligen Pilze.* © 1977 siglo veintiuno editores, Mexiko, © der deutschsprachigen Ausgabe 1980 Trikont Verlag, München.

Wolf-Dieter Storl, »Pflanzengeister«, aus: *Pflanzendevas – Die Göttin und ihre Pflanzenengel. Heilkunde, Kulturgeschichte, Mythologie und Religion der Völker.* ©1997 AT Verlag, Aarau.

Alberto Villoldo, »Krafttiere«, aus: *Das geheime Wissen der Schamanen. Wie wir uns selbst und andere mit Energiemedizin heilen können.* © 2000 Alberto Villoldo, © der deutschsprachigen Ausgabe 2001 by Wilhelm Goldmann Verlag, München, einem Unternehmen der Verlagsgruppe Random House GmbH.

Luisa Francia, »Kraft schöpfen«, aus: *Starke Medizin. Handbuch zur Selbstheilung.* ©1995 Verlag Frauenoffensive, München.

Reinhard Bögle, »Schamanismus und Yoga«. © 2003 Reinhard Bögle, München.

Gabrielle Roth, »Rhythmus und Tanz«, aus: *Totem. Gelebter Schamanismus* (zus. mit John Loudon). © 1989 und 1998 Gabrielle Roth, © der deutschsprachigen Ausgabe 1990 und 1999 Wilhelm Heyne Verlag, München.

Jeanne Achterberg, »Biofeedback«, aus: *Die heilende Kraft der Imagination. Heilung durch Gedankenkraft.* S. 138–140, 287. © 1985 Jeanne Achterberg, © der deutschsprachigen Ausgabe 1987 Scherz Verlag, Bern/München/Wien.

Daan van Kampenhout, »Ein Altar für die Familienseele«, aus: *Die Heilung kommt von außerhalb. Schamanismus und Familien-Stellen.* © Carl-Auer-Systeme Verlag, 2. Auflage 2003, S. 183–185. Heidelberg.

Michael Harner, »Tabak-Fallen«, aus: *Der Weg des Schamanen. Ein praktischer Führer zu innerer Heilkraft.* © 1980 Michael Harner, © der deutschsprachigen Ausgabe 1994 Ariston Verlag, Genf.

Johanna Wagner, »Die Rufe-Es-Methode«, aus: *Die, die so aussehen wie jemand, aber möglicherweise etwas ganz anderes sind. Aus der Praxis afrikanischer Medizinmänner.* 3. Auflage, Berlin 1996. © Verlag Clemens Zerling, Bad Reichenhall.

Serge Kahili King

Serge Kahili King
Der Stadt-Schamane
264 Seiten, Paperback
ISBN 3-363-03014-2

Serge Kahili King
Instant Healing Jetzt!
256 Seiten, Paperback
ISBN 3-932761-16-2

Serge Kahili King
Kahuna Healing
184 Seiten, Paperback
ISBN 3-363-03036-3

Serge Kahili King
Weisheiten aus Hawaii
160 Seiten, Paperback
ISBN 3-363-03011-8

Lüchow
www.luechow-verlag.de